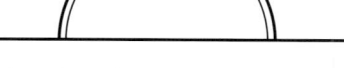

Burghardt/Hensel/Machel

Museums-Eisenbahnwagen
zwischen Ostsee und Erzgebirge

**Museumsgüterzug der Länderbauart vor
der Abfahrt zur großen Fahrzeugparade
in Riesa am 8. April 1989 Foto: Heinrich**

Claus Burghardt
Wolfgang Hensel
Wolf-Dietger Machel

Museums-
Eisenbahnwagen

zwischen Ostsee und Erzgebirge

transpress Verlagsgesellschaft mbH
Berlin 1991

Titelbild:
Der vom Raw Delitzsch in seinen Original-
zustand versetzte Wagen „Berlin 1869" –
Gattung ABCC der Preußischen Staats-
bahn **Foto: Kirsche**

Hensel, Wolfgang:

Museums-Eisenbahnwagen zwischen Ostsee
und Erzgebirge / Claus Burghardt, Wolfgang Hensel,
Wolf-Dietger Machel. – 1. Aufl.
Berlin: Transpress, 1991. – 200 S.:
222 Abb. (z. T. farb.), 8 Tab. & 2 Anl.

NE: 3. Verf.:

ISBN 3-344-70724-8

1. Auflage
© 1991 by transpress
Verlagsgesellschaft mbH
Französische Str. 13/14, O-1986 Berlin
Printed in Germany
Satz: MediaSoft Berlin
Druck und Binden:
Druckerei Parzeller, Fulda
Lektor: Jürgen Specht
Gestaltung: Regine Bach

Inhaltsverzeichnis

Erhalten – Bewahren – Ausstellen

Immer wieder läßt sich auf Ausstellungen, bei Sonderfahrten und zu ähnlichen Anlässen die Beliebtheit von Eisenbahnfahrzeugen feststellen. Die Zahl der Eisenbahnfreunde und Interessenten an alten und wiederhergerichteten Fahrzeugen wird ständig größer. Die schrittweise Ablösung der „guten alten Dampflok" auf den Strecken der Deutschen Reichsbahn durch moderne Traktionsarten in den sechziger und siebziger Jahren ließ das historische Interesse an museumsgerecht zu erhaltenden Triebfahrzeugen schon früh erwachen. Mit der Modernisierung und Vereinheitlichung des Wagenparkes der Eisenbahn sowie der umfangreichen Stillegung von unwirtschaftlichen Neben- und Schmalspurbahnen in den Jahren nach 1970 rückten auch die Wagen mehr in den Vordergrund des Interesses. Unterstützt vom Verkehrsmuseum Dresden, aber auch von verständnisvollen Dienststellen der Deutschen Reichsbahn bis hin zum ehemaligen Ministerium für Verkehrswesen, fanden sich zahlreiche Interessengruppen zusammen, die abgestellte oder schrottreife Fahrzeuge aufspürten, um sie einer Erhaltung bzw. Rekonstruktion zuzuführen.

Um einen repräsentativen Querschnitt und einen vertretbaren Aufwand bei der Erhaltung von historischen Eisenbahnfahrzeugen zu gewährleisten, wurde unter der Schirmherrschaft des ehemaligen DDR-Verkehrsministeriums und des Verkehrsmuseums Dresden die „Ordnung für Eisenbahn-Museumsfahrzeuge von 1975" erarbeitet, die alle erhaltungswürdigen und erhaltungsfähigen Wagen der Regel- und Schmalspurbahnen enthielt.

Wenn dieses Kapitel der Zusammenarbeit zwischen Museum, Eisenbahn und staatlichen Institutionen durch die geschichtlichen Ereignisse in unserem Lande inzwischen abgeschlossen ist, so wird bestimmt ein neuer Abschnitt folgen, denn solche Museums-Eisenbahnwagen darf man mit Fug und Recht zu den technischen Denkmalen zählen. Vergessen wir aber nicht: Bevor ein derartiges Denkmal „auf den Sockel" gehoben werden kann, sind zahlreiche Recherchen über bestimmte Details notwendig. Dann beginnt die Restaurierung bzw. Nachgestaltung der Fahrzeuge. Eine Arbeit, die großes handwerkliches Geschick und viel Liebe zum Detail verlangt. Zum Glück gibt es Eisenbahner und auch Freunde der Eisenbahn, die sich in mühevoller Kleinarbeit dieser schönen Aufgabe widmen. Stellvertretend für die vielen ehrenamtlichen Helfer sollen hier die Herren Klaus-Dieter Kroschwald und Gerhard Arndt sowie Herr Wolfgang Burmeister aus dem Reichsbahnausbesserungswerk in Potsdam genannt werden. Ohne das Raw Potsdam hätte die originalgetreue Wiederherstellung der regelspurigen Reisezugwagen nicht einen so hohen Stand erreicht.

Bei den Schmalspurbahnen gebührt der Dank Herrn Jürgen Baum und seinen Mitstreitern der Werkabteilung Perleberg des Raw in Wittenberge.

Noch längst sind nicht alle Museums-Eisenbahnwagen aufgearbeitet. Aber auch die fertiggestellten Fahrzeuge bedürfen einer ständigen Betreuung. All dies ist nicht möglich ohne die Hilfe der Freunde der Eisenbahn. Durch Wartung und Pflege tragen sie zur Bewahrung dieser technischen Denkmale bei. Allen, die an dieser Aufgabe Anteil hatten und noch haben, sei dieses Buch als Dank gewidmet.

Das 1952 gegründete Verkehrsmuseum Dresden verfügte über einen großen Bestand an historischen Fahrzeugen. Es hatte sich von Anfang an zur Aufgabe gestellt, Originalfahrzeuge der Eisenbahn zu erhalten und auszustellen. Da die Präsentation von Fahrzeugen im Gebäude eines Museums, in diesem Fall des historischen Johanneums in der Dresdner Innenstadt, natürliche Grenzen gesetzt sind, konnte die Erhaltung und Bewahrung der umfangreichen Schienenfahrzeugsammlung nur gemeinsam mit der Deutschen Reichsbahn und ihren Dienststellen erfolgen. Die Wertigkeit und der sich stetig durch Restaurierungs- und Rekonstruktionsmaßnahmen verbessernde Zustand des Fahrzeugparks macht in Zukunft die Suche nach anderen tragfähigen Lösungen erforderlich. Vorerst bleiben alle betriebsfähig zu erhaltenden Güter- und Reisezugwagen im Grundmittelbestand der DR und können zu Traditions- und Sonderfahrten eingesetzt werden. Die Reisezugwagen dieser Gruppe werden auch mit dem Begriff Traditionswagen bezeichnet. Sie bilden den Stamm des Traditions-Personenzuges, des Traditions-Eilzuges, des künftigen Länderbahn-Personenzuges sowie der Traditionszüge auf den Schmalspurbahnen Radebeul Ost–Rade-

burg, Putbus–Göhren, Bad Doberan–Kühlungsborn West und der Harzquerbahn. Alle diese Wagen können bei einer eventuellen Außerbetriebsetzung nach erneuter Herrichtung in den Bestand einer musealen Einrichtung überführt werden.

Für die nicht betriebsfähigen Museumswagen besteht bei ihrer Restaurierung und Rekonstruktion zumindest die Forderung nach lauffähiger Herrichtung. Damit kann bei den derzeitigen territorial weit verstreuten Exponaten eine Zusammenführung der Wagen zu Ausstellungen, zu Fahrzeugparaden und anderen Zwecken relativ problemlos erfolgen. Das rollende Material ist teilweise in sehr gutem Zustand. Die betriebsfähigen Museumsfahrzeuge sind natürlich außer auf Ausstellungen häufig bei Sonderfahrten zu sehen. Solche Sonderfahrten haben bei den Eisenbahnfreunden eine große Resonanz. Nicht nur das Mitfahren, sondern auch das Nebenherjagen mit Foto-, Film-, Video- und Tontechnik erfreut sich zunehmender Beliebtheit. Der zur Zeit recht umfangreiche Park an betriebsfähigen historischen Triebfahrzeugen erlaubt fast alle sinnvollen Bespannungsvarianten mit Schnellzug-, Personenzug- und Güterzug-Dampflokomotiven sowie Elektro- und Dieselloks verschiedener Leistungen und Achsfahrmassen. Daneben muß bei der Vorbereitung von Sonderfahrten auch die derzeitige Beheimatung der Fahrzeuge beachtet werden, entstehen doch beim Einsatz von Museums-Eisenbahnfahrzeugen erhebliche entfernungsabhängige Überführungskosten. Zwar gibt es eine Konzentration in Sachsen und Thüringen, doch sind heute bereits in allen neuen Bundesländern solche Lokomotiven beheimatet.

Nostalgiefahrten wurden und werden stets unter bestimmten Aspekten gestartet, z. B. als DAMPFLOK-SONDERFAHRT. Dabei stehen eine oder mehrere Dampfloks als Zug-, Vorspann- oder Schiebelok im Mittelpunkt; es können beliebig geeignete Wagen einge-

setzt werden. Fotohalte und Scheinanfahrten sollten den Teilnehmern an attraktiven Punkten eindrucksvolle Aufnahmen gestatten. Noch mehr bietet eine TRADITIONSFAHRT. Durch sinnvolle Kombination von Triebfahrzeug und Wagenzug wird eine historische Epoche nachgestaltet. Fotohalte sollten vor allem dort stattfinden, wo Landschaft und Bahnanlagen diesen Eindruck unterstützen.

Der nächste Schritt ist ein TRADITIONSBETRIEB. Regelmäßige Fahrten auf ausgewählten Strecken (möglichst Traditionsbahnen), wo Landschaft wie Anlagen mit dem historischen Zugbetrieb weitgehend eine Einheit bilden und ein ausreichendes Einzugsgebiet für häufig wiederholbare Fahrten besteht.

Ausschließlich für Traditionsfahrten werden von der Deutschen Reichsbahn folgende Zuggarnituren vorgehalten:

- TRADITIONS-EILZUG (Zwickau): 5 Wagen, Gepäckwagen, Speisewagen. Kapazität: 250 bis 350 Personen.
- TRADITIONS-PERSONENZUG (Velten): 8 Wagen, Bufett- und Gepäckwagen. Kapazität: 150 bis 300 Personen.
- Beide Züge können bei Bedarf mit historischen Bahnpostwagen komplettiert werden.
- OLDTIMERZUG DER HARZQUERBAHN (Wernigerode): 5 Wagen. Kapazität: max. 150 Personen.
- TRADITIONSZUG RADEBEUL OST–RADEBURG: 10 Wagen, Aussichts-, Gepäck- und Güterwagen aus den Epochen der K.Sächs.Sts.E.B., DRG und DR. Kapazität: 150 bis 300 Personen.
- TRADITIONSZUG „MOLLI" (Kühlungsborn): 4 Wagen, Gepäckwagen. Kapazität: ca. 120 Personen.
- TRADITIONSZUG RüKB (Putbus): 4 Wagen, Gepäckwagen. Kapazität: ca. 150 Personen.

Der Traditionseilzug und der Traditionspersonenzug können auf dem gesamten regelspurigen Netz eingesetzt werden. Die Schmalspurtraditionszüge dagegen verkehren nur auf den entsprechenden Netzen.

Auf folgenden dampfbetriebenen Schmalspurbahnen ist der Einsatz eines Salonwagens mit max. 30 Plätzen möglich:

- Freital-Hainsberg–Kurort Kipsdorf,
- Cranzahl–Oberwiesenthal und
- Bad Doberan–Ostseebad Kühlungsborn West.

In den neuen Bundesländern setzten sich bisher der Modelleisenbahnverband und die Reichsbahndirektionen für die Organisation und Durchführung solcher Sonderfahrten ein. Sie klärten die Erstellung der Fahrpläne, der Informationsmaterialien und Teilnehmerunterlagen sowie den Souvenirverkauf und die gastronomische Betreuung. Schließlich sorgten sie auch für die notwendige Ordnung und Sicherheit. Auch solche „Sonderwünsche" wie Zugbegleitung in historischen Uniformen, Fotohalte, Scheinanfahrten, Bahnhofsfeste u. a. wurden gegen Salär gerne erfüllt. Ob das in Zukunft in ähnlicher Form geschieht, wird sich zeigen.

Eines aber ist sicher: Wenn auf der Museumsdampflok der Griff zum Regler geht und die historische Wagenschlange zur Nostalgiefahrt startet, haben die Organisatoren ganze Arbeit geleistet. Und mit Sicherheit tun sie dies auch künftig gern – für die vielen interessierten und zahlreichen Freunde der Eisenbahn.

Nicht allzu oft werden Traditionsfahrten mit Rü.K.B.-Wagen zwischen Putbus und Göhren veranstaltet. Die Fahrten sind so beliebt, daß der Zug durch modernisierte Wagen komplettiert werden muß. Foto: Thiess

Der Museumszug der Traditionsbahn Radebeul Ost – Radeburg bei nicht gerade strahlendem Wetter am 15. 9. 1984 Foto: Ende

Nostalgie auf der Muskauer Waldeisenbahn,
die heute noch eine Werkbahn ist
Sammlung: Arbeitsgemeinschaft 3/58

Zwei Traditionspersonenzüge verlassen den
Bahnhof Radebeul Ost (1988)   Foto: Heinrich

Die Museums-
Güterwagen
der Regelspur

„K.Sächs.Sts.E.B. 1025" –
Kleiner Kohlenwagen

Er steht heute im Vestibül des Verkehrsmuseums Dresden – einer der ältesten erhaltenen Güterwagen in Deutschland. Eisenbahnfreunde entdeckten ihn auf dem Betriebshof einer Dresdner Großbäckerei und ließen ihn 1963 durch das Bahnbetriebswagenwerk Dresden aufarbeiten. Bei diesem Wagen handelt es sich um die zweite Generation von offenen Kohlentransportwagen für die 1855 in Betrieb genommene sächsische Albertsbahn, die für die Erschließung der Steinkohlenlager in Plauenschen Grund bei Dresden bestimmt war. Es wurden Wagen benötigt, die in den Gruben und gleichzeitig auf dem 38,4 km langen Gesamtnetz der Bahn (Haupt- und Zweigbahnen) verkehren konnten. Ab ca. 1856 wurde

dieser Wagentyp gebaut und zum Einsatz gebracht. Die Untergestell- und Kastenkonstruktion besteht vollständig aus Holz, die Langträgerenden schlossen wie bei den Vorgängerfahrzeugen durch Lederpolster anstelle von Puffern ab. Die Federung der ersten Serie erfolgte über Holzfedern. Der Museumswagen ist jedoch bereits mit einfachen Schraubenfedern ausgerüstet und verfügt über einen glatten Holzboden und richtig angeordnete abnehmbare Steckwände. In der Originalausführung waren die Wagen mit Bodenklappen für die gleismittige Selbstentladung versehen. Der zwischen den Lang- und Querträgern liegende untere Teil des Laderaumes war trichterförmig ausgebildet, mit Blech beschlagen und sicherte dadurch eine restlose Entladung. Dieses Fahrzeug besaß keine Bremse. Der Museumswagen besitzt

ein weiteres historisch bedeutsames Detail, das zwar nicht zum Ursprungszustand gehört, entwicklungsgeschichtlich aber wertvoll ist, nämlich Hartbzw. Schalengußräder mit dem eingegossenen Herstellungsjahr 1880. Diese Räder durften nur unter ungebremsten Güterwagen verwendet werden und wurden für den Betriebseinsatz wegen der großen von ihnen ausgehenden Bruchgefahr bald vollständig verboten (Abb. S. 12 unten).

Güterwagen der sächsischen Gattung O2

Solche Wagen verkehrten in großer Stückzahl auf den Strecken der Königlich Sächsischen Staatseisenbahn. Die Gattung O2 wurde nach Band II des Verzeichnisses der vollspurigen Güterwagen und Privatgüterwagen der K.Sächs.Sts.E.B. als 2-achs. gewöhnlicher offener Güterwagen mit 10 t Ladegewicht definiert.

Das Verzeichnis der Wagennummern für diese Wagen zeigt, daß innerhalb dieser Gattung eine Vielzahl von technischen Abweichungen zu verzeichnen war, die vom Achsstand, über die Länge über Puffer, mit und ohne Bremserstand bis zur Bordwandhöhe reichten. Dennoch läßt sich eine typische Bauform ableiten, wie sie auf dem Originalfoto zu sehen ist. Wagen dieser variierenden Type wurden zwischen 1855 und 1890 von verschiedenen sächsischen Herstellern geliefert oder in eigenen Werkstätten gefertigt. Sie be-

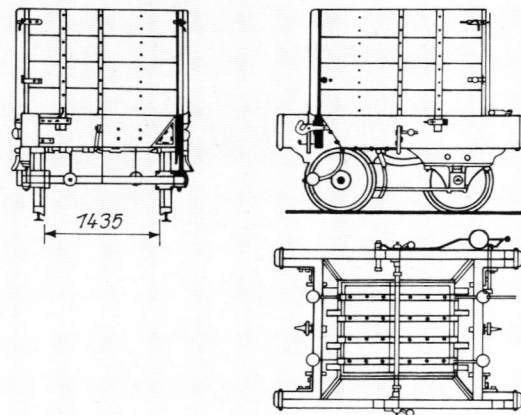

1435

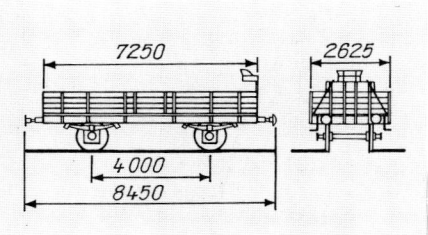

saßen in den ersten Jahren ein rein hölzernes Untergestell. Etwa ab 1865 wurden die Langträger aus Stahl, die Kopfstücke, Querträger und übrigen Träger aus Hartholz hergestellt. Nach 1880 sind nur noch reine Stahluntergestellkonstruktionen zu finden. Fast alle Wagen besaßen abnehmbare Stirn- und Seitenwände und wurden in großen Stückzahlen mit und ohne Türen geliefert. Etwa die Hälfte der Wagen war ohne Bremse, der Rest war mit Handbremsen und offenen Bremsersitzen ausgerüstet. Die gesamte Konstruktion entsprach mit sächsischen Modifikationen vollständig den Technischen Vereinbarungen (T. V.) des Vereins Deutscher Eisenbahnverwaltungen (VDEV).

Dieser Wagentyp war noch bis weit nach der Jahrhundertwende der stückzahlmäßig größte Vertreter der sächsischen Güterwagen überhaupt.

Mit dem Auffinden eines O 2-Untergestells in der stillgelegten Anschlußbahn eines Steinbruchs bei Kamenz (Sachsen) wurde die Idee zur Rettung und zum Wiederaufbau eines solchen Wagens geboren. Die Bergung des Wagens mit Kran und Culemeyer-Fahrzeug bereitete erhebliche Schwierigkeiten, denn die Anschlußbahn hatte bereits keine Verbindung mehr zum öffentlichen Netz der DR. Bei der gründlichen Begutachtung des geborgenen Objekts und seiner einzelnen Bauteile stellte man aber fest, daß eine Aufarbeitung nicht mehr möglich ist. Die Idee nach der Erhaltung eines typischen „Sachsenvertreters" ließ die Spezialisten des Reichsbahnausbesserungswerkes Dresden und des Verkehrsmuseums nicht ruhen. In Hecken einge-

wachsen fanden sie ein gleiches, aber wesentlich besser erhaltenes Exemplar auf einem Anschlußgleis in einer Papierfabrik in Heidenau b. Dresden.

Aus beiden Wagen entsteht nun auf der Grundlage von Zeichnungen und Dokumentationen des Verkehrsmuseums ein typischer „O 2", der somit der Öffentlichkeit vorgestellt werden kann (Abb. S. 13 oben).

„Magdeburg 20 007", Preußische Staatsbahn – Gattung Km

Der Wagen diente lange Zeit als Werkwagen im Reichsbahnausbesserungswerk Dresden und wurde im Jahre 1988 dort originalgetreu aufgearbeitet und dem Verkehrsmuseum Dresden als Exponat übergeben. Die Preußische Staatsbahn beschaffte im Jahre 1896 diesen Klappdeckelwagen der Gattung Km. Das Fahrzeug wurde von der Aktiengesellschaft für Fabrikation von Eisenbahnmaterial zu Görlitz an die Königliche Eisenbahndirektion Magdeburg geliefert.

Zur Vermeidung von Qualitätsverlusten durch Sonneneinstrahlung und Regen müssen Kalk und ähnliche Produkte in geschlossenen Wagen transportiert werden. Um weitere Qualitätsverluste zu vermeiden, darf die Schüttung des Ladegutes auch nicht zu hoch erfolgen. Aus diesen Transportbedin-

gungen entstand zwangsläufig die typische Form dieses Kalk- bzw. auch Klappdeckelwagens. Das Satteldach begünstigt den Abfluß des Regenwassers. Die Seitentüren mußten eine Öffnungsbreite freigeben, die beim Entladen das Hineinfahren mit einer Schubkarre ermöglichte.

Neben den typischen Buckelblechen für die Tür- und Seitenwandverkleidung besitzt der Wagen preußische Speichenradsätze und zweiteilige Bügelachslager, Stangenpuffer mit offenem Korb sowie eine Handbremse in Länderbahnausführung mit Steuerstangen. Der Wagen wurde auch wieder mit den ehemals üblichen doppelten Sicherheitskupplungen ausgerüstet, verfügte aber auf Grund seines Baujahres noch nicht über eine Druckluftbremse. Allerdings wurde er aus Gründen der heutigen betrieblichen Behandlung mit einer durchgehenden Hauptluftleitung versehen (Abb. S. 13 unten).

„K.Sächs.Sts.E.B. 46 954" – Gattung Omk(u)

Zu den Güterwagen der Verbandsbauart des Deutschen Staatsbahn-Wagen-Verbandes gehört auch dieser mit typischen sächsischen Modifikationen beschaffte offene Güterwagen der Verbandsbauart.

Das Musterblatt II^d 1 der Preußischen Normalien für die Betriebsmittel stand

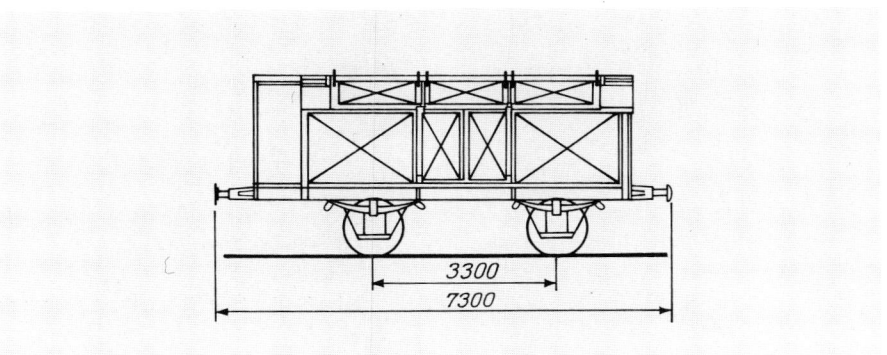

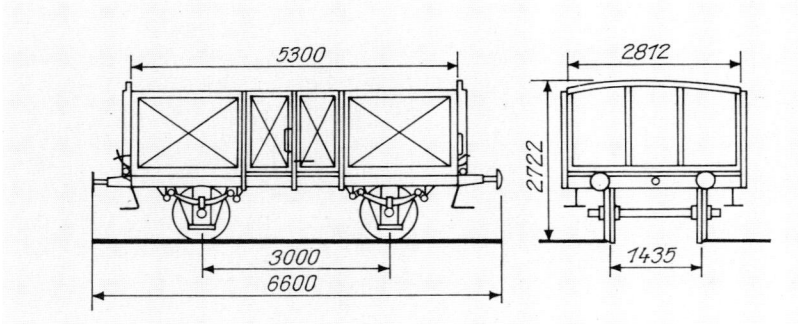

Pate bei der Konstruktion dieses Wagens. Der Wagen nach Musterblatt IIᵈ 1 entstand 1891 und hatte sich über 20 Jahre lang bestens bewährt, ehe ab 1913 diese Version der Verbandsbauart mit und ohne Handbremse von allen Mitgliedsbahnen des Deutschen Staatsbahnwagen-Verbandes, so auch von den Kgl. Sächsischen Staatsbahnen beschafft und in ihre Wagenparks eingereiht worden ist.

Der Wagen besitzt ein stählernes Untergestell, die Seitenwände und die Türen sind aus 5 mm dicken Buckelplatten hergestellt. Der Fußboden besteht aus Eichenholz, die Stirnwände sind drehbar gelagert und gestatten die Entladung über Waggonkippanlagen, wie sie um die Jahrhundertwende von vielen größeren Industriebetrieben beschafft wurden. Als letzte der offenen Wagenbauarten besitzt dieser Wagen noch leicht gerundete Stirnwandabschlüsse, die ursprünglich zum besseren Auflegen von Wagendecken, u. a. beim Versand von Gütern unter Zollverschluß gedacht waren. Für die Befestigung dieser Decken waren die Wagen an jeder Längsseite mit 6 Binderingen ausgerüstet.

Der Museumswagen wurde im April 1913 von der Aktiengesellschaft für die Fabrikation von Eisenbahnmaterial zu Görlitz gebaut und an die Königlich Sächsische Staatsbahn mit der Nummer 46 954 ausgeliefert.

Der Wagen ging 1920 in den Besitz der Deutschen Reichsbahn (ab 1924 Deutsche Reichsbahn-Gesellschaft) über und hat bis zum Anfang der sechziger Jahre im freizügigen Wagenpark der Eisenbahn seinen Dienst getan. Nach diesen annähernd 50 Jahren wurde er als Werkwagen an das Braunkohlenwerk „Glückauf" Laubusch (Oberlausitz) verkauft und war dort bis 1987 der Werkwagen Nr. 14. Das Verkehrsmuseum Dresden suchte zum Aufbau eines Museums-Güterzuges geeignete Fahrzeuge und fand den Wagen 1987 im Reichsbahnausbesserungswerk „Emerich Ambros" Dresden bei einer Revision. Durch engagierte Beschäftigte des Raw Dresden wurde dieser Wagen als erster Museumswagen im dortigen Produktionsbereich restauriert und gehört heute zu den originalgetreuen Fahrzeugen des Museums-Güterzuges. Der Wagen selbst, die Wagennummer, seine Entstehung und sein Verbleib lassen sich wie selten für einen Wagen gut nachweisen und auch durch das Verzeichnis der Güterwagen der Sächsischen Staatsbahnen einwandfrei belegen, dadurch ist dieser Wagen einer der wenigen, die auf eine authentische Geschichte zurückblicken können.

Die Aufarbeitung des Wagens erfolgte nach einer speziell erarbeiteten Richtlinie, die selbst die historisch verbürgten Technologien für den Korrosionsschutz und den Anstrich berücksichtigte.

Am 26. Mai 1987 konnte der restaurierte „Kohlenwagen" durch den Werk-direktor des Raw an den Direktor des Verkehrsmuseums Dresden übergeben werden (Abb. S. 14 oben).

„Magdeburg 13 685", Preußische Staatsbahn – Gattung Nz

Dieser „bedeckte Wagen" entspricht fast vollständig dem Musterblatt IIᵈ 8 der preußischen Normalien für die Betriebsmittel. Die deutschen Länderbahnen ließen eine Vielzahl von Wagen dieses Typs bauen, der auch die Grundlage für die Aufstellung von Zeichnungen für die gedeckten Wagen der Verbandsbauart A 2 ab 1909 war. Das äußere Bild dieser Wagen veränderte sich im Laufe der Zeit nur durch notwendige Modernisierungsarbeiten, wie den Anbau von Hülsenpuffern und durch die Aktualisierung der Wagenanschriften nach dem jeweiligen Stand. Wegen der großen vorhandenen Stückzahlen gehörte dieser alte gedeckte Wagen mit seinem typischen Flachdach jedoch noch lange zum Erscheinungsbild in den Güterzügen der Deutschen Reichsbahn. Im freizügigen Wagenpark befinden sich heute keine Wagen dieser Bauart mehr, sie wurden gänzlich durch moderne Fahrzeuge und UIC-Standardwagen der Gattung Gbs ersetzt.

Als Bahndienst- und als Bahnhofswagen findet man aber solche Veteranen einer über 100jährigen Bauart auch heute noch auf den Gleisen der DR.

Wegen seiner für die deutschen Eisenbahnen typischen Bauform zählt dieser Wagen zu den eisenbahngeschichtlich wertvollen Fahrzeugen.

Der mit einem hochgesetzten Bremshaus ausgerüstete Güterwagen wurde 1905 gebaut und 1981 vom Reichsbahnausbesserungswerk in Magdeburg wieder in seinen Originalzustand versetzt. Anstrich und Anschriften entsprechen den im Jahre 1914 gültigen Vorschriften der „Preußisch-Hessischen Staatseisenbahnen". Der Wagen wurde wieder

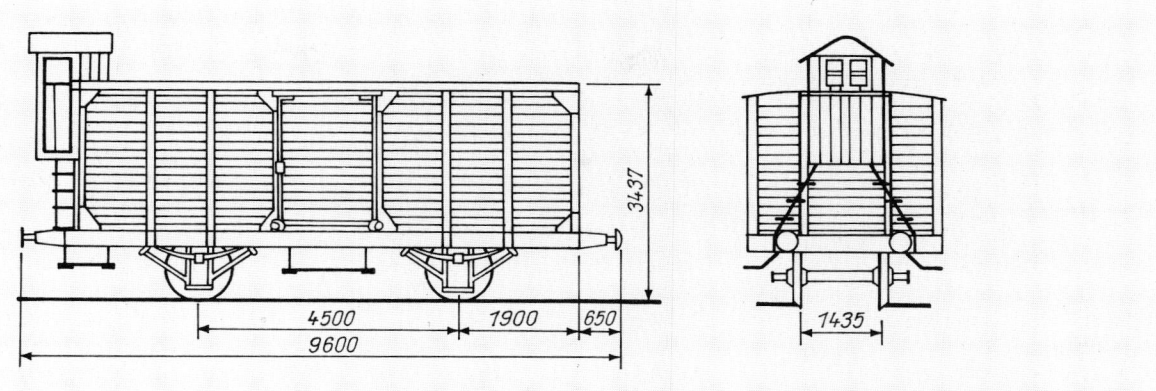

mit den seit 1877 üblichen doppelten Sicherheitskupplungen ausgerüstet, die Radsätze besitzen Speichenräder, die Achslager sind preußischer Bauart A 02.

Als geringe Abweichung ist das Satteldach des Bremshauses zu werten, das dem der gedeckten Wagen der Verbandsbauart entspricht. Da der Wagen als Begleiter- und Materialwagen für Ausstellungszwecke genutzt und betriebsfähig gehalten wird, ist bei einer der nächsten Revisionen eine Umrüstung dieses Daches auf die ursprüngliche abgerundete preußische Bauform vorgesehen (Abb. S. 15 oben).

„Berlin 48 907", Preußische Staatsbahn – Gattung Rm

Für das Verkehrsmuseum Dresden hat der restaurierte Flachwagen „Berlin 48 907" der Gattung „Rm" eine historische Bedeutung. Fahrzeuge dieser Gattung wurden ab 1913 von einer Vielzahl von Waggonbauherstellern geliefert und bis 1926 nach den alten Unterlagen fast ohne Änderungen weitergebaut. Erst danach wurden diese Flachwagen durch die sogenannten Austauschbauarten abgelöst. Der Wagen wurde 1922 von der Waggonbaufabrik Christoph & Unmack in Niesky/Ober-

lausitz, dem heutigen Waggonbau Niesky gebaut. Da der Wagen dem Originalzustand eines Fahrzeugs von 1913 entspricht, erhielt er entsprechend dem Konzept des Verkehrsmuseums Dresden Anschriften, die dem ersten Beschaffungsjahr entsprechen; in diesem Fall Anschriften, die ein solcher Wagen im Jahre 1914 getragen haben könnte. Das hat seine besondere Berechtigung, da die Anschriften der Güterwagen der Länderbahnen bis auf wenige Abweichungen erst nach der Bildung der Staatsbahnen mit dem ersten einheitlichen Nummernplan von 1922 geändert wurden.

Bei der Aufarbeitung, die im Jahre 1984 vom Raw Warschauer Straße in Berlin vorgenommen wurde, sind neben den Anschriften alle historischen Details weitgehend beachtet und nach-

gebildet. Das Fahrzeug ist neben seinem Eigenwert als Ausstellungsexponat auch Träger weiterer historisch wertvoller Ausstellungsstücke, wie z. B. von Radsätzen verschiedener Entwicklungsstufen.

Der Deutsche Staatsbahnwagen-Verband entstand 1909 als erstes Ergebnis der Vereinheitlichungsbestrebungen für die deutschen Eisenbahnen nach der Reichsgründung im Jahre 1871. Im Deutschen Staatsbahnwagen-Verband wurden erstmals neben reinen abrechnungstechnischen Festlegungen für die gegenseitige Benutzung der Güterwagen auch einheitliche Wagenbauarten konzipiert, die bei Neubau oder Ersatzbeschaffung von allen Bahnen in dieser einheitlichen Form Anwendung finden sollten. Diese Vereinheitlichung der Güterwagenbauar-

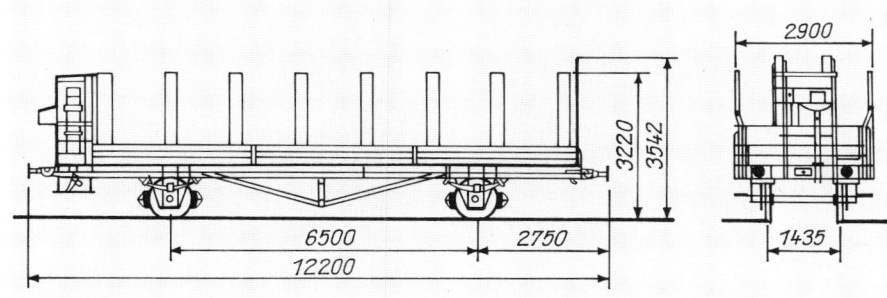

ten war ein bedeutsamer Wendepunkt für den gesamten Güterwagenpark der deutschen Eisenbahnen. Der Deutsche Staatsbahnwagen-Verband ließ zwischen 1910 und 1914 11 unterschiedliche Konstruktionen für verschiedene Wagengattungen erarbeiten.

Für den Waggonbau in Niesky steht dieser Wagen am Anfang der Waggonbautradition, denn ab 1920 begann in dem seit 1835 bestehenden Werk Christoph & Unmack, Niesky die Serienproduktion von Güterwagen der unterschiedlichsten Art (Abb. S. 15 unten).

„Meckl.-Schwerin 600 165" – Wärmeschutzwagen (Kühlwagen)

Zur Vervollständigung der Sammlung der historischen Güterwagen des Verkehrsmuseums Dresden wurde ein in der Waggonfabrik Uerdingen im Jahre 1919 hergestellter Wärmeschutzwagen ausgewählt. Der Wagen war bis 1968 unter der Wagennummer 17-53-81 (entsprechend dem Nummernplan für Güterwagen aus dem Jahre 1951) als Seefischwagen bei der Deutschen Reichsbahn im Einsatz, nachdem er 1954 eine Generalreparatur erhalten hatte. Nach 1968 diente er viele Jahre als Bahnhofswagen in Plauen/Vogtl. ob Bf verschiedenen

Zwecken. Eisenbahner und Mitarbeiter des Verkehrsmuseums erkannten die Wertigkeit des Wagens für die Entwicklung des Waggonbaus in Deutschland und sicherten seinen Bestand. Noch in einem recht desolaten Zustand, wurde er Ende 1989 zur Aufarbeitung und Restaurierung dem Raw Eberswalde, Werkteil Malchin, zugeführt. Die Wagennummer ist fiktiv und symbolisch, eine genaue Recherche für diesen Wagen ist problematisch und noch nicht abgeschlossen.

Wärmeschutzwagen für den Transport von Butter, Bier und Fleisch sowie von anderen verderblichen Lebensmitteln sind bei den deutschen Eisenbahnen bereits seit den siebziger Jahren des 19. Jahrhunderts in Gebrauch gewesen. Um 1910 waren auf den deutschen Bahnen ca. 1000 Wärmeschutzwagen im Einsatz. Nach 1918 verstärkte sich der Einsatz dieser Kühlwagen sprunghaft. Es wurden neue Isolier- und Kühlmittel entwickelt, die die alten Isoliermaterialien, wie Kork, Sägespäne und Häckerling ablösten. Der Verwendungszweck für diese Wagen wurde vielseitiger.

Als Grundlage für die Konstruktion diente der gedeckte Güterwagen der Verbandsbauart nach Musterblatt A 2, von dem sich der Wagen auch nur unbedeutend unterscheidet.

Typisch für die zwanziger Jahre ist die Verstärkung der Seitenwandfelder

zwischen den Rungen durch Diagonalstreben aus Profileisen. Die bis dahin praktizierte Ausführung der Verstärkungen aus Flacheisen garantierte keine Stabilität des Wagenkastens gegen Verwindungen und Ausbauchungen. Bei den gedeckten Güterwagen der Verbandsbauart A 2 und den entsprechenden späteren Einheitswagen, wurden nachträglich Verstärkungen im letzten Seitenwandfeld angebracht. Die Sonderbauarten der Wärmeschutz- und Kühlwagen dagegen boten der Waggonbauindustrie ein weites Experimentierfeld. Diagonalstreben aus Profileisen wurden in den unterschiedlichsten Varianten erprobt und serienmäßig angewendet. Diese Maßnahme setzte sich in der Austauschbauweise fort und wurde erst bei modernen Leichtbaukonstruktionen durch andere Konstruktionsprinzipien ersetzt (Abb. S. 16 unten).

„Gattungsbezirk Mainz" – Gattung Ot (Schotterselbstentladewagen)

Ab ca. 1912 wurden Selbstentladewagen des Entladesystems „Talbot" (Entladung seitlich und in der Mitte des Gleises möglich) für den Schottertransport von verschiedenen Herstellern an die Länderbahnen geliefert und auch nach 1920 noch lange Zeit weitergebaut.

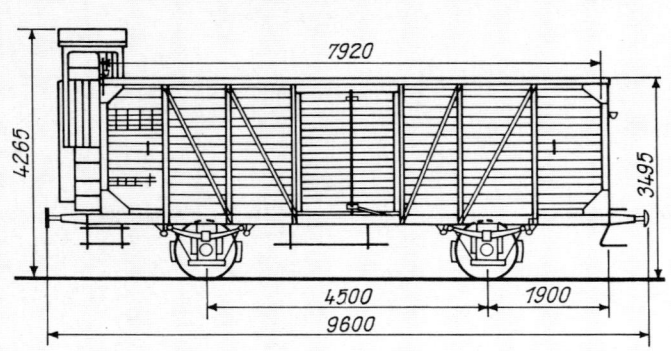
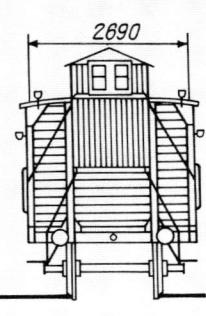

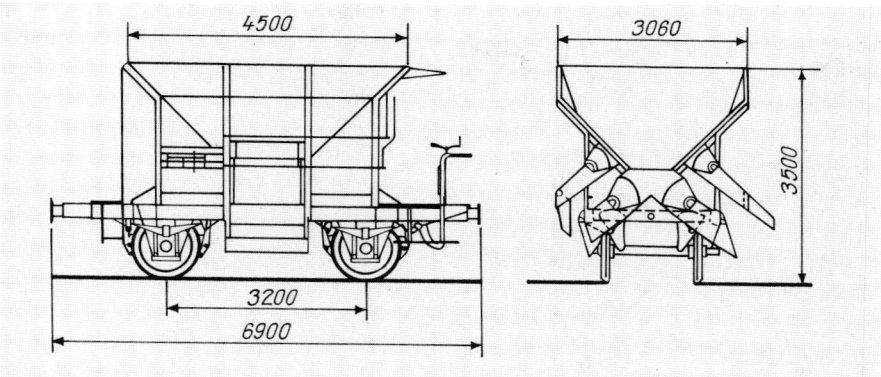

Diese Wagen besaßen Untergestelle, die sich an die konstruktive Gestaltung der Verbandsbauarten anlehnten. Wegen ihrer besonderen Zweckbestimmung erhielten sie jedoch kürzere Achsstände, die von Waggonfabrik zu Waggonfabrik teilweise noch unterschiedlich waren und zwischen 3000 mm und 5200 mm lagen. Die Ladetrichter waren so bemessen, daß keine Überlastung der Räder oder Achsen und keine Überschreitung des Ladegewichts beim Ladegut Schotter eintreten konnte und, daß bei dosierter, gleichzeitiger und gleisseitiger Entladung die gleichmäßige Ladegutverteilung gewährleistet blieb.

Von den teilweise überdachten Bühnen aus konnte der Schotter bedarfsgerecht im und am Gleis verteilt werden, dazu dienten auch die übereinanderliegenden zwei Entladerutschen auf jeder Wagenseite.

Durch seine Konstruktion ist dieser Wagentyp der Wegbereiter für die später entwickelten Selbstentlader mit dosierter und nach jeder Wagenseite hin wahlweise regulierbarer Entladungsmöglichkeit. Nach der Vielfalt der zu Beginn des Jahrhunderts gebauten verschiedenen Selbstentladewagentypen, wie Flachboden-Selbstentlader, Selbstentlader des Systems Nürnberg (eine Entwicklung der MAN, die nur gleismittig entladen werden konnte) u. a., wurde mit diesem Fahrzeug die Zweckmäßigkeit des Entladesystems Talbot

bestätigt. So werden unabhängig vom tatsächlichen Hersteller derartige Wagen auch heute noch als „Talbotwagen" bezeichnet.

Der Wagen ist aus der Reihe der historisch bedeutsamen Güterwagen nicht wegzudenken.

Wie alle Normalbauarten erhielten die Wagen auch einen rotbraunen Anstrich. Nach den Anschriften- und Farbgebungsregelungen des Jahres 1922 wurden solche Wagen in den Gattungsbezirk „Mainz" und in die Gattung Ot eingeordnet. Dem Verwendungszweck gemäß gehörten diese Wagen stets zu den Baudienstwagen.

Der 1926 gebaute Selbstentladewagen (seine letzte Wagen-Nr. war 21 50 602 1209-4) wurde 1970 aus dem Betriebspark der DR herausgenommen, ausgemustert und als Bahnhofswagen an eine Dienststelle der Deutschen Reichsbahn im Raum Rostock umgesetzt. Von dort wurde er 1987 als „erhaltungswürdig befunden" und im Jahre 1989 vom Reichsbahnausbesserungswerk Zwickau aufgearbeitet (Abb. S. 17 oben).

„Oldenburg 574" – Gattung OOt

Die schwunghafte industrielle Entwicklung in der Zeit zwischen 1870 und 1900 in Deutschland bedingte geradezu einen rationellen Transport gro-

ßer Mengen von Massengut, dafür wurden auch die Selbstentladewagen als unentbehrliche Transportmittel weiterentwickelt. Hauptproblem blieb nach wie vor die Schaffung bestimmter Voraussetzungen für die Entladung, wie seitlich der Gleise liegende Entladebunker, hochliegende, aufgeständerte Gleise u. ä.

Der Entwicklung größerer und optimaler bemessener Selbstentladewagen standen um die Jahrhundertwende aber auch andere Gesichtspunkte entgegen, wie z. B. die begrenzte Tragfähigkeit des Eisenbahn-Oberbaus und der Brücken der deutschen Eisenbahnen, die bis zu diesem Zeitpunkt nur für 7,5 t Raddruck (15 t Achslast) und 3,6 t/m (Meterlast) ausgelegt waren. Damit konnten bei annehmbarer Wagenlänge nur Selbstentladewagen bis zu 20 t Ladegewicht eingesetzt werden. Das bedeutete gegenüber einem gewöhnlichen offenen Güterwagen gleicher Tragfähigkeit aber eine 20–30 % höhere Eigenmasse des Wagens. Die Voraussetzungen für die Konstruktion größerer Selbstentladewagen wurde erst 1895 durch die Festlegungen zum Ausbau bestimmter Strecken für 20 t Achslast und 8 t/m Meterlast bei den preußischen Staatsbahnen gelegt. Aber erst nach 1920 waren bestimmte durchgehende Strecken soweit umgebaut, daß sich die Entwicklung und der Einsatz großer Selbstentladewagen lohnte. Diese Entwicklung wurde im Eisenbahn-Zentralamt in Berlin unter Bau- und Regierungsrat Laubenheimer nach 1920 intensiv vorangetrieben. Es entstanden Selbstentladewagen mit optimalen Maßen, wie 19 750 kg Eigenmasse, 7,9 t/m Meterlast und einer Tragfähigkeit von 60 t. Diese Werte wurden durch Einsatz verbesserter Stahlqualitäten sowie durch den Übergang zur Leichtbauweise, wie z. B. den Einsatz von 4 unabhängigen Einzelachsen für den 4achsigen Wagen an Stelle von Drehgestellen, erreicht. Die ab 1924 nach der großen Verkehrsausstellung in Seddin eingeleitete Se-

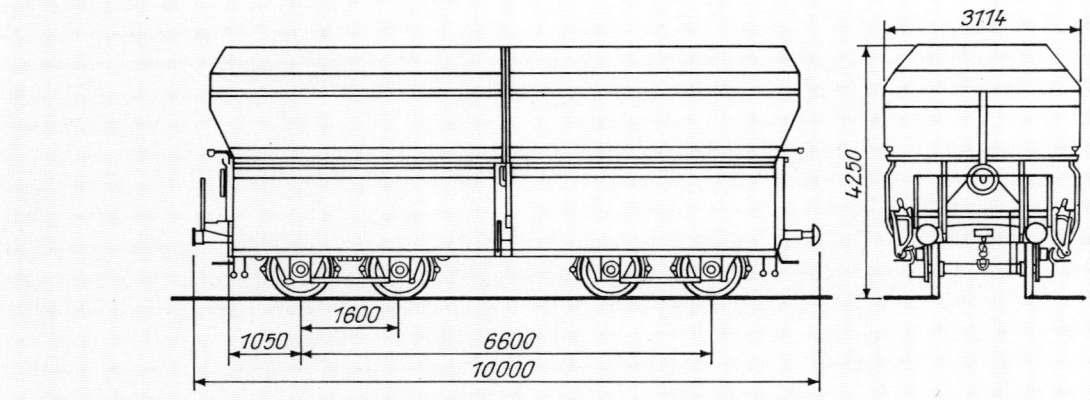

„Pg nach Musterblatt IIª 13ª", Preußische Staatsbahn

rienproduktion dieser Wagen brachte verschiedene Varianten für unterschiedliche Verwendungszwecke und Ladegüter hervor. Der Museumswagen entstammt einer Serie des Jahres 1928, hält zwar nicht ganz die Parameter des Wagenkastens des Einheitswagens für Kohle ein, ist aber dennoch ein typischer Vertreter seiner Bauart. Mit diesem Wagen wurde ein Verhältnis von Eigenmasse zu Nutzmasse erreicht, das für das Ladegut Kohle eine maximale Variante darstellt. Das Verhältnis von Rauminhalt zu Wagenlänge über Puffer wurde später nicht mehr übertroffen. Die Kriegsbauarten des 60-t-Einheitswagen erhielten statt der Lenkachsen wieder Drehgestelle unter wesentlicher Beibehaltung der alten Parameter.

Der Museumswagen war nach seiner Ausmusterung und Umsetzung aus dem Betriebspark der Deutschen Reichsbahn lange Zeit im Elektrotechnische Werke und Lokomotivbau Hennigsdorf b. Berlin (LEW) als Werkswagen für den innerbetrieblichen Kohletransport eingesetzt. Nach Rückführung des Wagens an die Deutsche Reichsbahn wurde er 1988/89 durch das Raw Zwickau wieder in seinen Originalzustand versetzt und steht damit als Museumsexponat am Anfang der Entwicklung der modernen Selbstentladewagen (Abb. S. 18 oben).

Die letzte durch die Preußische Staatsbahn beschaffte Bauart von „Personalwagen für Güterzüge" (Pg) waren Wagen nach Musterblatt IIª 13ª der Normalien der Betriebsmittel. Sie lösten die Pg mit noch offener Bühne am Zugführerabteil nach Musterblatt IIª 3 ab. Die erste Serie der ab 1930 auch als Pwg Pr 14 bezeichneten Wagen wurde noch 1914 beschafft. Ein Weiterbau dieser Gattung erfolgte ohne wesentliche Veränderungen bis zum Jahre 1925. Mit nahezu 9000 Fahrzeugen war dieser Güterzug-Gepäckwagen der meistverbreitetste Pwg auf dem Netz der deutschen Eisenbahnen. Aus mehreren Wa-

gen dieser Bauart, die zur Ausmusterung anstanden, wurden 1988 zwei der Besterhaltenen ausgewählt, um aus beiden ein originalgetreues Fahrzeug betriebsfähig herrichten zu können.

Die Wagen waren für den bis in die zwanziger Jahre praktizierten personalintensiven Handbremsbetrieb der Güterzüge besonders ausgerüstet. Das zeigt sich besonders an den klappbaren Sitzen und Tischen im Gepäckraum, der gleichzeitig Aufenthaltsraum für die Bremser und Rangierschaffner war. Kleiderspind und Öfen gehörten ebenso zur Ausrüstung des Wagens wie Kästen für Werkzeug, Laternen und Signalmittel. Der Zugführerraum wurde über eine von außen zu bedienende Preßkohlenheizung beheizt, was mit Si-

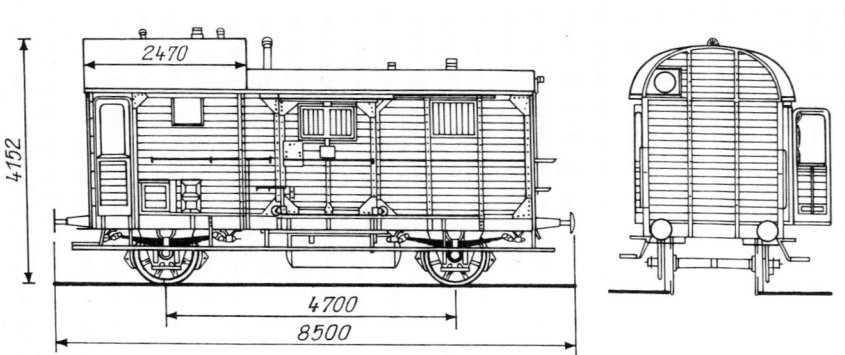

cherheit einer der Bremser bzw. Rangierschaffner mit den Kohlen des Ofens aus dem Laderaum zu erledigen hatte.

Die Wagen veränderten im Laufe der Jahre ihr Aussehen geringfügig. So entfielen die durchgehenden Laufbretter und Griffstangen mit der Einführung des Druckluftbremsbetriebes, ebenso die Vorrichtungen zum Anbringen der Notsignalleine, die vom Packwagen zur Lokomotive führte.

In den dreißiger Jahren wurden zur Stabilisierung des Wagenkastens auf beiden Seiten Diagonalstreben in das Wagenkastengeripppe eingezogen, die nun bei der museumsgerechten Aufarbeitung wieder entfernt werden müssen.

Die Farbgebung der Personalwagen für Güterzüge war bis 1910 rotbraun, erst in der Anschriftenvorschrift der Preußischen Staatsbahn, Ausgabe 1910, wird als Grundfarbe für diese Wagen dunkelgrün angegeben, eine Farbe, die für Bahndienstwagen und Pwg bis heute bei der DR beibehalten wurde.

Der Museumswagen dient heute als Begleiterwagen für Museumslokomotiven bei deren Überführung von einem Standort zum anderen (Abb. S. 18 unten).

„Handkran"

1976 gelang es, einen Kranwagen mit Handbedienung für das Verkehrsmuseum Dresden sicherzustellen. Damit wird auch ein bei den Länderbahnen weit verbreitetes Hebezeug erhalten. Es handelt sich um einen im Jahre 1912 von der Maschinenfabrik Carl Flohr in Berlin für die Preußische Staatsbahn gelieferten Kranwagen mit einer Tragfähigkeit von 10 t. Der Unterwagen besitzt drei Radsätze, die zur besseren Kraftübertragung auf das Gleis in einem Achsstand von 2000 mm angeordnet sind und damit den für ein dreiach-

siges Fahrzeug ungewöhnlichen Gesamtachsstand von 4000 mm ergeben. Die Länge des Unterwagens ohne Puffer beträgt 6700 mm, die Gesamtmasse beläuft sich auf 29 300 kg. Hebezeuge dieser Art wurden für die Verrichtung der unterschiedlichsten Arbeitsaufgaben im Baubereich und in den Bahnbetriebswerken verwendet. Der Handkran war bei der DRG in der Rbd Halle eingesetzt, wo er bis zu seiner Ausmusterung verblieb. Sein letzter Standort war der Bayerische Bahnhof in Leipzig.

Das vom Reichsbahnausbesserungswerk Brandenburg West 1959 angelegte neue noch erhaltene Hebezeug-Prüfbuch weist den Kran als Hebezeug der Type C 2 b, Gruppe b1 aus. Bereits 1968 wurde von diesem Raw auch die Ausmusterung vorgeschlagen. So erfolgten bis 1976 zwar noch die erforderlichen Hebezeugprüfungen, aber keine Aufarbeitung mehr. Nach einer Herabsetzung der Tragfähigkeit des Kranes entsprach er im Ausmusterungsjahr dann nicht mehr den für einen Einsatz erforderlichen Bedingungen. Nach der Übernahme durch das Verkehrsmuseum Dresden wurde der nach dem Nummernplan der DR von 1951 mit der Bahndienstwagennummer der Rbd Halle 79-68-05 versehene Kran, der 1965 auch noch eine 12stellige international einheitliche Wagenkennzeichnung mit 30 50 949 6504-6 erhalten hatte, auf Gleisen des Industriegeländes in Dresden abgestellt.

1988 kam es zwischen dem Verkehrsmuseum Dresden und dem langjährigen Erhaltungswerk für diesen Kran, dem Werk für Gleisbaumechanik Brandenburg-Kirchmöser (ehemals Raw Brandenburg West) zu einer Vereinbarung über die museale Aufarbeitung dieses Handkrans. 1989 wurde der Wagen fertiggestellt und gibt auf Ausstellungen auch Einblicke in diesbezügliche Technologien der Jahrhundertwende.

Kleiner Kohlenwagen der sächsischen Albertsbahn im Vestibül des Verkehrsmuseums Dresden Foto: VMD

Aus der Papierfabrik Heidenau bei Dresden
geborgenes Untergestell eines sächsischen
Güterwagens der Gattung O 2   Foto: Hensel

Originalaufnahme eines sächsischen
O 2   Foto: Sammlung Hensel

Die sächsische Modifikation des Verbandswagens A 6 nach der Fertigstellung als Museumswagen Omk(u) 46 954
Werkfoto: Raw Dresden

Originalaufnahme eines II^d 8, hier mit badischen Anschriften   Foto: Sammlung Hensel

Der Wärmeschutzwagen an seinem letzten Standort in Plauen ob. Bf   Foto: Heinrich

Museums-Schotterwagen des Gattungsbezirks Mainz an seinem letzten Standort in Rostock   Foto: Horstmann

Schotter-Selbstentladewagen, wie sie 1926
das Werk der Firma Talbot verließen
Foto: Werkfoto Talbot, Sammlung Hensel

Der Einheitswagen „Oldenburg 574" im
Jahre 1988 im Raw Zwickau Foto: Heinrich

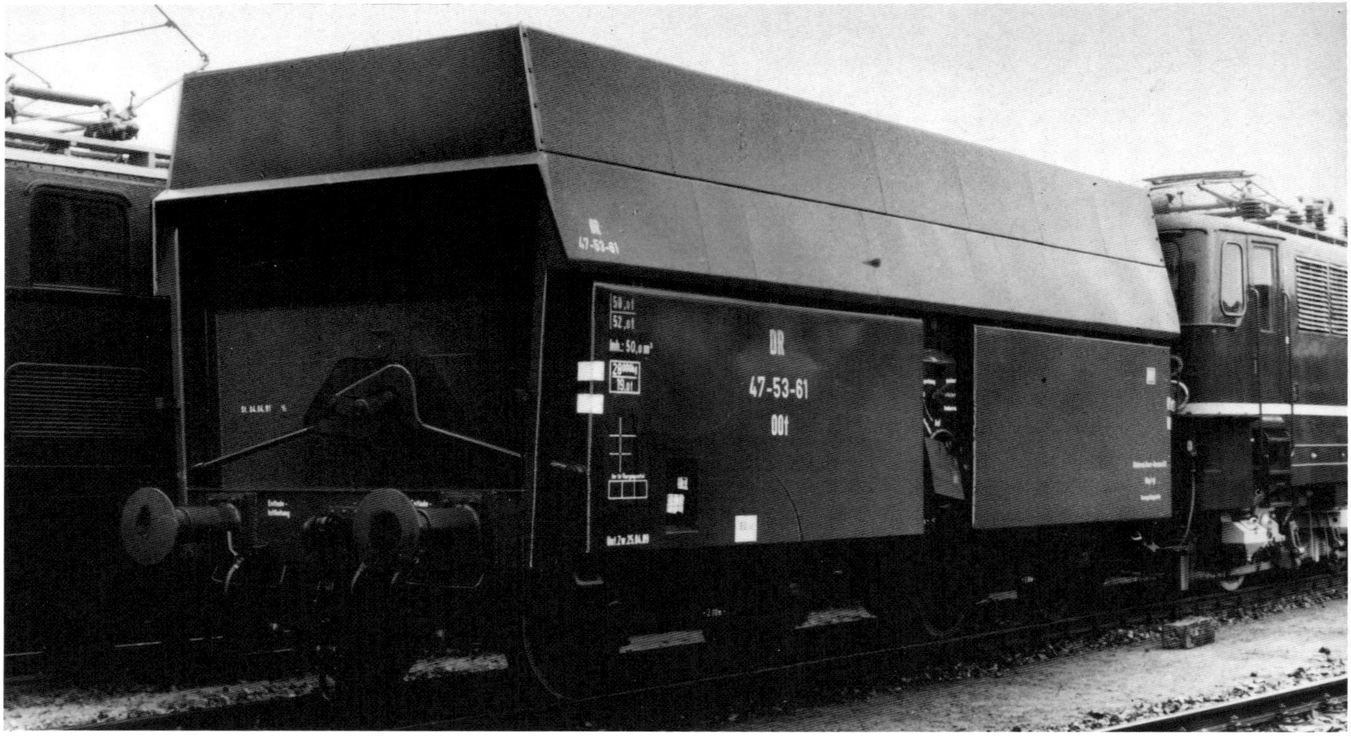
DR
47-53-61
001

Deutsche Reichsbahn
Oldenburg 574
001

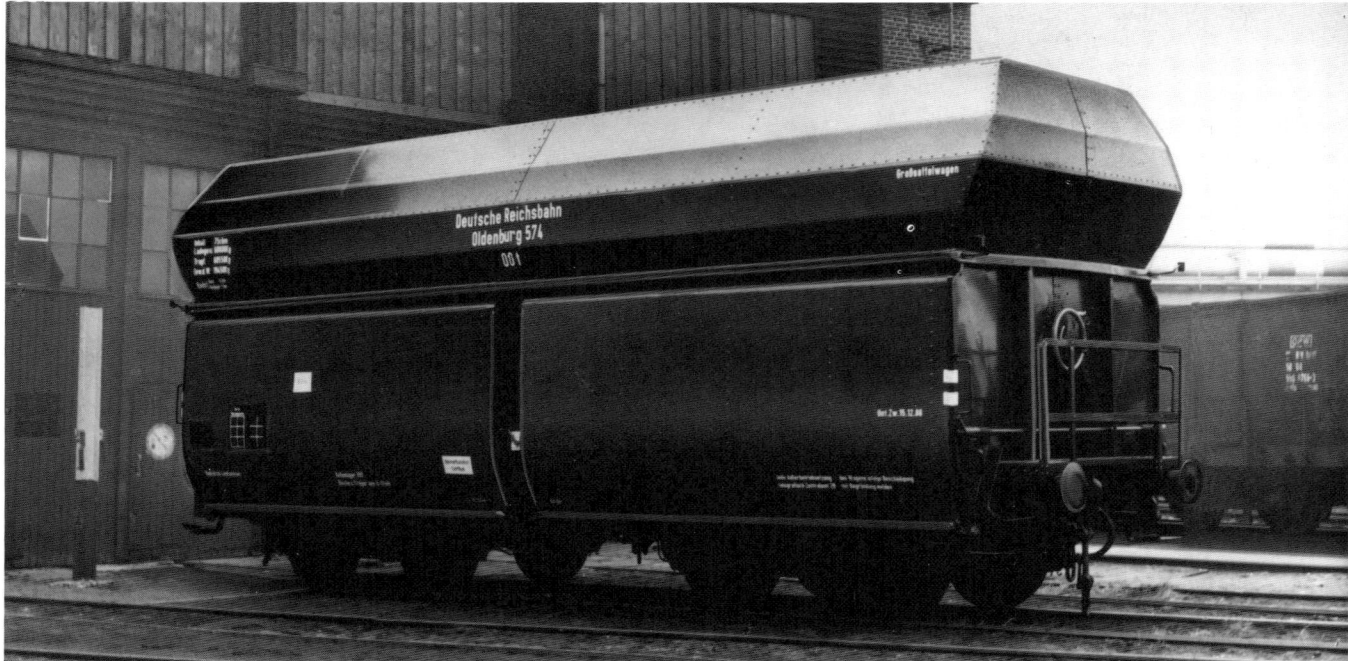

**Pg der Firma Talbot im Originalzustand
Werkfoto: Talbot**

linke Seite: Selbstentladewagen mit pneumatischer Entleerung aus der Produktion des Waggonbau Gotha   Foto: Heinrich

**Der restaurierte „Oldenburg 574"
Foto: Heinrich**

… noch im Dornröschenschlaf im Raw Magdeburg   Foto: Hensel

Die Museums-
Reisezugwagen
der Regelspur

„K.Sächs.Sts.E.B. 2591" – Gattung D

Entsprechend dem Wagenparkverzeichnis der Sächsischen Staatseisenbahnen handelt es sich bei diesen Wagen um ein Fahrzeug aus einer kleineren Serie von 4. Klasse-Wagen, die 1876 beschafft worden sind. Bei einigen deutschen Bahnen, so in Sachsen, verfügte die 4. Klasse ursprünglich nur über Stehplätze, weshalb auch die sehr hoch liegenden Fallfenster typisch waren. Erst sehr viel später wurden die 60 Stehplätze auf 20 verringert und Sitzbänke für ca. 30 Fahrgäste eingebaut, wie die nachträglichen Änderungen der Zeichnungen zeigen. Die Stehwagen-Variante bot für den militärischen Einsatz große Vorteile. So konnten an die im Wageninnern befindlichen Säulen mit Hilfe von Gummiringen und Lederlaschen Krankentragen für den Verwundetentransport angebracht werden.

Für diesen Zweck besaßen die Stirntüren einen zweiten kleinen Flügel, der nur für diesen speziellen Bedarfsfall geöffnet wurde. Wie bei fast allen deutschen Bahnen wurde um die Herstellungszeit dieses Wagens auch in Sachsen für die Wagen der 4. Klasse die graue Farbe verwendet.

Neben der normalen, im Raum des Vereins Deutscher Eisenbahn-Verwaltungen üblichen doppelten Sicherheitskupplung, verfügt dieser Wagen über originalerhaltene Achslager der Kgl. Sächs. Staatseisenbahn und über die für leichte Wagen damals gebräuchlichen geschwungenen Blatttragfedern. Im Ursprungszustand besaß der Wagen außerdem noch eine Ofenheizung und Vorrichtungen zum Einhängen von Öllampen.

Der Wagen ist von Mitarbeitern des Verkehrsmuseums in den sechziger Jahren als Bahndienstwagen mit der Nummer 862-603 sichergestellt und

vor der Zerlegung bewahrt worden. Bis zu seiner Aufarbeitung im Jahre 1987 durch Stellmachermeister Michel aus Zwönitz in Zusammenarbeit mit dem Raw Potsdam war er auf einem Anschlußgleis der Verkehrsbetriebe im Industriegelände Dresden sichergestellt.

Der Wagen ist ein Spitzen-Exponat in der Wagensammlung des Verkehrsmuseums Dresden, das nicht nur ein technisches Denkmal schlechthin darstellt, sondern auch gesellschaftshistorische Bezüge erkennen läßt (Abb. S. 26 unten).

„K.Sächs.Sts.E.B. 2108" – Gattung BC

Ein typischer Vertreter eines sächsischen Personenwagens für den Einsatz auf dem Nebenbahnnetz ist dieser im Jahre 1894 mit der Nummer 2108 an die Königlich Sächsische Staatsbahn

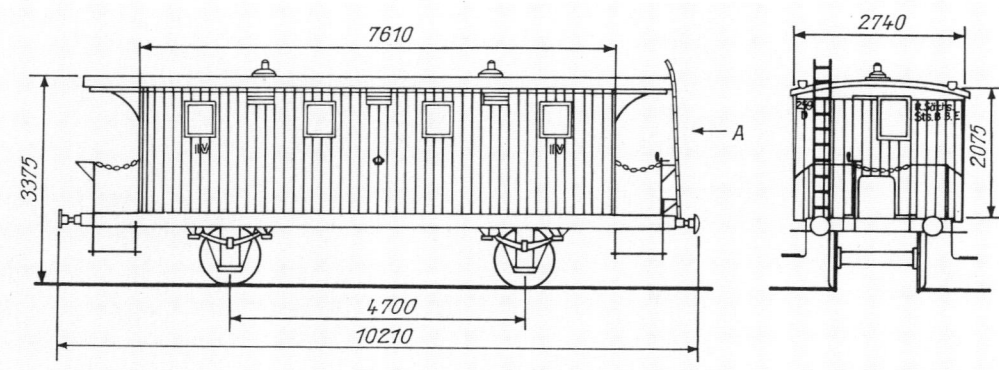

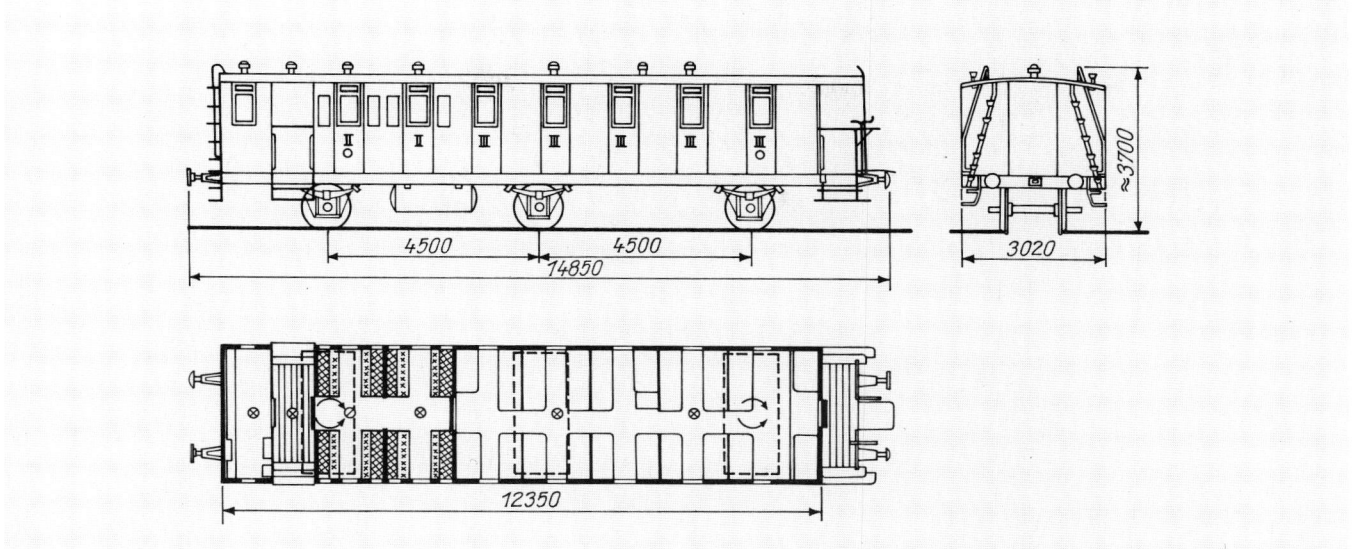

gelieferte Wagen. Das Fahrzeug besitzt ein dreiachsiges Untergestell mit Lenkachsanordnung der älteren Bauart Klose mit zweiseitig wirkendem Schieber für die Mittelachse (eine genehmigte Bauart des VDEV) und damit die gleiche Achsanordnung wie der Salonwagen 447 des Kgl. Hofzuges, dem sogenannten „Mathildenwagen". Das gesamte Untergestell besteht aus Stahl und wurde genietet. Als Bremsausrüstung wurde eine Westinghouse-Personenzugbremse genutzt.

Die Innenausstattung des Wagens war in der 2. und 3. Klasse dem sächsischen Niveau und damit dem durchschnittlichen Niveau der übrigen Bahnen des VDEV angepaßt. Eine für Sachsen typische Besonderheit ist der im Überhangsbereich der Endachse liegende Dienst- und Gepäckraum, der durch den überdachten Einstieg deutlich vom Fahrgastraum getrennt ist. Der einseitig mit Übergangseinrichtung ausgerüstete Wagen mußte durch diese konstruktive Besonderheit stets an der Zugspitze oder am Zugschluß laufen oder wurde auf wenig frequentierten Strecken als Einzelwagen oder in Güterzügen mit Personenbeförde-

rung verwendet. Das Verzeichnis der Personenwagen der Kgl. Sächsischen Staatsbahn weist mehrere Baujahre und mehrere Varianten, auch mit Stirnwandtüren im Dienstabteil, für diese Bauart aus.

Das hölzerne Kastengerippe der Wagen war mit Blech verkleidet. Die Heizung erfolgte in der 2. Klasse durch eine Hochdruckdampfheizung und in der 3. Klasse durch Öfen, wodurch ein Einsatz auch im GmP (Güterzügen mit Personenbeförderung) zu jeder Jahreszeit und an beliebiger Stelle im Zuge möglich war. In dieser Ausstattung wurde auch der Museumswagen restauriert. Als äußere Besonderheit ist auch die damals nicht nur in Sachsen üblich gewesene Zweifarbgebung anzusehen. Jede Wagenklasse besaß ihre eigene Farbe, z. B. 1. Klasse = grün mit gelben Einfassungslinien (in der Frühzeit der Eisenbahn vollständig gelb), 2. Klasse = grün, 3. Klasse = braun, 4. Klasse = grau. Diesem Farbmuster entsprachen übrigens auch die Farben der Fahrkarten für die einzelnen Klassen. Erst nach 1910 wurde bei den Länderbahnen auf ein einheitliches grün für alle Personenwagen orientiert.

Der Museums-Eisenbahnwagen war noch bis 1971 als Bahndienstwagen im Hilfszug Nossen unter der Nummer 60 50 99-27 313-4 eingesetzt. Er konnte durch Mitarbeiter des Verkehrsmuseums Dresden nach seiner Ausmusterung vor der Verschrottung bewahrt werden und führte auf einem Abstellgleis des Industriegeländes in Dresden ein Dornröschendasein. Im Auftrage des Verkehrsmuseums wurde der Wagen 1987/88 im Reichsbahnausbesserungswerk Potsdam restauriert und befindet sich nunmehr in einem ausgezeichneten technischen Zustand. Mit seinen konstruktiven Besonderheiten ist er ein beachtenswertes und für Ausstellungen gern verwendetes Exponat (Abb. S. 27 oben).

„Nr. 32" – Württembergische Staatseisenbahnen – Gattung C (C4i)

Neben einigen wenigen anderen Bahnen in Mitteleuropa, war die Königlich Württembergische Staatseisenbahn (K.W.St.E.) eine derer, die in den ersten Jahrzehnten ihres Bestehens vierachsige Durchgangswagen mit offenen Plattformen nach dem sogenannten amerikanischen System beschafften. Die ersten Wagen wurden in Einzelteilen aus Amerika beschafft und in Württemberg montiert, später wurden die Wagen fast ausschließlich und nach dem gleichen Muster in der Maschinenfabrik Esslingen hergestellt.

Die Entwicklung des Bahnbaus begann in Württemberg erst nach den gesetzlichen Regelungen von 1843 und verknüpfte sich in der Folgezeit eng mit der Entwicklung in den Nachbarländern Baden und Bayern. Eine besonders lange Lebensdauer erzielten viele der zwischen 1853 und 1867 beschafften insgesamt 272 Drehgestell-Durchgangswagen, zu denen auch der Museums-Eisenbahnwagen zählt. Diese Generation von Wagen war in sich nicht einheitlich. Während 1865 nach Wagen mit Untergestellen aus hölzernen Längs- und Querträgern bzw. in Kombination mit Formeisen hergestellt wurden, sind die Wagenunter- und Drehgestelle ab 1866 bereits gänzlich aus Eisen. Trotz der Differenzen der Wagen in ihrer Länge über Puffer (LüP) von 13 770 mm bis 14 900 mm und der unterschiedlichen Achs- und Drehzapfenabstände, zeigen die Wagen ein einheitliches Konzept. Sie wurden in der 1., 2. und 3. Klasse und in Kombinationen 1./2. Klasse und 2./3. Klasse in Dienst gestellt.

Die Gattungsbezeichnung deckte sich nicht vollständig mit der bekannten und in Preußen üblichen, so erhielten alle Salon- und Hofsalonwagen anfangs das Gattungszeichen A (damals auch „Litera A" genannt). Vierachsige Durchgangswagen der 2. Klasse waren in die Gattungsbezeichnung B eingeordnet, während zweiachsige Abteil- und Durchgangswagen derselben Klasse ein D erhielten. Die Gattung C waren vierachsige Durchgangswagen der 3. Klasse während die zweiachsigen Bauarten der 3. Klasse mit E bezeichnet wurden.

Der Museums-Eisenbahnwagen K.W.St.E. Nr. 32 wurde etwa 1866 gebaut und ist damit der älteste im Original erhaltene Reisezugwagen im Bestand des Verkehrsmuseums Dresden. Wegen seiner verschiedenen baulichen Merkmale ist das Stück ein Unikat und repräsentiert Technikgeschichte aus der Frühzeit der Eisenbahnen, da der Wagen noch nicht demontiert ist, steht die eindeutige Festlegung seines Alters noch aus. Die aus Flach- und Formeisen zusammengenieteten Drehgestelle besitzen „untengeschmierte" Gleitachslager württembergischer Ausführung und innerhalb des Drehgestellrahmens liegende Blatttragfedern. Die noch im Original erhaltenen Radsätze, bei denen auch die Speichensegmente noch zusammengenietet sind, haben auch noch aufgenietete Bandagen (Radreifen); die versenkten Nietköpfe sind auf der Lauffläche noch gut erkennbar, während auf der Innenseite der Radfelgen die Nietköpfe zu Rundköpfen geschlagen wurden. Die Handbremse des Wagens wird von der Plattform aus bedient und wirkt einseitig auf die Räder. Auch die geschlossene Bauform der Stangenpuffer aus der Entstehungszeit ist noch vorhanden. Der Wagenkasten zeigt ebenfalls seit 120 Jahren sein typisches Erscheinungsbild, lediglich die Fensteraufteilung erfuhr mehrere Veränderungen. Er diente zuletzt als Bahndienstwagen.

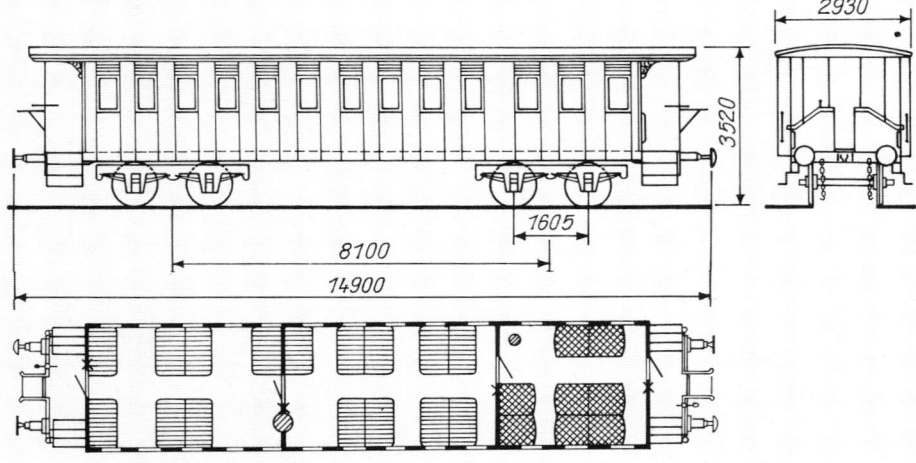

Viele Wagen dieser Bauart wurden wegen ihrer soliden Ausführung noch lange nach 1920 im Personenverkehr eingesetzt, wobei sie zum Zeitpunkt der Einführung der 4. Klasse in Württemberg im Jahre 1907 als Folge der Einführung der einheitlichen Tarifreform in Deutschland, unabhängig von ihrer ursprünglichen Ausstattung, durchgängig als 4. Klasse-Wagen verwendet wurden. Auch nach 1945 fanden einige dieser Fahrzeuge, u. a. auch wegen ihrer zweckmäßigen großräumigen Wagenkästen, Verwendung als Bahndienstwagen, so auch der Museums-Eisenbahnwagen. 1965 erhielt dieser Wagen noch eine Bahndienstwagennummer entsprechend der international einheitlichen Wagenkennzeichnung, nämlich 60 50 99-22 100-0. Kurz nach seiner noch erfolgten Umzeichnung konnte der Wagen durch Mitarbeiter des Verkehrsmuseums Dresden sichergestellt und in die Museumsbestände übergeführt werden. Nach einem mehrjährigen Aufenthalt im Industriegelände Dresden hat dieser Wagen nunmehr ein wettergeschütztes Domizil (Abb. S. 28 unten).

„Nr. 14" – Württembergische Staatseisenbahnen – Gattung Da (BCi)

Durch die Neubesetzung der Stelle des Obermaschinenmeisters der K.W.St.E. nach 1865 zogen auch neue Gedanken und Grundsätze für ein Wagenbeschaffungsprogramm ein. Neben den vierachsigen Drehgestell-Durchgangswagen wurden nun auch, vom Kastenaufbau gleichartige, zweiachsige Durchgangswagen in Dienst gestellt. Da die K.W.St.E., wie alle anderen deutschen Bahnen auch, Mitglied im Verein Deutschen Eisenbahn-Verwaltungen (VDEV) war, die sich bei der Entwicklung ihrer technischen Ausrüstung nach den Empfehlungen der Technischen Vereinbarungen (T. V.) des VEDV zu richten hatten, mögen der Einführung einer größeren Anzahl von zweiachsigen Wagen auch die veränderten Vorschriften der T. V. über den Achsstand von 1866 zu Grunde gelegen haben. Die Achsstände richteten sich nun nach den Berechnungsgrundlagen der T. V. Zur Einhaltung der württembergischen Grundsätze über die Gestaltung der Wagen

wurden die Langträger dieser Wagen unter den Übergängen (Plattformen) etwas hochgezogen (sog. „gekröpfte Langträger"), damit wurde der erforderliche einheitliche Pufferstand wieder erreicht. Von diesen Wagen wurden zwischen 1867 und 1883 eine Gesamtzahl von 477 Stück verschiedener Gattungen beschafft.

Der Museums-Eisenbahnwagen K.W.St.E. Nr. 14 wurde vermutlich zwischen 1863 und 1865 in Esslingen gebaut und hat wie sein großer Bruder, der Museumswagen Nr. „32", als Personenwagen, später als Bahndienstwagen in seiner nahezu unveränderten Gestalt die Zeiten überdauert. Er ist noch ausgerüstet mit württembergischen Stangenpuffern mit geschlossenem Gehäuse, verfügt über das originale Laufwerk, einschließlich der Federn, Radsätze und Lager und ist auch in seiner Kastenform nahezu unangetastet geblieben. Ausnahmen bilden die Fensterveränderungen durch den Einsatz als Bahndienstwagen und die fehlenden Originalbühnen, die jedoch rekonstruiert werden können.

Der Wagen erhielt seine letzte bahn-

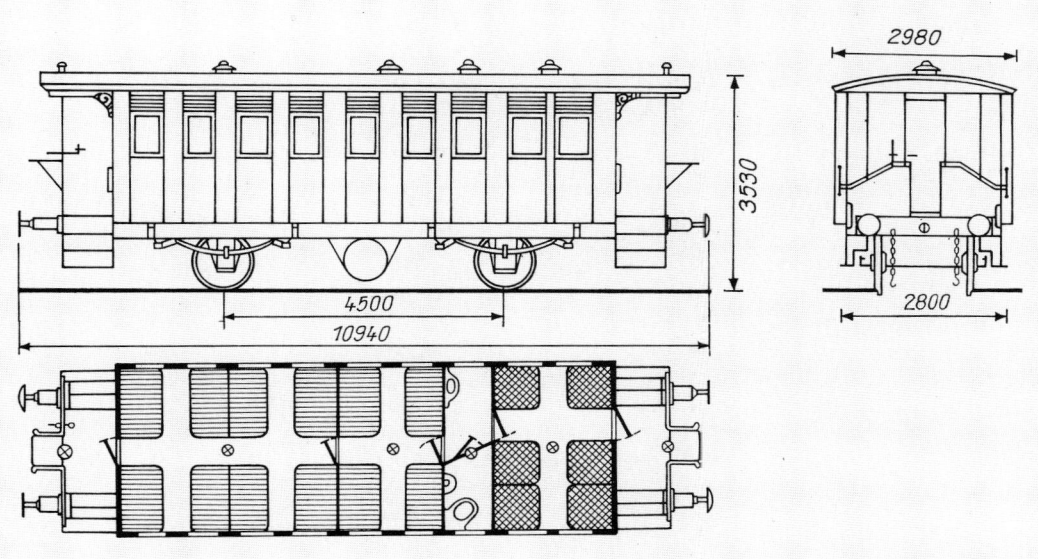

amtliche Untersuchung als Wagen mit der Nummer 833-204 am 15. Januar 1968 im Raw „Einheit" Leipzig und war zuletzt als Wohnwagen der Brückenmeisterei Cottbus eingesetzt. Am 9. Januar 1973 wurde er im Raw Potsdam ausgemustert und dem Verkehrsmuseum Dresden übergeben, wo er den gleichen Weg nahm wie der Wagen Nr. 32. Seit 1988 wird der Wagen rekonstruiert und restauriert. Die Wiederherstellung des hölzernen Kastengerippes hat ebenfalls Stellmachermeister Michel in Kooperation mit dem Raw Potsdam übernommen, die Komplettierung und die Restaurierung des Untergestells erfolgten dort ebenfalls 1989/90. Viele Details mußten über Literatur-Recherchen in mühevoller Kleinarbeit ermittelt und mit handwerklichem Geschick und Können umgesetzt werden.

Der Wagen wird in der Ausstattungsform der 2./3. Klasse aufgebaut, was der württembergischen „Litera Da" entspricht. Gemeinsam mit dem vierachsigen württembergischen Durchgangswagen verkörpern diese beiden Fahrzeuge ein wichtiges Stück deutscher Eisenbahngeschichte (Abb. S. 29 unten).

„Erfurt 1142" Preußische Staatsbahn – Gattung C

Zur Zeit noch nicht aufgearbeitet, befindet sich im Bestand der Museumsfahrzeuge auch ein zuletzt als Bahndienstwagen eingesetzter Wagen der nach 1930 als 03Pr92 bezeichneten Bauart. Der Wagen repräsentiert als Variante eine Vielzahl von preußischen Abteilwagen, deren Entstehung ca. 1880 begann. Nach 1878 enthielten die Normalien für die Betriebsmittel der Preußischen Staatsbahn nur Abteilwagen mit glatten Dächern. Jedoch bereits ab 1880 wurden die Wagen zur besseren Beleuchtung und Belüftung mit den so typischen Oberlichtaufbauten versehen. Die Wagen dieser Entstehungs-

jahre waren in der Regel noch zweiachsig und wurden auf Grund der Entwicklung der Bestimmungen der Technischen Vereinbarungen (T. V.) des Vereins Deutscher Eisenbahnverwaltungen (VDEV) erst ab ca. 1890 auch in dreiachsiger Ausführung beschafft. Die Wagen der Baujahre bis ca. 1904 unterschieden sich durch eine flache Dachwölbung deutlich von den späteren Baujahren, die zum Zwecke der besseren Schmutz- und Regenwasserabführung eine etwas stärkere Dachrundung erhielten.

Insgesamt wurden von diesen Bauarten zwischen 1880 und 1925 rund 4 000 Fahrzeuge beschafft, so daß sie das Bild der Personenzüge in Preußen sowie der Bahnen in Mecklenburg, in Hessen, Elsaß-Lothringen sowie Lübeck-Büchen, die diese Wagen ebenfalls beschafft hatten, wesentlich geprägt haben. Ab 1918 waren durch die Veränderungen in der Folge des 1. Weltkrieges die preußischen Abteilwagen auf fast allen Strecken in Deutschland zu finden.

Die Reisezugwagen der Preußischen Staatsbahn besaßen bis zur Ausgabe der Anschriftenvorschriften der Preuß.-Hessischen Staatsbahnen des Jahres 1910 einen der jeweiligen Wagenklasse entsprechenden Anstrich. Ebenfalls bis zu diesem Zeitpunkt wurden die Klassenbezeichnungen in römischen Ziffern an jede Abteiltür angeschrieben. Erst danach führte man die einheitliche grüne Farbgebung und die Anwendung von arabischen Ziffern für die Klassenbezeichnung ein.

Der Museums-Eisenbahnwagen wurde nach Zeichnung I b 9 der Normalien der Betriebsmittel der Preußischen Staatsbahn gebaut und könnte die Nummer „Erfurt 1142" getragen haben. Er besaß in seinem Beschaffungsjahr noch den rotbraunen Anstrich der 3. Klasse. Wagen dieser Bauart wurden von verschiedenen Waggonfabriken wie u. a. bei MAN in Nürnberg und bei den Gebr. Hoffmann in Breslau, wie unser Wagen, gebaut. Das Ausstattungsni-

veau der 3. Klasse war bei allen Bauarten etwa gleich. Das Innere der Wagen wurde mit Ölfarbe gestrichen und zwar: der Fußboden dunkelrotbraun, die Wände gelb und eichenholzartig gemasert, die Decke hellgrau. Ab 1890 erhielten die Abteile der 3. Klasse braungelbe Fenstervorhänge. Die Bänke waren ohne Polsterung; die Sitze bestanden aus hölzernen Latten, die der Körperform angepaßt waren oder hatten Bänke aus glatten Brettern, wie es der späteren Ausstattungsvariante der 4. Klasse entsprach.

Der Museums-Eisenbahnwagen wurde nach 1922 im Bereich 47 000 bzw. 48 000 des Nummernplanes eingeordnet. Eine genaue Recherche über die tatsächliche Nummer gestaltet sich schwierig, da die Wagen dieser Bauart gemischt mit anderen eingeordnet waren. Nach 1958 erhielt der Wagen bei der Deutschen Reichsbahn die Nummer 852-122 und als Bahndienstwagen war er nach 1965 noch unter der Nummer 60 50 90-23 103-3 zu finden.

Der dreiachsige Wagen besitzt einen Gesamtachsstand von 7 500 mm sowie Gleitachslager der Bauert A 02 und die für Reisezugwagen typische Aufhängung der Tragfedern durch Schaken und Rollen. Interessant bleibt auch die Bremshausbauart, die den älteren Normalien entspricht und wesentlich über den Oberlichtaufbau hinausragt.

Dieser Wagen diente wegen seines gut erhaltenen Wagenkastens bereits zu Film- und Fernsehaufnahmen und wird im Verband mit den Museumswagen „Berlin 1273" und „Berlin 1869" sowie dem noch zu rekonstruierenden und zu restaurierenden preußischen Personenzug-Gepäckwagen des Verkehrsmuseums Dresden einen variantenreichen historischen Abteilwagen-Personenzug der Länderbahnzeit bilden (Abb. S. 31 oben).

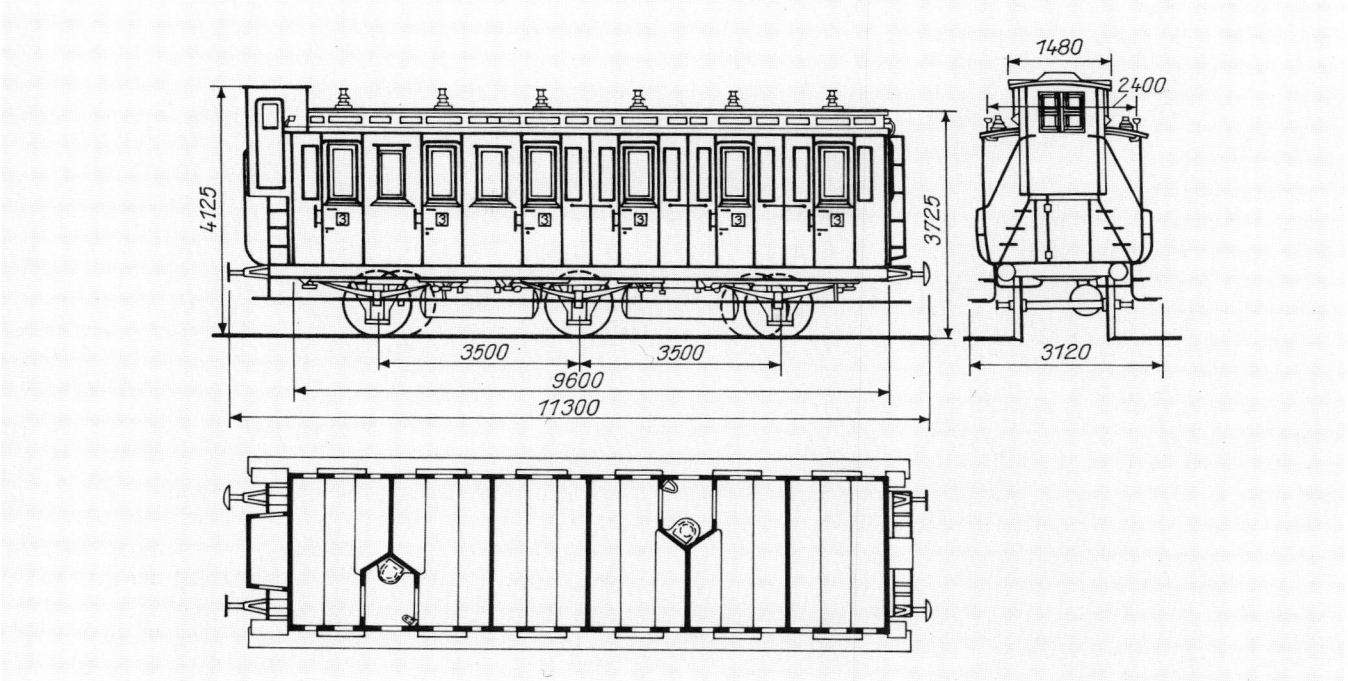

„Berlin 1273", Preußische Staatsbahn – Gattung C3

Die Entwicklung der preußischen Abteilwagen mit dem so typischen Oberlichtaufbau begann etwa 1882 bis
1890. Bis zu diesem Zeitpunkt wurden
die Personenwagen im wesentlichen
ohne diesen Aufbau mit stärker oder
schwächer gewölbten Tonnendächern
beschafft. Überlegungen nach besseren Lüftungsmöglichkeiten führten
dann zur serienmäßigen Anwendung
des Oberlichtaufbaus für Personenwagen der Haupt- und Nebenbahnen. Die
Vorläufer der für die Hauptbahnen entwickelten Abteilwagen mit Oberlichtaufbau waren die ab ca. 1882 einge-
führten Stadtbahnwagen für Berlin, die
nur einen Gesamtachsstand von
6 500 mm hatten.

Mit der fortschreitenden Entwicklung
der „Vereinslenkachsen" (im Vereinsge-
biet des Vereins Deutscher Eisenbahn-

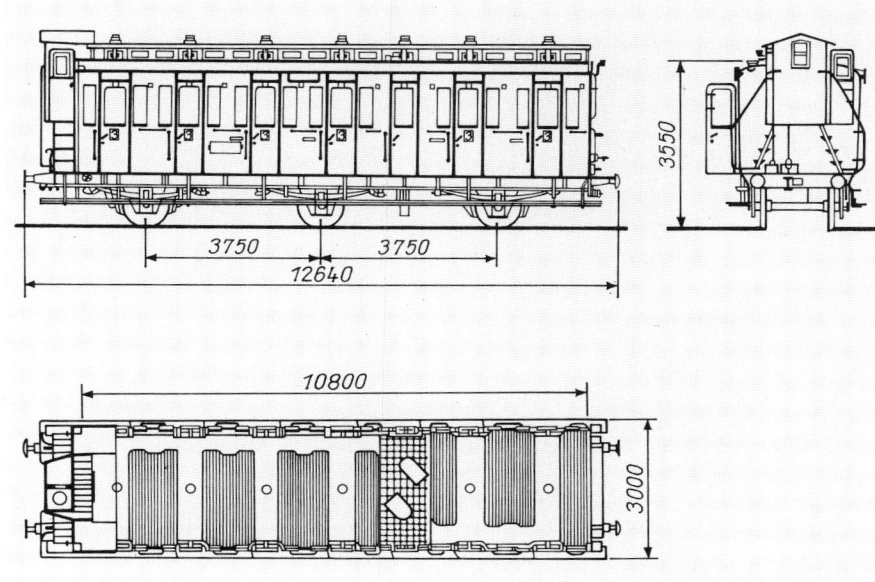

verwaltungen zugelassene Lenkachsen) konnten größere Achsstände erreicht werden. Es entstanden die verschiedenen Varianten der dreiachsigen Abteilwagens mit Oberlichtaufbau und einem Gesamtachsstand von 7 500 mm. Die einzelnen Typen wurden in die Musterblätter der preußischen Normalien der Betriebsmittel aufgenommen und erhielten die Bezeichnungen I^b 5 und 5^a, I^b 5^b, I^b 6 und 6^a, I^b 7, I^b 8, I^b 9 und I 11.

Die Abteile waren durch separate nach außen aufschlagende Seitentüren zu erreichen und nur soweit im Innern des Wagens miteinander verbunden, wie dies zum Erreichen jeweils eines Abortes erforderlich war. Neben dem Oberlichtaufbau verdanken die Wagen ihr typisches Aussehen auch den seitlichen durchgehenden Laufbrettern und Griffstangen sowie dem unterhalb der Sitzlinie eingezogenen Wagenkasten. Die einzelnen Wagenklassen hatten ein sehr unterschiedliches Bequemlichkeitsniveau. Die dem Museumswagen entsprechende Bauform wurde ab 1904 in großen Stückzahlen von den verschiedensten Waggonbaufirmen für die Preußisch-Hessischen Staatseisenbahnen gebaut. Sie bestimmten das Bild der Personenzüge in Preußen und später im gesamten nördlichen und mittleren Deutschland bis weit in die fünfziger Jahre unseres Jahrhunderts. Die Wagen wurden mehrfach umgerüstet und vereinfacht. So entfielen eine Vielzahl von Bremshäusern, die Ausrüstung der 1. und 2. Wagenklasse wurde vereinfacht bzw. in die 2. und 3. Wagenklasse zurückgebaut. Die 4. Klasse wurde, nachdem ab 1920 Stehwagen nicht mehr zum Einsatz kamen und zumindest Bretterbänke vorgeschrieben waren, 1928 völlig abgeschafft bzw. in die 3. Klasse übernommen und als Traglastenabteile genutzt.

Dieser Wagen, einer der letzten Vertreter seiner Bauart, wurde 1982 vom Raw Potsdam in liebevoller Kleinarbeit im Originalzustand aufgearbeitet und dem Verkehrsmuseum Dresden als Mu-

seumsexponat übergeben. Seine Bauart entspricht der des Musterblattes I^b 9^a (Abb. S. 31 unten).

„Pwi Pr 91", Preußische Staatsbahn

Passend zu den Museumswagen „Erfurt 1142" und „Berlin 1273" konnte ein im Reichsbahnausbesserungswerk Potsdam abgestellter und als Lagerraum genutzter 2achsiger preußischer Personenzuggepäckwagen des Baujahres 1891 sichergestellt und in die Liste der Museums-Eisenbahnfahrzeuge aufgenommen werden. Dieser Wagen war der kleinere Nachfolger des dreiachsigen Gepäckwagens nach Blatt II a 1 der Preußischen Normalien für die Betriebsmittel und ist nach dem Musterblatt II a 2 gefertigt worden. Beide Wagengattungen sind interessante Varianten einer Übergangsperiode, in der die Personenwagen nur zum Teil mit Aborten ausgerüstet waren und die Reisenden die Aborte in den Gepäckwagen aufsuchen mußten. Dies war wiederum nur bei Zugbildungen aus Durchgangswagen mit offenen Übergängen möglich. Nachdem die Personenwagen für den Fernverkehr durchgängig sanitäre Einrichtungen aufwiesen, war diese Einrichtung im Gepäckwagen kein Erfordernis für die Reisenden mehr, entfiel teilweise oder diente nur noch dem Zugbegleitpersonal. Beide Wagentypen wurden „mit" und „ohne" geliefert.

Wegen seiner Bauform und wegen der Übergangseinrichtung war der Wagen für Zugbildungen aus Abteilwagen ebenso geeignet wie für solche aus Durchgangswagen. Auch für den leichten Güterzugeinsatz eignete sich das Fahrzeug. Für den Einsatz in Personenzügen als Abteilwagen besaß der Wagen seitlich durchgehende Laufbretter und Griffstangen, auch Halterungen für die Notsignalleine waren vorhanden.

Die Heizung erfolgte durch Dampf bzw. mittels einer Ofenheizung, die von außen beschickt wurde. Für die Be-

leuchtung verwendete man das damals zeitgemäße Ölgas. Im Laderaum befand sich ein von außen zugängliches Abteil für Hunde.

Der Museums-Eisenbahnwagen kann nach seiner Rekonstruktion und Restaurierung für die Zugbildung der Traditions-Personenzüge der Deutschen Reichsbahn Verwendung finden (Abb. S. 33 oben).

„Berlin 1869", Preußische Staatsbahn – Gattung ABCC

Unter den gleichen Gesichtspunkten wie die dreiachsigen Personenwagen mit Oberlichtaufbau und mit großer Ähnlichkeit zu diesen, ließ die Preußische Staatsbahn ab ca. 1890 auch vierachsige Personenwagen für den Einsatz auf den Hauptbahnen nach den Blättern I b 2, I b 3 und I b 4 der Normalien der Betriebsmittel bauen. Die Wagen waren mit Regeldrehgestellen preußischer Bauart ausgerüstet und hatten bei einer Länge über Puffer von 16 850 mm bis 17 500 mm (je nach Bauart) zwischen 2 und 9 Abteilen der 1., 2. und 3. Klasse oder in Kombinationen dieser Klassen. Von der Preußischen Staatsbahn und von anderen deutschen Bahnen wurden zwischen 1890 und 1920 über 3 500 Wagen dieses Typs beschafft. Ihre Vorteile bestanden im schnelleren Fahrgastwechsel durch die Vieltürigkeit und in den guten Laufeigenschaften. Das Gattungszeichen ABCC läßt erkennen, daß es sich um einen 4- oder 6achsigen Wagen handelte (Wiederholung des letzten, die Klasse bezeichnenden, Gattungsbuchstabens) und damit um einen für den Schnellzugeinsatz besonders geeigneten Wagen.

Die Zugbildung für Schnellzüge unterschied sich ursprünglich nicht von der der übrigen Personenzüge. In Preußen wurden ab 1891 – dem Beginn der Beschaffungszeit dieser Wagen – vierachsige Personenwagen für die Zugbildung

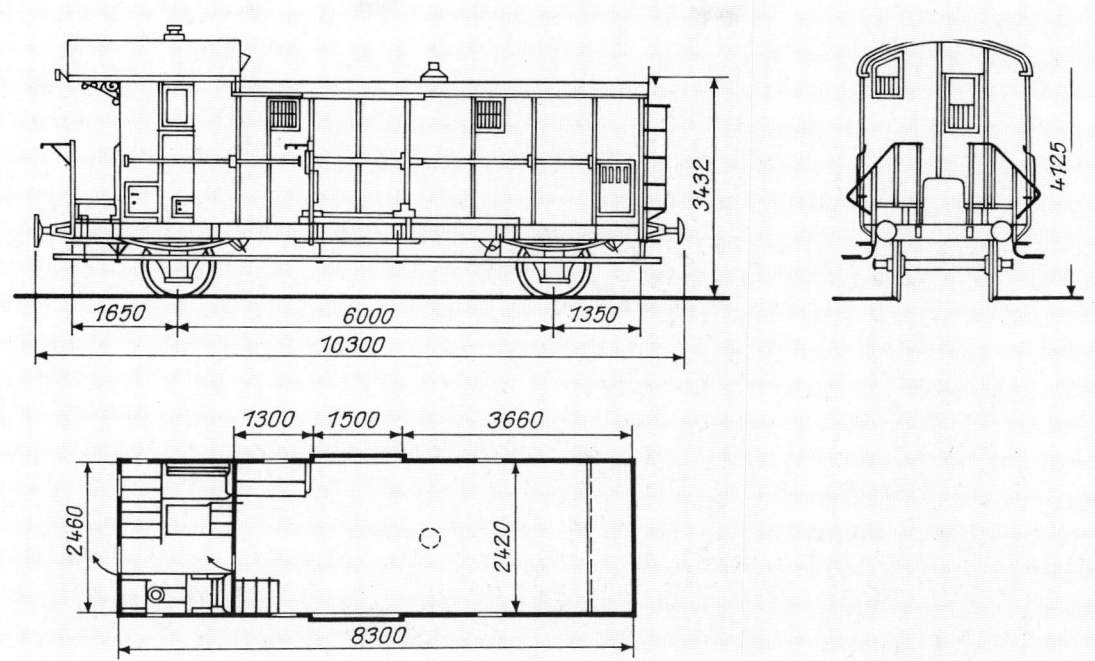

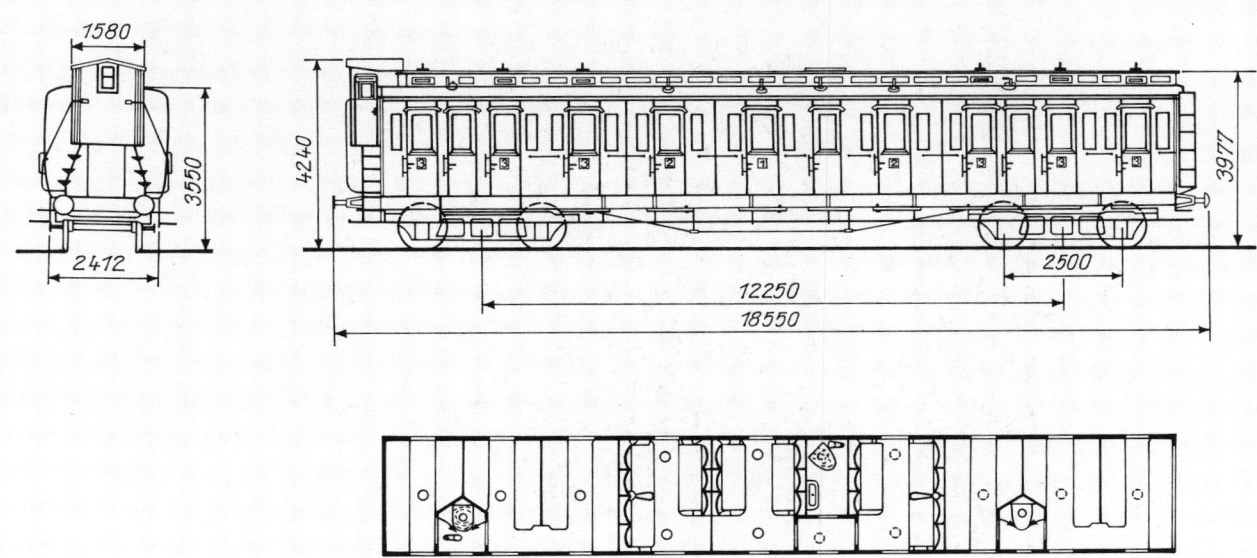

der Schnellzüge verwendet, gleichzeitig wurden die Faltenbalgübergänge eingeführt, die den Durchgang durch den ganzen Zug ermöglichten. Damit entstand auch der Begriff „D-Zug" für Schnellzüge, die aus Durchgangswagen gebildet waren. Der Volksmund nannte diese Züge damals auch „Harmonikazüge".

Bis 1907 wurde für die Benutzung von Schnellzügen, die als D-Züge gefahren wurden, eine Platzgebühr erhoben. Nach der im gleichen Jahr erfolgten Tarifreform mußte ein Teil der Schnellzüge zuschlagfrei bleiben, da wesentliche Aufgaben im Nahverkehr zu bewältigen waren. Nun unterschied man die Schnellzüge in zuschlagpflichtige D-Züge und in zuschlagfreie Eilzüge. Die vierachsigen Abteilwagen bildeten den Stammwagenpark dieser Eilzüge, deren Haupteinsatzgebiet wegen des hohen Massenverkehrs im Ruhrgebiet lag. Bei der DRG wurden diese Wagen wieder fast ausschließlich in Personenzügen eingesetzt und erlebten 1945, bedingt durch den akuten Wagenmangel durch die Kriegseinwirkungen, eine Renaissance als Schnellzugwagen. Bei der Deutschen Reichsbahn wurden 1951 Wagen der Bauart des Museums-Eisenbahnwagens, die seit 1930 die für diesen Typ übliche Bezeichnung BC4Pr06 führten, in die DR-Type P1 übernommen.

Durch hohen Verschleiß wurden diese Fahrzeuge in rascher Folge ausgemustert. Ein Teil der Untergestelle und Drehgestelle konnte in den fünfziger Jahren noch für den Aufbau von Modernisierungswagen der Deutschen Reichsbahn verwendet werden.

Der Museums-Eisenbahnwagen ist der letzte erhaltene Wagen seiner Gattung in der ehemaligen DDR und konnte zu Beginn der siebziger Jahre durch Eisenbahner und Mitarbeiter des Verkehrsmuseums Dresden in den Bestand des Museums übergeführt werden. Nach der Aufnahme des Wagens in die Liste der zu erhaltenden Museumsfahrzeuge gemäß „Ordnung für

Eisenbahn-Museumsfahrzeuge" aus dem Jahre 1975 war dieser Wagen einer der ersten, der 1979 vom Reichsbahnausbesserungswerk Delitzsch wieder in seinen Originalzustand versetzt wurde. Getreu dem Vorbild wurden die Innenausstattung in der 1., 2. und 3. Klasse nachgebildet, der Oberlichtaufbau rekonstruiert, das Bremserhaus nach alten Unterlagen wieder aufgebaut, die Wolpert-Lüfter vervollständigt, die durchgehenden Laufbretter und Griffstangen ergänzt und die Farbgebung dem Originalzustand angepaßt. Das Grün des Wagens wird durch die die 1. Klasse-Abteile umfassenden gelben Zierstreifen aufgelockert.

Interessant, nicht nur durch seine Entstehungsgeschichte, sondern auch durch die Vielfalt der Einsatzmöglichkeiten ist dieser Wagen nicht nur ein beliebtes Ausstellungsexponat, er wird auch gerne von Film und Fernsehen für Aufnahmen aus der Zeit der Jahrhundertwende genutzt (Abb. S. 33 unten).

„02 790", Preußische Staatsbahn – Gattung CCü

Als CCü, der Gattungsbezeichnung für vier- und sechsachsige Personenwagen der 3. Klasse mit Durchgang, Übergangsbrücken und Faltenbälgen, wurde dieser Wagen 1912 bei der Aktiengesellschaft für die Fabrikation von Eisenbahnmaterial zu Görlitz (später WUMAG, heute Waggonbau Görlitz) für die Preußische Staatsbahn gebaut. Der mit Wolpert-Lüftern bestückte typische Oberlichtaufbau, die äußere Bauform und die Übergangseinrichtung weisen diesen Wagen als „D-Zugwagen" aus, wie sie in Preußen ab dem 1. Mai 1892 erstmalig für die Zugbildung von Schnellzügen zwischen Berlin und Köln verwendet wurden. Wagen dieser Bauart wurden in großen Stückzahlen und in verschiedenen Kombinationen nach den Normalien-Blättern I^a 2 a (ABBü, BBü), I a 5 b (BCCü), I^a 6 b

(CCü), der letztere entspricht dem Museums-Eisenbahnwagen, bis ca. 1920 beschafft, wiesen jedoch trotz annähernd gleicher Äußerlichkeiten abweichende Grundabmessungen auf.

Damit stehen diese Wagen mit ihren geschlossenen Übergängen (Durchgängen) symbolhaft am Anfang der neueren Entwicklung der D-Zugwagen, wie wir sie heute noch kennen.

Der Museums-Eisenbahnwagen ist mit Drehgestellen der amerikanischen Bauart ausgerüstet, besitzt ein Untergestell aus Stahl und einen hölzernen mit Blech verkleideten Wagenkasten. Die ursprünglich nur als Seitengangwagen ausgeführten Fahrzeuge wurden in den dreißiger Jahren und auch noch nach dem 2. Weltkrieg teilweise zu Mittelgangwagen umgebaut, dabei wurden die Wagen äußerlich nicht verändert. Nach ihrer Ausmusterung wurden die Unter- und Drehgestelle teilweise ebenso für den Aufbau von Mod-Wagen bei der Deutschen Reichsbahn verwendet, wie dies mit den vierachsigen Abteilwagen geschah (vgl. ABCC „Berlin 1869").

Der Ausrüstungsstandard der DRG sah in der 3. Klasse Lattensitze vor, die auch in dem Museumswagen wiederzufinden sind. Die ursprüngliche Gasbeleuchtung wurde in eine elektrische Beleuchtung umgerüstet und auch bei der Rekonstruktion und Restaurierung des Wagens im Jahre 1980 im Reichsbahnausbesserungswerk Delitzsch, beibehalten.

Unter der Wagennummer 03485 wurde ein mit dreiachsigen preußischen Regeldrehgestellen ausgerüsteter Wagen mit der Gattungsbezeichnung ABCCü Mitte der siebziger Jahre in Saßnitz in der Nähe des Bahnhofs aufgestellt. Der Wagen ist in einem äußerlich guten Zustand und beherbergte eine Zeit lang die Leningedenkstätte der Stadt Saßnitz. In einem Wagen vergleichbarer Gattung durchquerte Lenin 1917, aus der Schweiz kommend, Deutschland unter strenger Bewachung im Transit in Richtung Schwe-

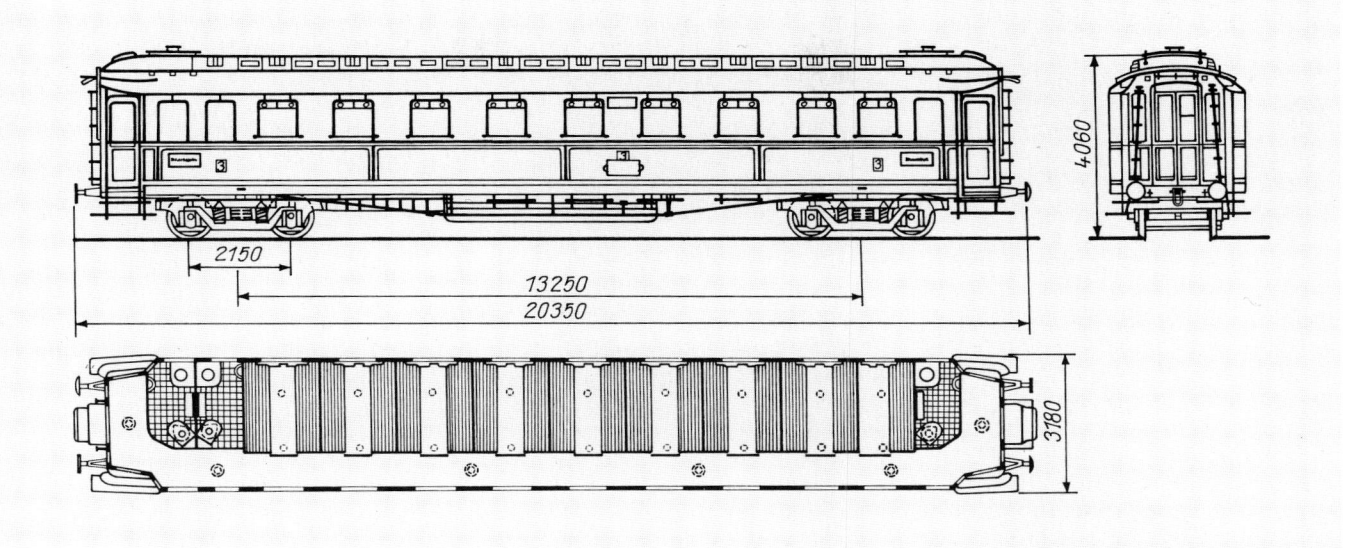

den–Rußland über den Trajekt Saßnitz–Trelleborg. Der Saßnitzer Wagen
entspricht dem Blatt I a 6 der preußischen Normalien, wurde als CCü (später C6ü) im Jahre 1916 gebaut und verfügt neben einem als Ausstellungs-
raum gestalteten Großabteil über gut
rekonstruierte Abteile der 2. und
3. Klasse. Die jetzt angeschriebene Gattungsbezeichnung ABCCü geht auf den
historischen Anlaß der Aufstellung des
Wagens zurück, entspricht aber nicht
seiner eigentlichen Bauart. Unter der
Nummer „Berlin 0604" befindet sich
der Wagen als Dauerleihgabe im Verkehrsmuseum Nürnberg (Abb. S. 35
oben).

„447 K.Sächs.Sts.E.B." –
Salonwagen des
sächsischen Hofzuges

Schon seit 1853 verfügte der sächsische Königshof über zwei Hofsalonwagen. Weitere Hofsalonwagen wurden
im Auftrage des Königshauses zwischen 1862 und 1912 beschafft und in

den Wagenpark der Königlich Sächsischen Staatsbahn eingestellt. Diese Wagen besaßen in der Regel einen Salon,
einen Schlafraum sowie Wasch- und
Toiletteneinrichtung. Mit dieser Innenausstattung wurde 1885 in Breslau
auch der im Verkehrsmuseum Dresden
befindliche Hofsalonwagen 447 ausgerüstet. Der dreiachsige Wagen war speziell für das Mitglied der königlichen Fa-
milie, die Schwester des sächsischen
Königs Friedrich August III., Prinzessin
Mathilde bestimmt. Er trägt allgemein
noch heute den Spitznamen „Mathildenwagen". Der Wagen wurde in vor-
bildlicher Weise und guter Qualität
durch das damalige Raw Karl-Marx-
Stadt 1954/56 aus seinem Dasein als
Bahndienstwagen in seinen Ursprungszustand zurückversetzt.

Mit seiner Innenausstattung und seinen historischen Details ist der Wagen
ein Schmuckstück im Verkehrsmuseum Dresden.

Die Bauart des Wagens ist relativ modern. So ist das Untergestell mit Lang-
und Querträgern bereits vollständig
aus Stahlprofilen zusammengenietet.
Der Wagen besitzt eine durchgehende

Zugeinrichtung sowie den Bedingungen des VDEV entsprechende zugelassene Klose-Lenkachsen.

Das Wagenkastengerippe besteht
aus Holz und ist mit Blech verkleidet.

Die Innenausstattung wird ergänzt
durch eine Preßkohlenheizung, die von
außen zu beschicken war, durch eine
Dampfheizleitung für die Einstellung in
dampfbeheizte Personenzüge und
durch die typische Preßgasbeleuch-
tung mit allen dafür erforderlichen Ein-
trichtungen und Armaturen.

Eine zusätzliche und in dieser Form
nur bei wenigen Salonwagen zu fin-
dende Besonderheit ist das an einem
Wagenende angeordnete Aufenthalts-
abteil für die Kammerzofe der Prinzessin, welches das Schlafabteil des Wagens förmlich umschließt.

Der Hofsalonwagen Nr. 447 der
K.Sächs.Sts.E.B. ist nur vier Jahre älter
als der Kaiserliche Hofsalonwagen
Nr. 11 (Abb. S. 36 oben).

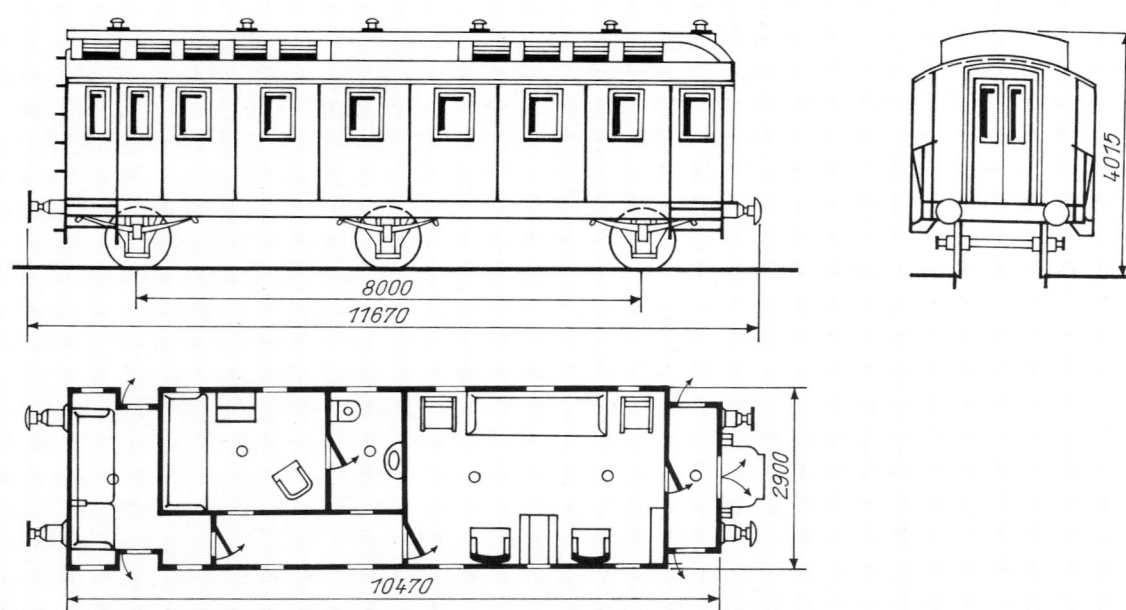

„Hofsalonwagen Nr. 11", Preußische Staatsbahn – Gattung Salon 6ü

Neben einzelnen Hofsalonwagen, wie sie bereits 1842 in Baden und 1853 in Sachsen beschafft wurden, ließt König Ludwig II. von Bayern einen kompletten aus sechs Wagen bestehenden Hofzug bestellen und war damit der erste deutsche Herrscher, der eine derartige Reisemöglichkeit für sich und sein Gefolge besaß. In Preußen wurde der erste Hofsalonwagen 1859 in Dienst gestellt. Spätestens zur Jahrhundertwende verfügte die Preußische Staatsbahn über weit mehr als 100 Salon- und Hofsalonwagen in den verschiedensten Ausstattungsvarianten. Die Hofsalonwagen wurden zu sogenannten Hofzügen zusammengefaßt. In der zweiten Generation von Hofsalonwagen, die ab 1889 zumeist von der Aktiengesellschaft für Eisenbahnwagenbau und Maschinenbauanstalt in Breslau hergestellt wurden, gehört auch der 1889 für den Kaiser gebaute Hofsalonwagen Nr. 11. Die Hofsalonwagen wurden bei einer Reise des Kaiserpaares in der Regel zu einem aus neun Wagen bestehenden Hofzug wie folgt zusammengestellt: 1. und 9. Wagen je ein Gepäckwagen, als 2. Wagen ein Küchenwagen, der 3. Wagen ein Speisewagen mit einem Speisesaal für 20 Personen, der 4. und 5. Wagen waren Gefolgewagen, der 6. Wagen (stets der Hofsalonwagen Nr. 11) war der Wagen des Kaisers, der 7. Wagen war der der Kaiserin und der 8. Wagen war für das Damengefolge bestimmt. Der kaiserliche Hofzug war während seines gesamten aktiven Bestehens im Ausbesserungswerk Potsdam beheimatet.

Neben dem für den Kronprinzen bestimmten Hofsalonwagen Nr. 20 existiert von diesen preußischen Wagen nur noch der kaiserliche Hofsalonwagen Nr. 11, der nunmehr zum Bestand des Verkehrsmuseums Dresden gehört.

Der Hofsalonwagen enthält
– Schlafraum für Flügeladjudant
– Schlafraum für Leibeigene
– Toilette für Flügeladjudant
– Toilette für Leibeigene
– Schlafraum für Seine Majestät
– Toilette für Seine Majestät.

Die Innenausstattung besteht aus reich verzierten Möbeln, die Wände sind mit in Mustern geprägter feiner Ledertapete bespannt, die durch vielfältige Metallbeschläge ergänzt wird. Als Heizeinrichtung dient eine Warmwasserheizung, die Beleuchtung erfolgte durch Gasglühlicht. Zusätzlich war eine elektrische Zweitbeleuchtung mit Batteriebetrieb vorhanden. Als Notbeleuchtung wurden Kerzen verwendet.

Die Oberlichtaufbauten sind mit einer Leinwandsonnendecke versehen, die im Sommer bei großer Hitze mit Hilfe einer Handpumpe vom Wageninnern aus mit Wasser besprüht werden konnte. Da der Hofzug stets geschlossen verkehrte, waren die Wagen durch

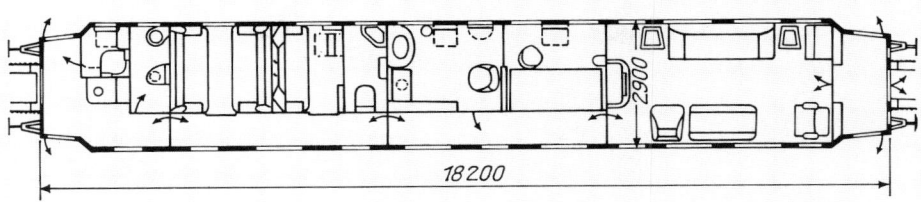

2900

18200

einteilige Faltenbälge miteinander verbunden. Als Übergangseinrichtung dienten aus einem Stück bestehende, unter den Stirntüren einschiebbare, eiserne Platten.

Das Wagenunter- und die Drehgestelle sind wesentlich stabiler ausgeführt als die der übrigen Schnellzugwagen vergleichbarer Größe. Sie bestehen z. T. noch aus Hartholz.

Der Museums-Eisenbahnwagen wurde 1918 nochmals aufgearbeitet und ins damalige Verkehrs- und Baumuseum in Berlin, dem ehemaligen Empfangsgebäude der Berlin-Hamburger Bahn, als Ausstellungsstück überführt. Dort stand er in seiner Originalausstattung und seiner blau-weißen Farbgebung bis 1943 unter der Exponaten-Nr. E$_O$ 976 (E$_O$ = Eisenbahnabteilung – Originalstück) und hatte im Katalog die Kurzerklärung „Kaiserl. Salonwagen. Ein Meisterwerk handwerklicher Kunst". Diese Einordnung trifft auch heute noch zu und macht das Fahrzeug zu einem besonders wertvollen Stück.

Nach Kriegsende wurde der Wagen als Stabswagen für den sowjetischen Marschall Sokolowski erneut für wenige Monate in Betrieb genommen und erhielt einen grünen Farbanstrich. Von 1950 bis 1953 war er Bestandteil des Salonwagenparks der Deutschen Reichsbahn und letztlich Aufenthaltswagen für Rangierer auf dem Bahnhof Berlin-Rummelsburg.

Im Sommer 1953 wurde er zum Umbau als Agitationswagen für die Freie Deutsche Jugend an das Raw Gotha angeliefert. Auf Hinweis des Gothaer Museums wurden von Mitarbeitern des Verkehrsmuseums Dresden an Ort und Stelle die noch vorhandenen Silberplatten mit der Darstellung deutscher Landschaften ausgebaut und der Wagen anschließend mit dem Schnellzug von Erfurt nach Dresden befördert. Nach seiner Sicherstellung und einem Aufenthalt an verschiedenen Standorten ist nunmehr in den kommenden Jahren seine Restaurierung vorgesehen. Die Arbeiten sind kompliziert und bedürfen einer gründlichen Vorbereitung, mit der bereits begonnen wurde. So ist zu erwarten, daß der Wagen ca. 80 Jahre nach seiner ersten Außerbetriebsetzung wieder besichtigt werden kann (Abb. S. 37 oben).

„0284 KPEV" – Schlafwagen WL6ü

Dieser älteste erhaltene Schlafwagen bei der DR wurde 1915 bei der Firma Linke-Hofmann in Breslau für die Preußische Staatsbahn gebaut und bei ihr mit der Wagennummer 0284 in den Park eingestellt. Diese Schlafwagenbauart zählt zu den ersten nach modernen Gesichtspunkten gebauten Wagen und zeichnete sich aus durch großzügig wirkende schräg gestellte Abteiltrennwände, Warmwasserheizung mit Ofen für Kohle im Einstiegsraum sowie Dampfheizung und für einige Wagen bereits ausschließliche Batteriebeleuchtung. Der Wagenkasten besteht aus einem Holzgerippe mit aufgeschraubter Blechverkleidung. Für das Untergestell wurden in den Hauptträgern bereits Stahlprofile verwendet, die Mittellangträger waren jedoch noch aus Hartholz. Die dreiachsigen Drehgestelle entsprachen der amerikanischen Bauart. Neben der Handbremse war der Wagen mit einer Westinghouse-Personenzugbremse ausgerüstet.

Der Schlafwagen hat eine bewegte Vergangenheit hinter sich und wechselte mehrfach die Wagennummer. Seine ursprüngliche Auslieferungsnummer trug er bis 1922. Durch die Übernahme in den Bestand der MITROPA erhielt er 1922 die Nummer „Berlin 11 126" und ab 1924 die Mitropa-Nummer „20 875". Nach 1945 wurde der Wagen unter „10 324" geführt. Mit Einführung der sechsstelligen Wagennummern bei der Deutschen Reichsbahn erhielt er die Nummer „054-021", die er bis zu seiner Ausmusterung am 25. 4. 1967 behielt. Der erste Ausmusterungsvorschlag datiert von 1965, danach wurde der Wagen nur noch für Sonderzwecke eingesetzt. Dabei wurde er zu Beginn des Jahres 1967 auf dem Bf Scharmützelsee schadhaft, seine Lauffähigkeit war ohne erheblichen Aufwand nicht wieder herzustellen. Er wurde an Ort und Stelle ausgemustert und diente anfangs der Wagenmeisterei Frankfurt/Oder und später der Nachfolgedienststelle, dem Bahnbetriebswagenwerk Frankfurt/Oder als Ferien- und Schulungsobjekt. Nach dem Austausch dieses Wagens im Jahre 1988 wurde der Wagen in die Li-

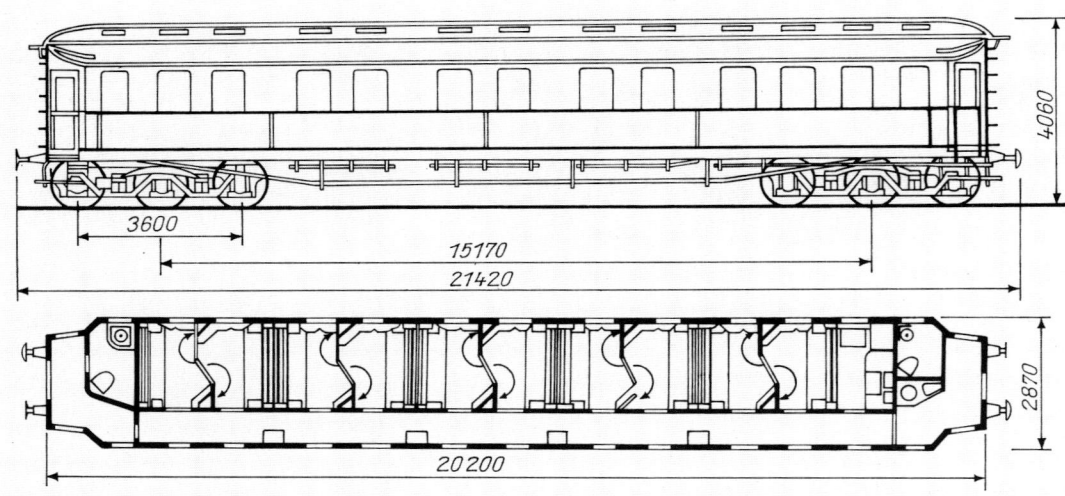

ste der Museumsfahrzeuge des Verkehrsmuseums Dresden aufgenommen. Er zeichnet sich dadurch aus, daß noch sehr viele Details dem Originalzustand entsprechen. Zu gegebener Zeit wird dieser Schlafwagen als Museumsexponat aufgearbeitet (Abb. S. 38 oben).

„0972 KPEV" – Speisewagen WR6ü der Inhaber G. Riffelmann und A. Klicks

Mitte des Jahres 1988 wurde auf dem Magdeburger Hauptbahnhof ein ehemaliger sechsachsiger Speisewagen durch Eisenbahner und Eisenbahnfreunde sichergestellt, der kurz vor seiner Zerlegung stand. Der Wagen wurde 1913 in Görlitz hergestellt und gehörte zum Wagenpark der damals noch privaten Eisenbahnspeisewagen-Betriebe. Er war Teil des 20 Wagen umfassenden

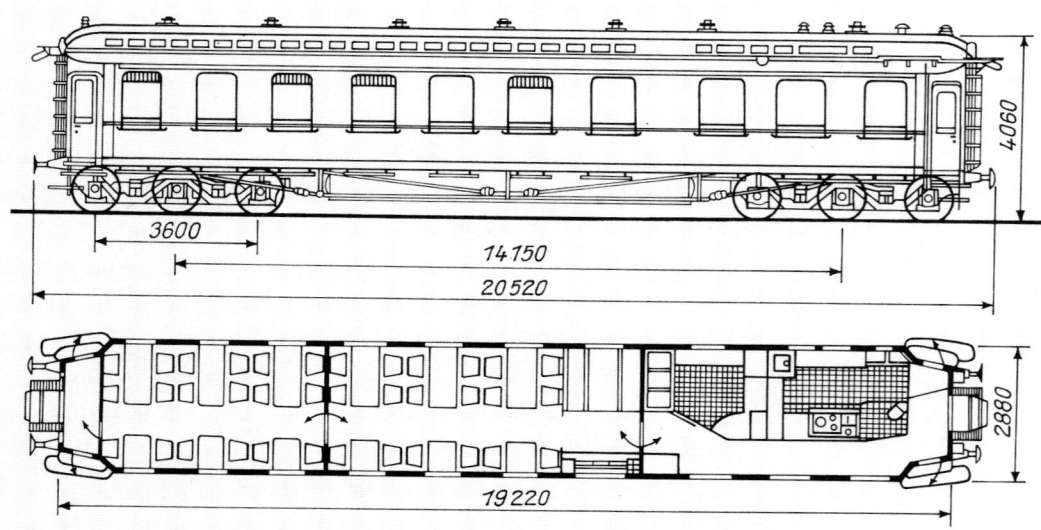

Parks der Firma G. Riffelmann und A. Klicks und unter der Wagennummer 0972 bei der Königlichen Eisenbahndirektion Frankfurt/Main in den Wagenpark der KPEV eingestellt. Mit der Gründung der MITROPA im Jahre 1917 kam der Wagen in deren Bestand und erhielt die Wagennummer 222. Unter dieser Nummer lief der Wagen bis 1942 als Speisewagen, und wurde nach kriegsbedingter Einstellung des Speisewagenbetriebes in einen Reisezugwagen der 3. Klasse mit 72 Plätzen umgebaut. Ab 1944 lief der Wagen als C6ü mit der Wagennummer „19790 Osten". Nach 1945 verblieb er bei der Deutschen Reichsbahn zunächst noch als 19790, später als 17790 in der Rbd Greifswald. 1954 wurde aus dem Wagen wieder ein Speisewagen, der von der Rbd Erfurt eingesetzt wurde, allerdings wurde er nur zu einem sogenannten Halbspeisewagen (Speisewagen, in welchem sich neben Küche und Speiseraum auch noch Sitzabteile befinden) hergerichtet, der die Nummer 10263 erhielt. Nach 52 Jahren des Betriebseinsatzes erfolgte seine Umsetzung als Bahndienstwagen im Jahre 1965.

Bei einer Länge von 20 520 mm und einer Eigenmasse von 51 400 kg verfügte der Wagen ursprünglich über 40 Sitzplätze in zwei Speiseräumen und besaß, wie damals üblich, neben Kü-

che und Anrichte auch eine Toilette. Der Wagen wurde in die Liste der zu erhaltenden Museums-Eisenbahnfahrzeuge aufgenommen und harrt seiner Wiederherstellung als Speisewagen. Bis dahin wird er geschützt aufbewahrt (Abb. S. 38 unten).

„3498 K.Sächs.Sts.E.B." – Windberg-Aussichtswagen

Die regelspurige Kohlenbahn von Potschappel nach Possendorf wurde 1857 als reine Kohlenbahn zu den Steinkohlenbergwerken des Windberggebietes bei Dresden errichtet und erhielt als Privatbahn den Namen Albertsbahn. Diese Bahn wurde als die älteste Gebirgsbahn Deutschlands bezeichnet und hob sich durch die gelungene Streckenführung hervor, die bei einer Gesamtlänge von 12,48 km einen Höhenunterschied von 145,16 m überwand, wobei der größte Höhenunterschied mit 120 m auf 1,6 km Luftlinie zwischen Niedergittersee und dem Obergitterseer Paßplateau zu überwinden war. Wegen der schönen landschaftlichen Lage wurden bereits kurz nach der Betriebseröffnung Ausflügler in den Kohlenwagen befördert. 1907 wurde auf der nun verstaatlichten

Bahn der offizielle Reise- und Ausflugsverkehr aufgenommen, der es 1908 bereits auf 8 Zugpaare brachte. Für die Zugbildung wurden sächsische Abteilwagen verwendet, die wegen der geringen Bogenhalbmesser auf einen Achsstand von 4400 mm umgebaut worden waren. Trotz des Einbaus von zusätzlichen Fenstern genügten diese Wagen den Anforderungen des Ausflugsverkehrs nicht, so daß sich die K.Sächs.Sts.E.B. 1912 entschloß, vier spezielle Aussichtswagen bei der Firma Busch in Bautzen zu beschaffen. Der Wagen 3498 gehört zu diesen Fahrzeugen. Durch die Vereinheitlichungsbestrebungen der DRG stellte sich 1928 auch für die Rbd Dresden die Frage nach dem Ersatz dieser Wagen. Nach ausführlicher Diskussion im Personenwagenausschuß der DRG entschied man sich für die Beibehaltung der bisher für die Strecke Potschappel–Possendorf verwendeten Wagen mit 4,5 m Achsstand nach Zeichnung 36049 durch die Rbd Dresden. Damit liefen die Wagen bis zur Einstellung des Reiseverkehrs auf dieser Strecke. Der Wagen wurde Ende der sechziger Jahre ausgemustert, 1981 von einer Interessengemeinschaft vor dem Verschrotten gerettet und wartet nun auf seine museale Wiederherstellung (Abb. S. 39 unten).

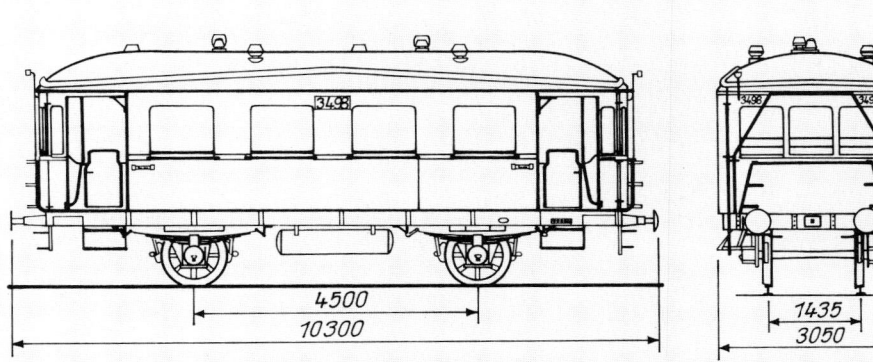

„Mg 320 038", DRG – Gattung MC4i

Während des 2. Weltkrieges kam es zu großen Verlusten an Reisezugwagen durch Kriegseinwirkungen. Eine Vielzahl von Drehgestell-Reisezugwagen war jedoch nur in ihrem Kastenaufbau zerstört; Untergestell und Drehgestelle waren nach einer Instandsetzung oft noch brauchbar. Um den Mangel an Reisezugwagen auszugleichen, wurden die sanierten Unter- und Drehgestelle mit neuen Wagenkästen versehen, die der Güterwagenbauart entsprachen. Die Innenausstattung war einfacher Art und wurde nur in der 3.Klasse ausgeführt. Äußerlich erhielten die Wagen eine graue Farbgebung, sie wurden in die Nummernreihe 320 000–320 ... des Nummernplanes für Reisezug- und Triebwagen von 1930 der Deutschen Reichsbahn-Gesellschaft eingeordnet. Noch im August und September 1944 wurden vom Reichsbahn-Zentralamt in Berlin für den MC4i weitere Ausrüstungsvarianten für Kriegszwecke entwickelt, die jedoch nur teilweise zur Ausführung gelangten. Zu diesen Varianten gehörten u. a. Gepäckwagen mit Flakstand, behelfsmäßige Schlaf- und Liegewagen (die für den Verwundetentransport geeignet waren), behelfsmäßige Speise- und Beratungswagen, Maschinen- und Vorratswagen sowie Arbeits- und Wohnwagen. Die wenigen bei der Deutschen Reichsbahn nach 1945 verbliebenen Wagen wurden sehr zügig aus dem öffentlichen Verkehr zurückgezogen und als Bahndienstwagen umgebaut und eingesetzt.

Der Museums-Eisenbahnwagen wurde zum Beiwagen für einen Meßwagen für eine Dienststelle des Bahnanlagenbereiches und tat bis 1985 in dieser Funktion seinen Dienst, bevor er ausgemustert und als Bahnhofswagen weiter genutzt wurde. Seine letzte bahnamtliche Untersuchung erhielt der Wagen im September 1979 im Reichsbahnausbesserungswerk Potsdam. Nach der endgültigen Abgabe des Wagens im August 1988 wurde der Wagen für das Verkehrsmuseum Dresden sichergestellt und dem Bahnbetriebswerk Staßfurt als Aufenthaltswagen für das Betreuungskollektiv der im Bw hinterstellten Museums-Lokomotiven übergeben. Es ist beabsichtigt, wieder einen betriebsfähigen Begleiterwagen aus diesem Fahrzeug zu machen.

Der Wagen trug zuletzt die Bahndienstwagennummer 60 50 99-66 762-4, er ist mit einer HikP-Bremse ausgerüstet, besitzt Drehgestelle der preußischen Regelbauart und ist mit Gleitachslagern der Bauart A 02 ausgerüstet. Seine ursprüngliche Dampfheizeinrichtung wurde wegen seiner Zweckbestimmung als Bahndienstwagen umgebaut auf eine Warmwasserheizung (Kohle- und Dampfbetrieb) – Bauart Whzkd. Die Beleuchtung erfolgte von Anfang an elektrisch.

Neben dieser Behelfswagengattung MC4i wurden in den Kriegsjahren auch 2achsige Behelfs-Personenwagen mit der Gattungsbezeichnung MCi gefertigt. Diese Wagen waren noch längere Zeit auf den Strecken des Erzgebirges im Personenverkehr im Einsatz. Untergestell und auch Wagenkastenform entsprachen im wesentlichen dem des G-Wagens der Austauschbauart (Abb. S. 40 unten).

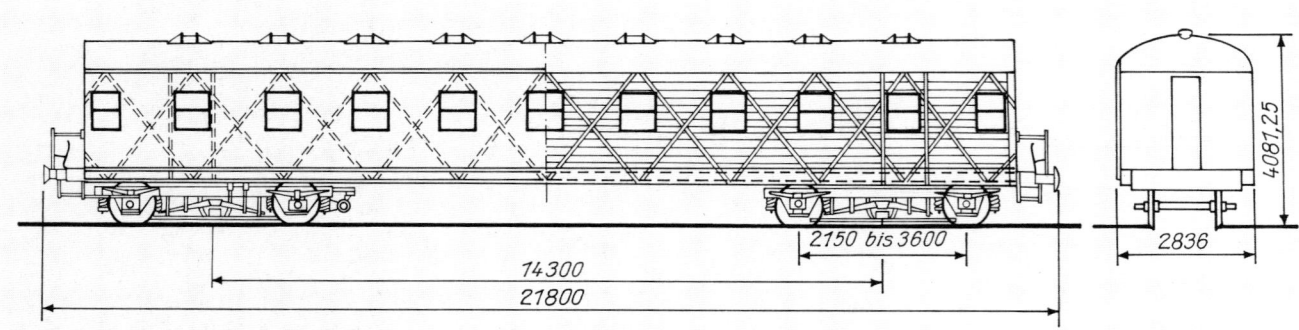

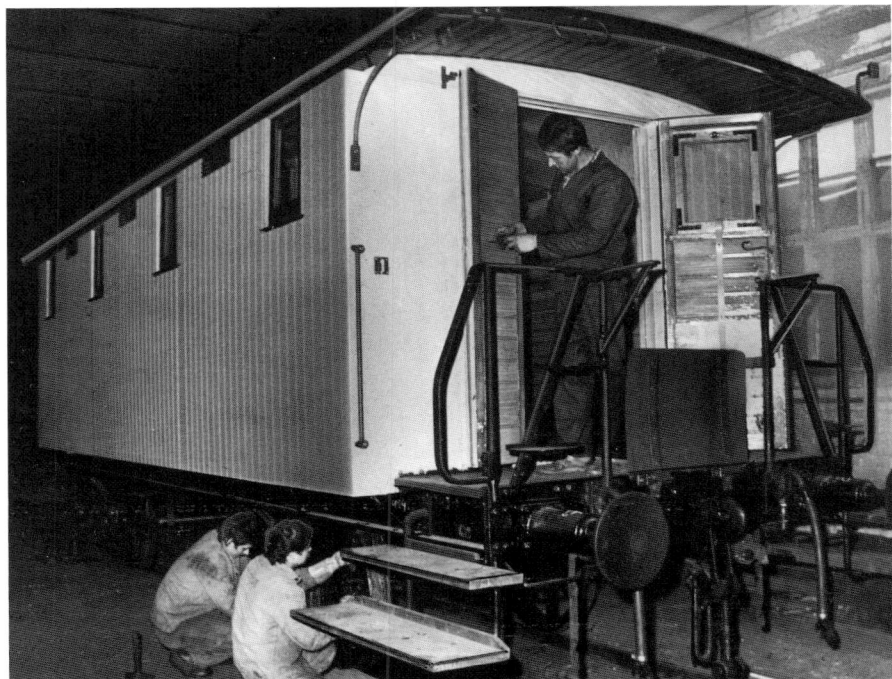

Der sächsische Stehwagen IV. Klasse nach seiner stellmachermäßigen Fertigstellung
Foto: Heinrich

Die Komplettierung des Wagens und die Aufarbeitung des Untergestells erfolgten im
Raw Potsdam   Foto: Burmeister

Die Innenausstattung der II. Wagenklasse wurde besonders liebevoll gestaltet
Foto: Burmeister

Der „K.Sächs.Sts.E.B. 2591" – ein typischer Sachsenvertreter der II. und III. Wagenklasse. So wurde er dem Verkehrsmuseum Dresden übergeben.   Foto: Fromm

Der Museumswagen Nr. 14, württembergische Gattung „Da" (BCi) im Zustand vor der
Restaurierung   Foto: Burmeister

So sieht der Wagen „Berlin 1273" der KPEV
nach seiner musealen Herrichtung aus
Foto: Migura

Ein Wagen der Gattung C 3, KPEV, bei dem
das Bremserhaus entfernt wurde
Foto: Sammlung Hensel

Während der komplizierten stellmachermäßigen Sanierung des Kastengerippes im Raw
Potsdam   Foto: Fromm

Der Rohbau des „Berlin 1273" ist fertig, die
Feinarbeiten können beginnen   Foto: Fromm

Der Museumswagen „Berlin 1869" auf seiner Überführungsfahrt in Zwickau am 23. Juni 1986   Foto: Heinrich

Der „Mathildenwagen", Hofsalonwagen Nr. 447 der K.Sächs.Sts.E.B. nach der Restaurierung auf dem Transport ins Verkehrsmuseum Dresden
Foto: Verkehrsmuseum Dresden

Der preußische CCü 02 790 als Leningedenkstätte in Saßnitz Foto: Heinrich

Auf Fahrzeugausstellungen präsentiert: der preußische CCü 02 790
Foto: Migura

Raucher

3

Innenansicht des Hofsalonwagens Nr. 11
Foto: Deutsche Fotothek Dresden, Eschen

Der Hofsalonwagen Nr. 11 der KPEV – der Wagen des Kaisers – im ehemaligen Verkehrs- u. Baumuseum Berlin
Foto: Verkehrsmuseum Dresden

Der Schlafwagen 0284 blieb erhalten, weil er mehr als 25 Jahre als „Ferienheim" auf dem Bahnhof Scharmützelsee diente
Foto: Hensel

Der Hofsalonwagen Nr. 11 als „Salon 10 207" während seines „Nachkriegseinsatzes" im Jahre 1945
Foto: Sammlung Verkehrsmuseum Dresden

Zum Vergleich: ein Werkfoto dieser Schlafwagentype aus dem Jahre 1915
Sammlung: Theurich

Originalfoto eines Speisewagens der Firma G. Riffelmann und A. Klicks
Foto: Sammlung Theurich

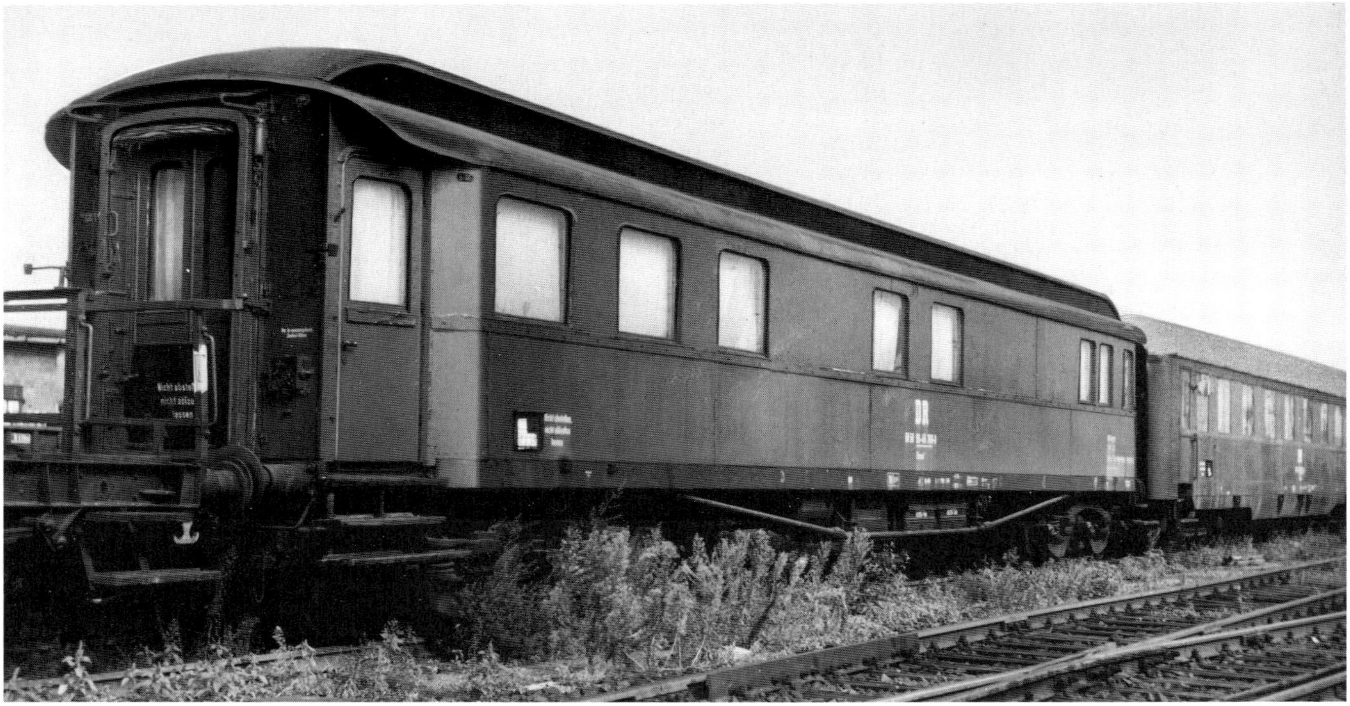

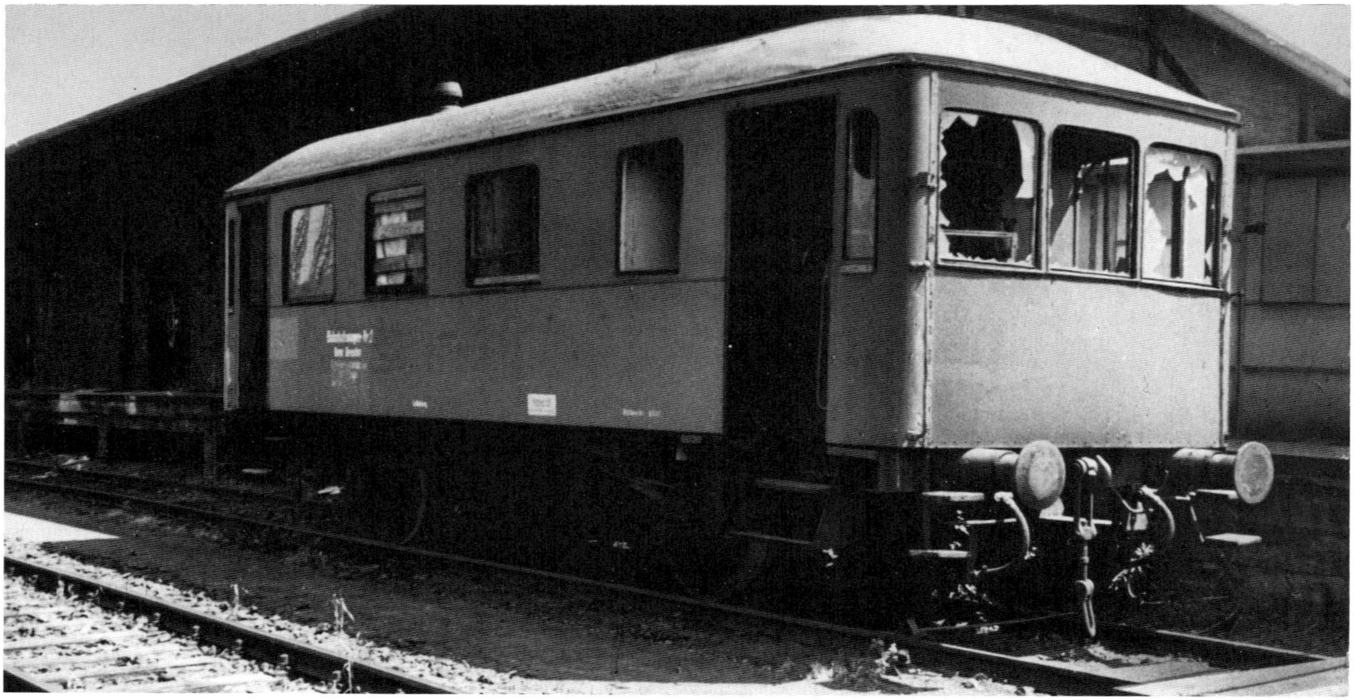

Der vor der Zerlegung gerettete MC 4i am 30. August 1988 auf dem Hauptbahnhof Magdeburg   Foto: Hensel

linke Seite: Der wiederentdeckte Speisewagen „0972" (WR 6 ü) auf dem Magdeburger Hauptbahnhof am 20. August 1988   Foto: Hensel

Zustand des Windbergwagens „3498" am 20. Juni 1970 in Freital-Hainsberg
Foto: Heinrich

Der Bahnpostwagen „3877" nach seiner Fertigstellung im Raw Potsdam
Foto: Burmeister

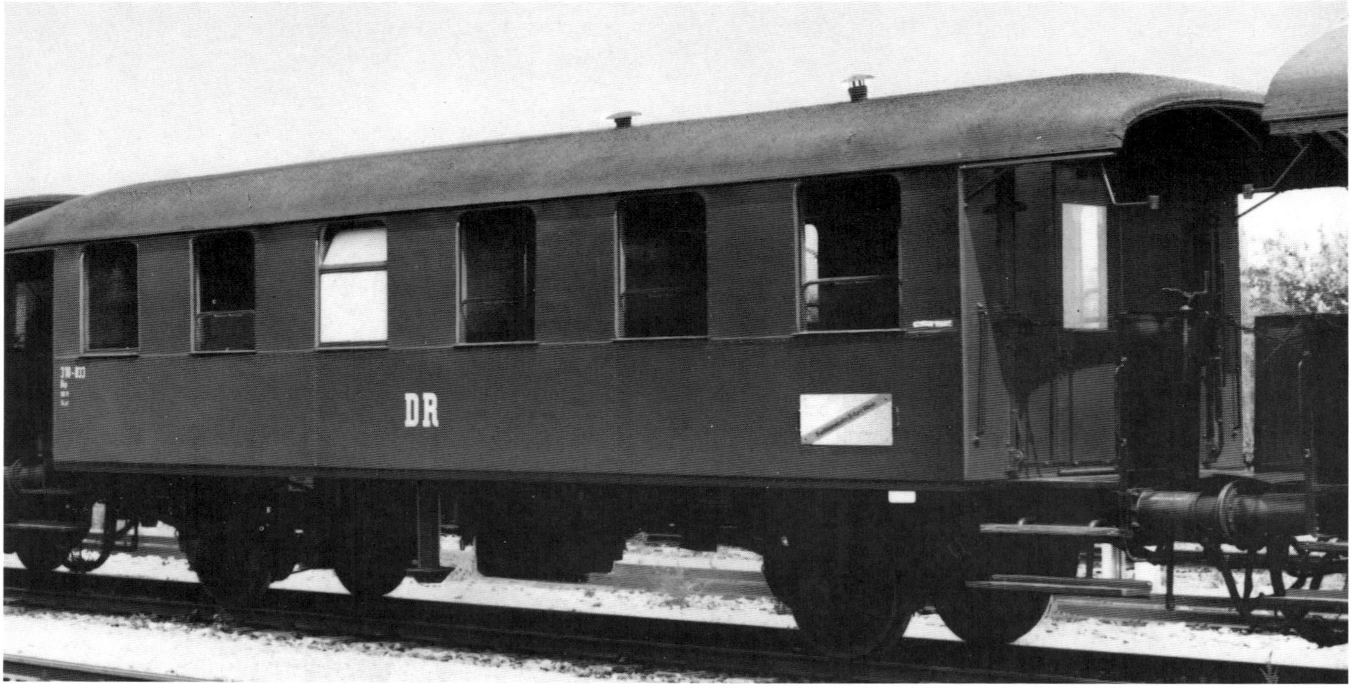

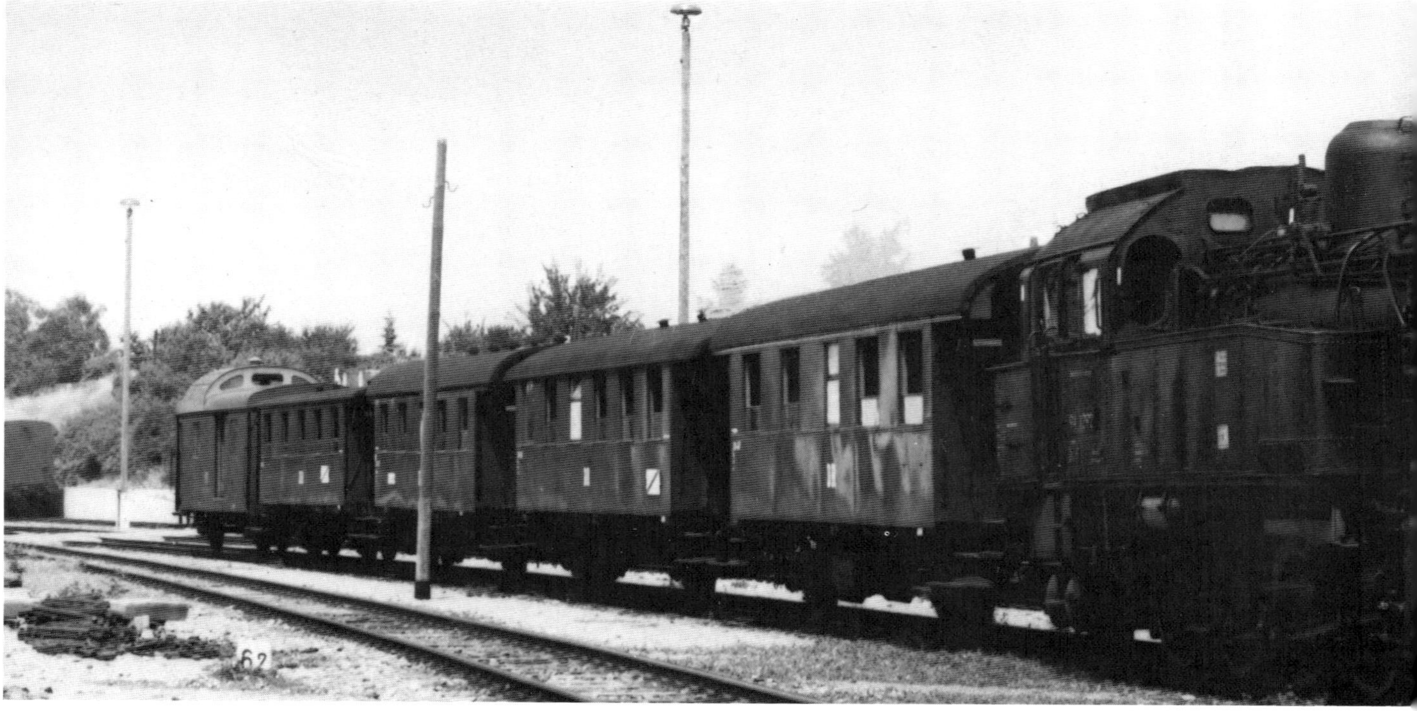

Ebenfalls in Erfurt West aufgenommen: der Wagen 310-353   Foto: Heinrich

Der alte Erfurter Traditionszug am 7. Juli 1983 zwischen Erfurt Hbf und Erfurt West
Foto: Heinrich

links oben: Personenwagen 310-833 in Erfurt West
Foto: Heinrich

**Der Innenausbau des „Berlin 81 681" im Raw
Potsdam   Foto: Fromm**

**Der Traditionswagen „Berlin 81 753"
Foto: Stelzer**

**Einheitsgestühl für die 4. Klasse in den Abteil-
wagen des Traditions-Personenzuges
Foto: Fromm**

Der in bester Qualität restaurierte „Berlin 39 505" wartet am 13. März 1986 im Raw Potsdam auf seine Abnahme   Foto: Fromm

Der „Berlin 39 505" stand lange Zeit mit einer Stellwerksausrüstung versehen in Berlin. Dieser Verwendung ist seine Erhaltung zu verdanken.   Foto: Fromm

Und so sieht es in der 2. Klasse aus!
Foto: Fromm

Ein Blick in das 4. Klasse-Abteil des Wagens
Foto: Fromm

Der Traditionswagen „Berlin 39 505" in der Seitenansicht ...   Foto: Stelzer

... und von der Stirnseite gesehen
Foto: Machel

Auch die 3. Klasse entspricht der ursprünglichen Ausstattung   Foto: Stelzer

Ein Blick in die 2. Klasse des Wagens
Foto: Machel

Der Traditionswagen „Berlin 28 106"
Foto: Stelzer

Der Traditionswagen „Berlin 39 110" im April
1984 auf dem Bahnhof Potsdam Stadt nach
der Überführung aus dem Abstellort Neustre-
litz   Foto: Machel

Der Gepäckwagen paßt zu den Einheits-
Durchgangswagen und zu den Einheitsabteil-
wagen des Traditionspersonenzuges
Foto: Pawlik

linke Seite: Auch der „Berlin 28 106" wurde
mit der doppelten Sicherheitskupplung ausgerüstet
Foto: Fromm

Das „Buffet" nach seiner Aufarbeitung. Äußerlich in altem Zustand, die Innenausstattung ein Zugeständnis an das Wohlbefinden
der Eisenbahnfans   Foto: Stelzer

Blick in den Laderaum mit Reserve-„Würst-
chenkocher"   Foto: Fromm

Traditionswagen 352-227   Foto: Pawlik

„Alt und neu" – eine historische Aufnahme aus dem Jahre 1967. Die Untergestelle der preußischen Abteilwagen wurden für den Aufbau der Bag/Baag-Wagen, der sogenannten Rekowagen, verwendet   Foto: Migura

„Formlose" Übergabe des aufgearbeiteten „Dresden 72 813" im Raw Delitzsch am 12. Juli 1984   Foto: Heinrich

Die Hartpolstervariante der Deutschen Reichsbahn aus den 50er Jahren im „Dresden 73 245" zählt heute schon zu den historischen Details   Foto: Heinrich

Die 3. Klasse im „Dresden 33 086", hier noch mit Leichtmetallgepäckablagen
Foto: Heinrich

**Die restaurierte und rekonstruierte Innenaus-
stattung der 2. Klasse im Traditionswagen
„Dresden 33 086" Foto: Heinrich**

Der Innenausbau des Gepäckwagens
Foto: Heinrich

Der rohbaufertige Gepäckwagen „Dresden
112 258" im Raw Wittenberge am 18. Juni
1985   Foto: Heinrich

1981 wurde der Speisewagen WR4ü sicherge-
stellt. Bis zu diesem Zeitpunkt diente er als
Aufenthaltswagen in einem Bauzug
Foto: Heinrich

Weitgehend erhalten waren die Trennwand
und das Sitzgestühl. Foto: Heinrich

Die historische Küchenausstattung
Werkfoto VEB Waggonbau Görlitz, Sammlung Hensel

**Eine historische Ansicht des Salons im restau-
rierten Speisewagen „WR 4ü 1108"
Foto: Sammlung Heinrich**

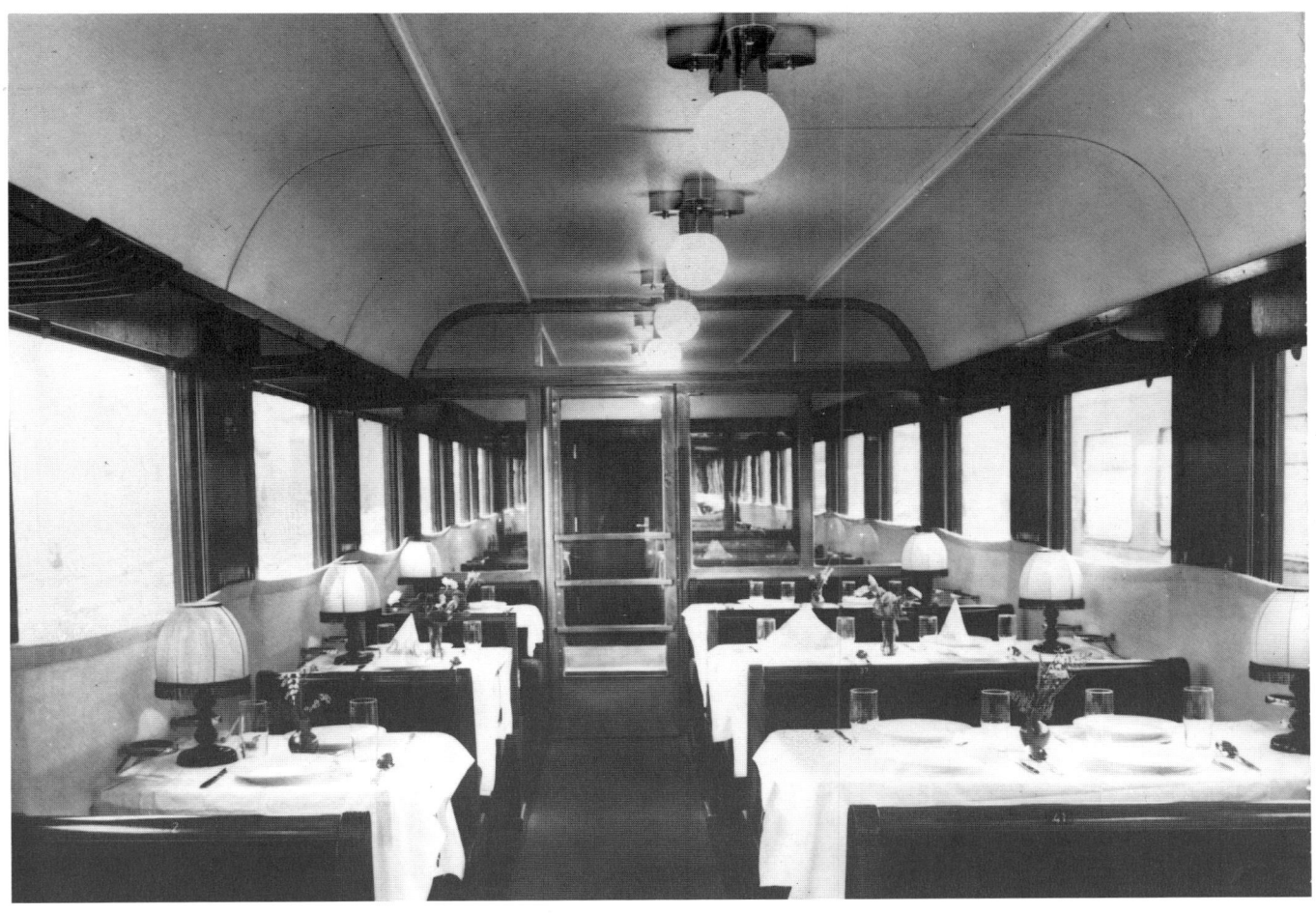

So sieht der Salon heute aus!   **Foto: Heinrich**

Die Traditions-Bahnpostwagen der Regelspur

Bahnpostwagen gehören der Deutschen Post und sind lediglich in den Wagenpark der DR eingestellt. Um auch solche erhaltenswerte Exemplare als Museums-Eisenbahnwagen herrichten zu können, bedurfte es der Gründung einer Arbeitsgemeinschaft „Museumsfahrzeuge-Bahnpostwagen", die nach einer Genehmigung des DDR-Ministers für Post- und Fernmeldewesen Ende der siebziger Jahre mit ihrer Arbeit begann. Drei Fahrzeuge wurden zunächst für die museale Erhaltung ausgewählt.

Auf Kosten der Deutschen Post und als Leistung für diese wurden die drei Wagen in den Heimat-Reichsbahnaus-besserungswerken Delitzsch, Werkteil Gotha und Potsdam restauriert und rekonstruiert. Alle drei Wagen werden unter Leitung der Arbeitsgemeinschaft betreut, gewartet, gepflegt und sind für einen Traditionsbetrieb betriebsfähig und einsetzbar. So sind die Wagen bereits im Verband mit dem Traditions-Personenzug der DR und mit dem Traditions-Eilzug der DR gelaufen. Zu besonderen Anlässen erfolgt in diesen Traditions-Bahnpostwagen auch die Sonderpostbeförderung unter Verwendung von speziellen Bahnpost-Sonderstempeln. Eine Rarität, die diese Einsätze weit über den Kreis der Eisenbahnfans hinaus beliebt und begehrt macht.

„3877" – Postgattung Post -b/12,5

Für den Einsatz zur Postbeförderung und Postbearbeitung in Personenzügen wurde dieser dreiachsige Bahnpostwagen 1926 bei der Waggonfabrik Lindner in Ammendorf b. Halle/Saale für die Deutsche Reichspost gebaut. Er ist in genieteter Ganzstahlbauweise hergestellt und verfügt über ein Untergestell nach den Konstruktionsprinzipien des Austauschbaus, so wie es von der Wumag in Görlitz entwickelt und für alle Einheits-Personenwagen verwendet worden ist. Als spezielle Besonderheit, bedingt durch die Forderun-

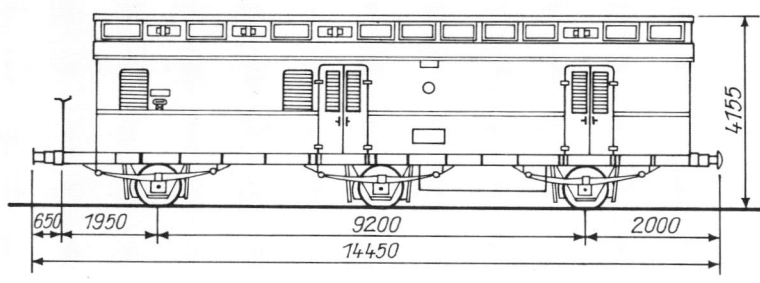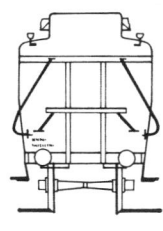

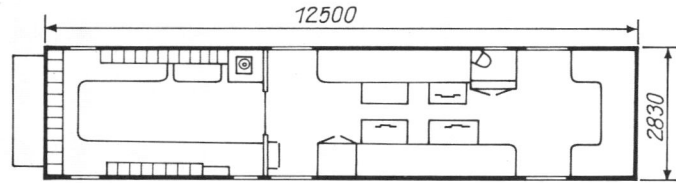

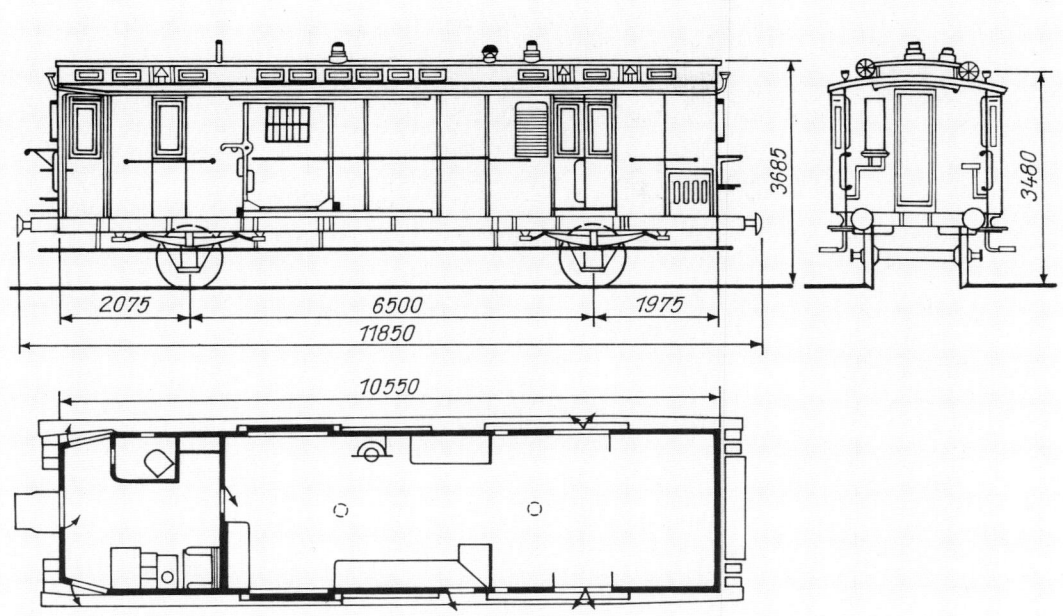

gen an diesen Wagen, ist der Gesamt-achsstand von 9200 mm anzusehen. Ebenso wie für die Einheits-Abteilwa-gen wurde auch für diese Bahnpostwa-genserie letztmalig die aus der Frühzeit der Eisenbahnen bekannte Einziehung des unteren Wagenkastenbereichs praktiziert. Dem bei den Einheits-Perso-nenwagen bereits seit 1921 weggefalle-nen Oberlichtaufbau kam bei der Post aber noch längere Zeit eine besondere Bedeutung zu, da er bei Tagesfahrt bes-sere Lichtverhältnisse für die Arbeits-plätze der mitfahrenden Postbeschäf-tigten bot.

Der 4700 mm lange Briefraum bot drei Arbeitsplätze, dort konnte die Post in 104 Briefverteilfächer und in eine Beutelspanneinrichtung verteilt wer-den. Für Kleingutsendungen bestand außerdem ein 6500 mm langer Lade-raum.

Ende der fünfziger Jahre kam es zu grundlegenden Veränderungen in der Technologie der Postbeförderung. We-niger belastete Strecken und das Ne-benbahnnetz wurden nicht mehr durch die Bahnpost, sondern durch den Ein-satz von Kraftfahrzeugen bedient. Das Sortieren der Postsendungen erfolgte bereits vor dem Transport. Die Arbeits-plätze in den verbleibenden Postwagen entfielen, und der Briefraum wurde ebenfalls zu einem Laderaum für Post-rollbehälter umgebaut. In dieser Phase erhielten viele Bahnpostwagen auch die für diese Technologie günstigeren Schiebetüren. Äußerliches Kennzei-chen von Rollbehälterabteilen an Bahn-postwagen mit geänderten nach außen aufschlagenden Türen war das große schwarze „B" auf weißem Grund an den Türfenstern.

Der Museums-Eisenbahnwagen wurde 1976 außer Betrieb gesetzt und durch die Arbeitsgemeinschaft „Mu-seumsfahrzeuge-Bahnpostwagen" si-chergestellt. Er wurde 1985 durch das Raw Potsdam wieder aufgearbeitet. Es ist gelungen, ihn bis auf wenige Einzel-heiten wieder in seinen Originalzu-stand zu versetzen. Zur Zeit ist dieser Bahnpostwagen der älteste bei der Deutschen Post erhaltene Wagen. Aber

schon haben Eisenbahnfreunde und Mitarbeiter der Deutschen Post einen in Erfurt abgestellten und lange Zeit ausschließlich als Gepäckwagen ge-nutzten PwPosti entdeckt, dessen Bau-jahr um 1910 liegt und der eindeutig als kombinierter Post- und Gepäckwa-gen der Großherzoglichen Staatseisen-bahn Mecklenburg-Schwerin identifi-ziert werden konnte (Abb. S. 78 unten u. S. 79 oben).

„4467" – Postgattung Post e-b/20

Noch im Jahre 1933, als für Eil- und Schnellzugwagen der Oberlichtaufbau längst nicht mehr angewendet wurde, entstand dieser Bahnpostwagen für den Einsatz in Schnellzügen noch im-mer mit dem bekannten Oberlichtauf-bau. Wie sein kleiner dreiachsiger Bru-der war auch dieser Wagen mit einem Briefverteilraum ausgerüstet, der 5 Ar-beitsplätze enthielt. Die Postbearbei-tung erfolgte in 134 Briefverteilerfä-

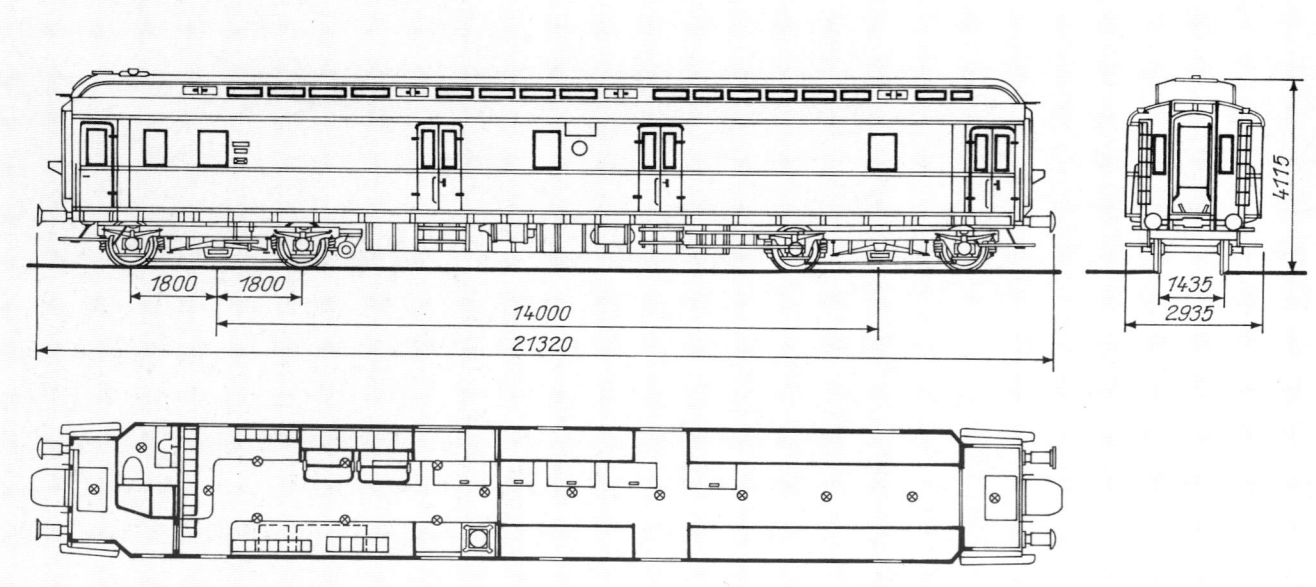

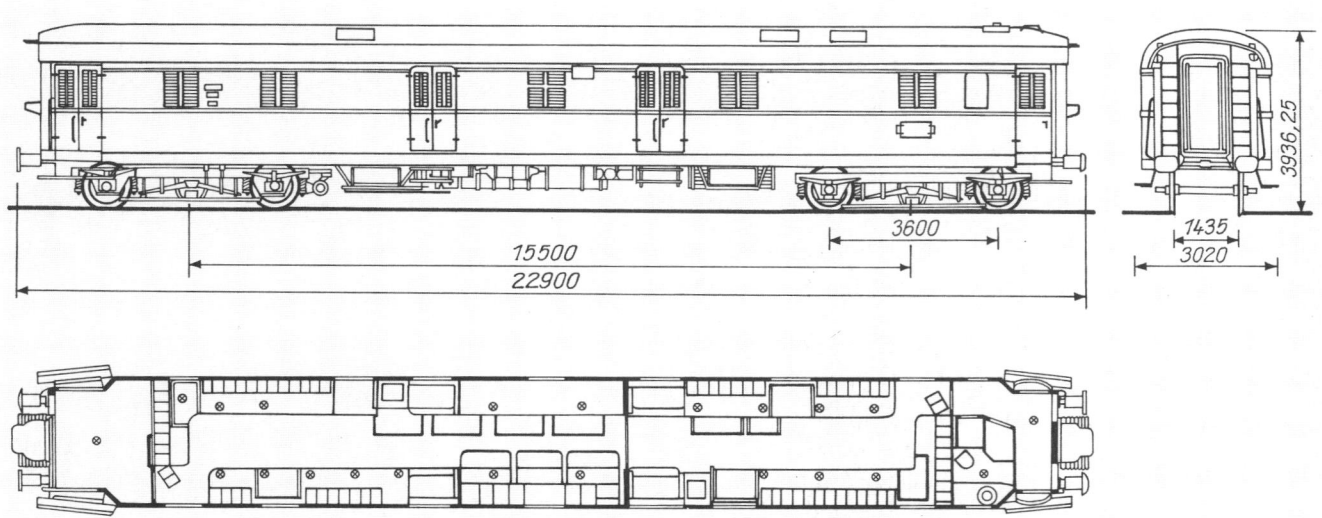

cher und in vier Beutelspanneinrichtungen, als eine für mittleres Postaufkommen auf weniger belasteten Hauptstrecken gedachte Variante. Auch dieser Wagen wurde in den fünfziger Jahren für den Postrollbehälterverkehr umgerüstet. Damit gehörte der Arbeitsplatz auf Rädern bei der Deutschen Post in dieser Form endgültig der Vergangenheit an.

Im Reichsbahnausbesserungswerk Delitzsch, Werkteil Gotha, dem planmäßigen Instandhaltungswerk für diesen Wagen, wurde das Fahrzeug 1986/87 restauriert und rekonstruiert und in seinen alten Zustand versetzt.

Seither ist der Wagen eine beliebte Ergänzung des Traditions-Eilzuges der Deutschen Reichsbahn (Abb. S. 80 oben).

„4503" – Postgattung Post e-a/21,6

Im Zuge der Einführung der Schweißtechnik im deutschen Waggonbau verzichtete die Deutsche Reichspost 1937 auf die Oberlichtaufbauten. Dieser Wagen ist das Ergebnis der Anpassung an die Einheitsbauarten der DRG und stellt mit seiner modernen, auch heutigen ästhetischen Ansprüchen gerechtwerdenden äußeren Form einen Wendepunkt im Bau von Bahnpostwagen dar. Für die ganz große Briefpostbearbeitung besaß der Wagen einen 17 050 mm langen Briefraum, der 12 Beschäftigten einen Arbeitsplatz bot. Mit 412 Briefverteilerfächern und drei Beutelspanneinrichtungen wurden die Möglichkeiten nahezu maximal ausge-

schöpft. Der Wagen wurde ebenfalls vollständig für den Postrollbehälterverkehr umgerüstet und am 31. Juli 1975 außer Betrieb gesetzt. Durch die Initiative der Arbeitsgemeinschaft „Museumsfahrzeuge-Bahnpostwagen" konnte der Wagen erhalten werden. Im Jahre 1984 wurde er im Raw Delitzsch wieder in seinen Ursprungszustand versetzt und gewährt heute Einblicke in die Technologie der Postbeförderung und in die Arbeitsbedingungen der Bahnpostler in der ersten Hälfte unseres Jahrhunderts. Auch dieser Wagen ist oft Bestandteil der Zugbildung des Traditions-Eilzuges der Deutschen Reichsbahn (Abb. S. 80 unten).

Der Traditions-Personenzug der Länderbahnzeit

Im Museumsbestand befinden sich vier zweiachsige Durchgangswagen verschiedener Bauarten der Privat- und Länderbahnen, die auf der Grundlage einer Vereinbarung zwischen dem Verkehrsmuseum Dresden und der Reichsbahndirektion Erfurt von 1978 bis 1986 als Traditions-Personenzug in den Sommermonaten zwischen Erfurt Hauptbahnhof und Erfurt West bzw. Bindersleben verkehrten. Die Einsatzfähigkeit wurde in dieser Zeit durch technische Maßnahmen in der Rbd Erfurt und durch das Reichsbahnausbesserungswerk Delitzsch, Werkteil Gotha, gesichert. Jedoch seit 1986 war ein weiterer Einsatz aus Gründen des vorangeschrittenen Verschleißes nicht mehr möglich. Die Wagen mit den Nummern 310-833, 310-353 und 310-441 gehören zu den Nebenbahnwagen der DR-Type P 29, die eine Vielzahl von Bauarten in sich vereinte, während der Wagen 330-617 zur Type P 25 gehörte, in der die Länderbahnwagen der Bauarten Sachsens, Bayerns, Badens, Württembergs und Oldenburgs zusammengefaßt waren. Die letzten Einsatzorte dieser Wagen waren Zwickau, Lutherstadt Wittenberg und Falkenberg. Alle Wagen wurden am 16. März 1973 im Reichsbahnausbesserungswerk Potsdam außer Dienst gestellt.

Die Wagen bleiben vorerst in der Reserve des Museumswagenbestandes, über die Zweckmäßigkeit einer Restaurierung und Rekonstruktion dieser Wagen wird zu einem späteren Zeitpunkt entschieden werden.

Seit 1987 wird der inzwischen sehr populär gewordene Traditionsbetrieb zwischen Erfurt Hauptbahnhof und Erfurt West durch den leihweisen Einsatz des Traditions-Personenzuges der DR, der im wesentlichen aus Wagen der DRG-Zeit besteht, weitergeführt.

In Aussicht genommen war die Aufarbeitung von drei preußischen Durchgangs-Personenwagen und eines Reisezug-Gepäckwagens der Baujahre ab 1880. Da die historisch originalgetreue Herrichtung eine gründliche Vorarbeit, viel handwerkliches Können und einen hohen Zeitraufwand erforderte, wird erst Mitte der neunziger Jahre mit der Fertigstellung dieser weiteren Zugvariante zu rechnen sein.

Zur Verfügung stehen drei Durchgangswagen unterschiedlicher Bauart und verschiedener Baujahre. Der ehemalige Werkwagen Nr. 102 nach Blatt I^c 3 der Normalien (Gattung C3i Pr 15 – Abb. S. 83 Mitte) und der Wagen 320-866 nach Blatt I^c 4 der Normalien (Gattung BC3i Pr 15 – Abb. S. 83 oben) der Betriebsmittel der Preußischen Staatsbahnen wurden Ende der sechziger Jahre ausgemustert und nach einer Zwischenverwendung im Raw Karl-Marx-Stadt an die Verkehrsbetriebe Dresden abgegeben. Dort wurden die Wagen bis 1987 als Aufenthaltswagen und Umkleideräume genutzt. Mit der Absicht, die Wagen der Aufarbeitung zuzuführen, erhielten sie einen anderen gesicherten Standort.

Der dritte verfügbare Wagen nach Blatt I.7 der Normalien (Gattung CCitr Pr 94) war jahrelang Aufenthaltswagen für das Rangierpersonal im Raw Potsdam und diente in den letzten Jahren an anderer Stelle als Materiallagerwagen. 1989/90 wurde er dann in Potsdam originalgetreu restauriert, um anschließend als Dauerleihgabe an das Berliner Museum für Verkehr und Technik übergeben zu werden (Abb. S. 83 unten).

Die Durchgangswagen waren ursprünglich in Deutschland nur in Württemberg üblich, dort wurde dieses Wagensystem aus Amerika bezogen bzw. nach den dortigen Mustern beschafft. Auf den übrigen deutschen Bahnen verkehrten anfänglich nur Abteilwagen, was sich auf Grund der Übernahme des englischen Bahnsystems ergab. Nach Abwägung der Vor- und Nachteile der beiden Abteilsysteme regte der Eisenbahnfachmann Heusinger von Waldeck 1863 an, beide Systeme dadurch zu verbinden, indem man an den Abteilwagen seitlich offene Gänge und an den Wagenenden Übergangsbrücken anbringen sollte. Dieser Gedanke wurde schnell fallengelassen. 1870 kam von dem gleichen Fachmann ein neuer Vorschlag, nach dem die Wagen offene Endbühnen erhalten und der Übergang von Wagen zu Wagen durch Klappbrücken erfolgen sollte. Vier Jahre später begann die hessische Ludwigsbahn mit dem Bau solcher Wagen. Damit war der Anfang für die Entwicklung der späteren Schnellzugwagen und für die Entwicklung der Durchgangswagen für Personenzüge auf Nebenbahnen endgültig gekennzeichnet. In schneller Folge wurden zwei- und später auch dreiachsige Durchgangswagen für die Personenzüge von den Bahnen beschafft. Die Preußische Staatsbahn, die um 1896 das größte Verkehrsunternehmen der Welt war, nahm derartige Wagen gleich-

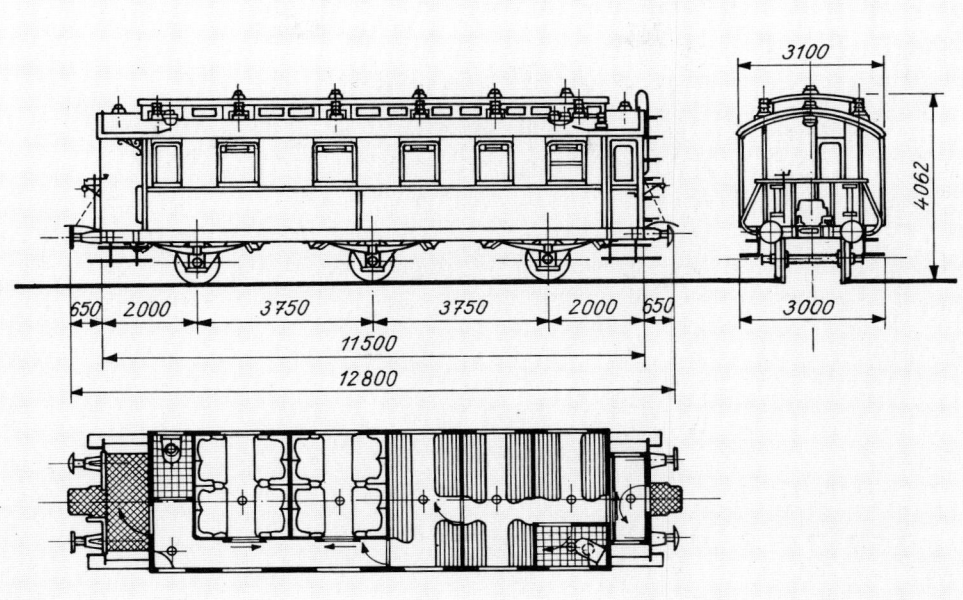

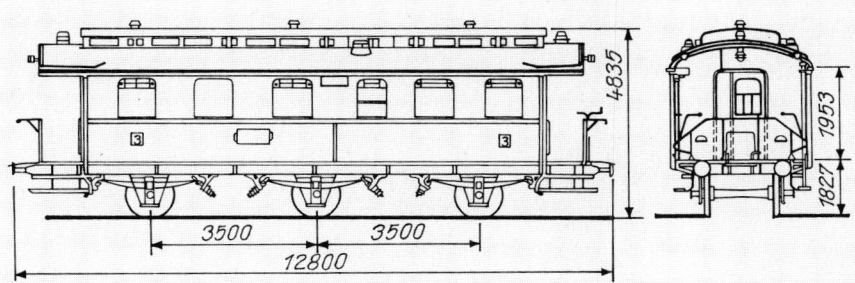

berechtigt in die Normalien ihrer Betriebsmittel auf und begann damit, die Wagen, ebenso wie die Abteilwagen, ab ca. 1880 mit dem typischen Oberlichtaufbau bauen zu lassen.

Die Diskussion über die Vor- und Nachteile der Durchgangswagen bewegte die Gemüter der Verantwortlichen jedoch noch lange. So wurde durch die deutschen Bundesregierungen anläßlich einer 1901 abgehaltenen Beratung die Betriebssicherheit der Durchgangswagen in Frage gestellt, mit dem Erfolg, daß die Durchgangswagen zwar beizubehalten sind, vom Einbau von Nottüren zum Verlassen der Wagen bei Unfällen abzusehen ist, jedoch die Fenster so groß auszubilden sind, daß sie als Notausstiege genutzt werden können. In der Bauform der Fenster schlägt sich dies alsbald nieder. Die deutschen D-Zugwagen führten wegen dieses Beschlusses noch lange Zeit Leitern mit, durch die den Reisenden bei Unfällen das Verlassen der Wagen erleichtert werden sollte.

Die erneute Diskussion der Zweckmäßigkeit der Wagentypen im Personenwagenausschuß der DRG führte erst Ende der zwanziger Jahre zur Aufgabe

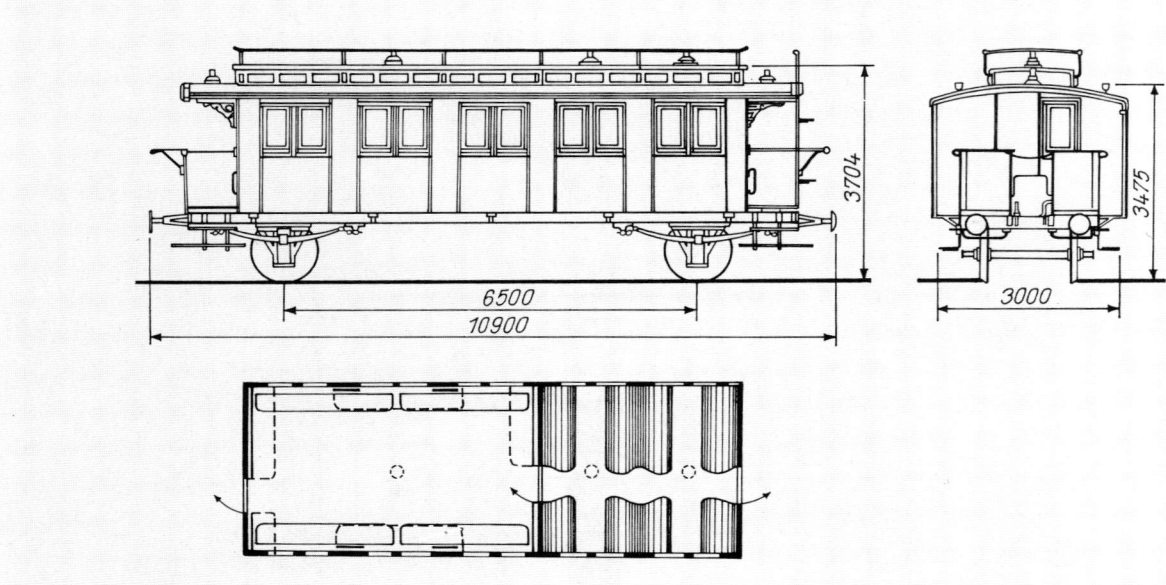

des Abteilwagensystems und zum endgültigen Durchbruch für die Durchgangswagen auch in den Personenzügen.

Auch aus dieser Sicht sind die für die Restaurierung und Rekonstruktion vorgesehenen Wagen vielversprechende Objekte. Alle Wagen besitzen stählerne, genietete Untergestelle und hölzerne Wagenkästen mit Blechverkleidung. Die Ausstattung wird in den ursprünglich vorhandenen Varianten der 2., 3. und 4. Klasse erfolgen. Die Beleuchtung erfolgte im Ursprungszustand mittels Gas. Entsprechend ihren Baujahren und ihrem Verwendungszweck sind die Wagen zwei- und dreiachsig.

Der Traditions-Personenzug (DRG)

Der Traditions-Personenzug der Deutschen Reichsbahn besteht ausschließlich aus Personenwagen der DRG-Zeit, die im Anhang zur Ordnung für Eisenbahn-Museumsfahrzeuge von 1975 enthalten sind. Die Traditionswagen wurden neben rein musealen Gesichtspunkten auch unter dem Aspekt der betriebsfähigen Vorhaltung, also von der Seite der Erhaltung, Wartung und Pflege unter bestimmten Betriebsbedingungen, ausgewählt.

Die Wahl fiel auf die ersten serienmäßig bei der Deutschen Reichsbahn beschafften Ganzstahlwagen bzw. Wagen der kombinierten Holz-/Stahlbauart unterschiedlicher Gattungen und Bauarten der Baujahre ab 1923. Diese Reisezugwagen sind unter den heutigen Bedingungen relativ günstig zu erhalten, bieten eine höhere Sicherheit als Reisezugwagen der reinen Holzbauart und gewährleisten nach ihrer Generalreparatur eine längere Einsatzzeit unter den Bedingungen des traditionsbezogenen Eisenbahn-Tourismus. Die Wagen des Traditions-Personenzuges der Deutschen Reichsbahn repräsentieren eine ganze Generation von Reisezugwagen, die als Ablösevarianten für die damals bereits überalterten Wagen der ehemaligen Länderbahnen gebaut wurden.

Gleichzeitig sind die genieteten Ausführungen die letzten Vertreter dieser Wagenbautechnik vor der Einführung der Schweißtechnik im deutschen Waggonbau, die ab etwa 1933 erfolgte. Zu den Traditions-Personenwagen der DR gehören derzeitig

– zweiachsige Einheits-Durchgangswagen der Baujahre ab 1923,
– zweiachsige Einheits-Abteilwagen der Baujahre 1927 und 1928,
– der Gepäckwagen, eine Einheitsbauart des Jahres 1933, sowie
– in den Jahren 1958 bis 1964 rekonstruierte bzw. umgebaute Reisezugwagen der Gattungen B3g und Bg.

Die bis 1933 gebauten Wagen wurden nach dem 1. Weltkrieg durch den bei der Deutschen Reichsbahn Gesellschaft neu gebildeten sogenannten „Einheitsausschuß" auf der Grundlage der betrieblichen Erfahrungen mit den alten Länderbahnwagen entwickelt. Dem Einheitsausschuß gehörten neben Vertretern der Eisenbahn auch Vertreter maßgeblicher Waggonfabriken an. Der Personenwagenausschuß der Deutschen Reichsbahn war ebenfalls mit seinen Festlegungen und Vorschlägen an der Konstruktion beteiligt.

Für alle Wagen wurden einheitliche Untergestelle nach einer Entwicklung der Waggon- und Maschinenbau AG Görlitz (Wumag) verwendet. Diese Untergestelle baute man anfangs mit 8500 mm Radsatzstand und später auch mit 6200 mm Radsatzstand. Beide Varianten sind im Traditions-Personenzug der Deutschen Reichsbahn zu finden. Die Innenausstattung der Wagen entspricht der Entstehungszeit der Fahrzeuge. Sie wurde in der 2., 3. und 4. Klasse ausgeführt. Da die 4. Klasse bei der Deutschen Reichsbahn bereits 1928 abgeschafft wurde, ist diese Wagenklasse nur in den bis 1928 gebauten Wagen zu finden.

Bereits vor der Aufnahme von Wagen in die Ordnung für Eisenbahn-Museumsfahrzeuge haben weitsichtige Ei-

senbahner und Eisenbahnfreunde für die Hinterstellung von auszumusternden Fahrzeugen gesorgt und damit die Grundlage für den Aufbau des Traditionswagenparks der Deutschen Reichsbahn geschaffen. Nach 1975 wurden diese Wagen in die Ordnung für Eisenbahn-Museumsfahrzeuge übernommen und zwischen 1981 und 1986 im Reichsbahnausbesserungswerk Potsdam rekonstruiert bzw. restauriert und dem Betrieb übergeben. 1987 wurde der Traditions-Personenzug der Deutschen Reichsbahn durch zwei weitere Wagen der Gattungen Bgtre und B3g ergänzt. Solche Wagen haben das Bild der Personenzüge bei der Deutschen Reichsbahn über 30 Jahre hinweg geprägt. Der gesamte Traditions-Personenzug ist im Bahnbetriebswagenwerk Seddin beheimatet.

„Berlin 81 753" und „Berlin 81 681" – Gattung D

Die Traditionswagen „Berlin 81 753" und „Berlin 81 681" wurden bis 1982 zum 100jährigen Bestehen der Berliner Stadtbahn in ihrem Herstellungszustand aufgearbeitet. Sie sehen äußerlich gleich aus. Da diese Wagen sich nur dadurch unterscheiden, daß der Traditionswagen „Berlin 81 681" ein Traglastenabteil besitzt, werden beide Wagen gemeinsam beschrieben. Diese Einheits-Abteilwagen waren die letzten Vertreter der klassischen Abteilwagen, deren Herstellung 1930 auslief. Sie wurden in nicht sehr großen Stückzahlen von verschiedenen Waggonfabriken gebaut und stellten einen Wendepunkt im Reisezugwagenbau dar, da sie als Einheitswagen in Austauschbauweise entwickelt wurden und somit die Möglichkeit boten, größere Baugruppen ohne Anpassungsarbeiten auszuwechseln. Das in Stahlbauweise ausgeführte, genietete Untergestell besitzt einen Radsatzstand von 8500 mm. Es wurde für die Einheits-Abteilwagen ebenso verwendet wie für die Einheits-Durchgangswagen. Der Wagenkasten sowie das Tonnendach sind ebenfalls in Stahlausführung hergestellt. Die Einheits-Abteilwagen sind die ersten serienmäßig gebauten Ganzstahlwagen, die die kombinierte Holz-/Stahl-Bauweise der Wagenkästen im Waggonbau ablösten.

Die Wagen zeigen die typische Innenausstattung der 4. Klasse: einfache, aus Eichenholz hergestellte Sitzbänke mit Rückenlehnen. Die innere Verkleidung der Seiten- und Stirnwände besteht ebenfalls aus Eichenholz. Genauso einfach sind die Gepäckraufen ausgeführt. Jeder Wagen ist in zwei

Großraumabteile aufgeteilt und besitzt zwei Toiletten.

Im Raucher-Großraumabteil sind originalgetreue gußeiserne Klappaschenbecher vorhanden. In einem der beiden Großraumabteile des Wagens „Berlin 81 681" sind durch Wegfall von vier Sitzbänken zwei Traglastenräume angeordnet.

Die beiden Einheits-Abteilwagen weisen neben dem originalgetreu ausgeführten Sitzgestühl und Gepäckablagen auch die alte Lüftungseinrichtung auf. Die Be- und Entlüftung erfolgt durch Wendlersauger, die auf dem Dach angeordnet sind. Die Bedienung der Lüftungseinrichtung ist durch die originalgetreuen Schiebestelleinrichtungen möglich. Die Beheizung der Wagen geschieht durch eine Niederdruck-Umlaufheizung (Nuhz) der Bauart Pintsch. Die Stelleinrichtung für diese Dampfheizung befindet sich außen an den Wagenlängsseiten in Originalausführung.

Die Einheits-Abteilwagen wurden bis 1924 mit einer Gasbeleuchtung ausgerüstet. Danach wurden alle Wagen dieser Bauart mit elektrischer Einzelwagenbeleuchtung versehen. Beide Wagen wurden für den Einsatz zum 100jährigen Bestehen der Berliner Stadtbahn im Februar 1982 ausgesucht und aufgearbeitet, obwohl sie nicht typisch für die Berliner Stadtbahn waren. Ausschlaggebend dafür war die große Ähnlichkeit mit den „Stadtbahnpärchen", von denen jedoch kein Exemplar mehr erhalten werden konnte (Abb. S. 86 unten).

„Berlin 39 505" – Gattung BDi

Der Einheits-Durchgangswagen „Berlin 39 505" ist einer von den wenigen Wagen, die in der Kombination 2./4. Klasse mit der Bauartbezeichnung BD^i-21 für den untergeordneten Nebenbahneinsatz nach den Konstruktionsunterlagen von 1921 gebaut wurden.

Der Wagen ist in kombinierter Holz-/Stahlbauweise hergestellt, d. h. der Wa-

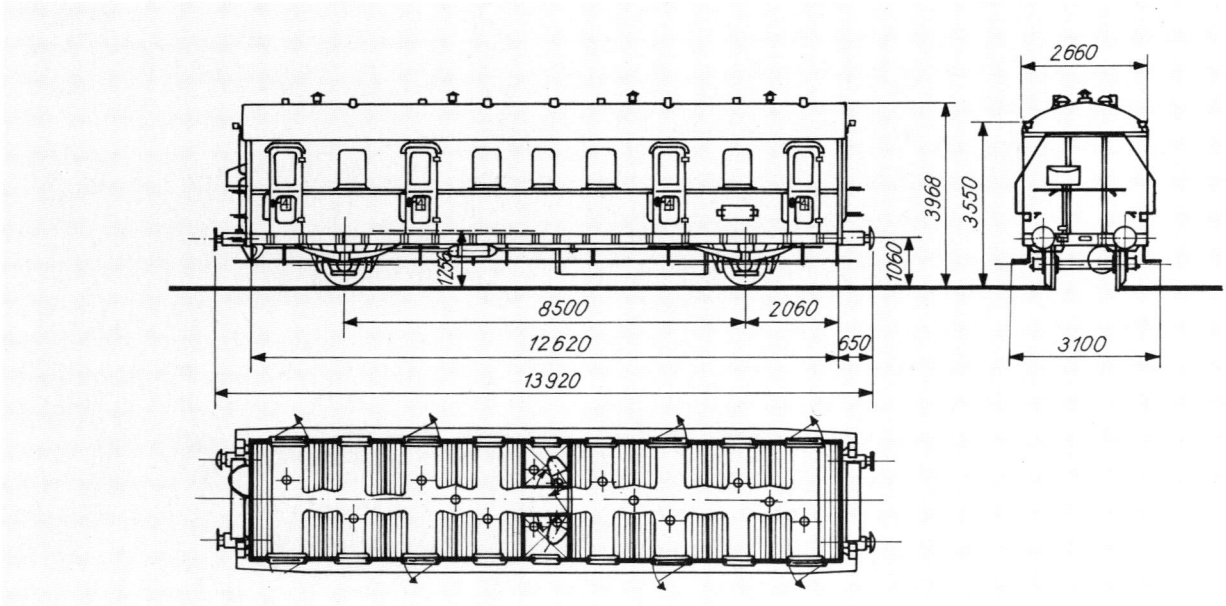

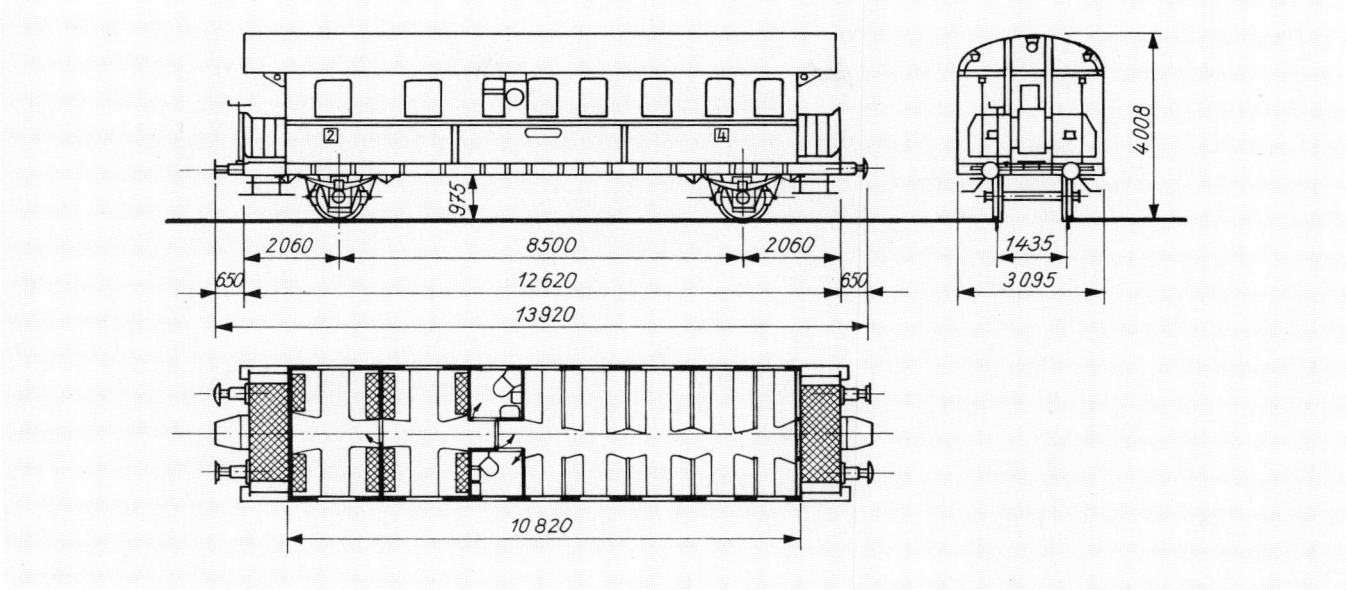

genkasten und das vereinheitlichte Untergestell sind in genieteter Stahlkonstruktion ausgeführt, wogegen das Dach in der damals üblichen traditionellen Holzbauweise hergestellt wurde.

Eine Reihe nachgebildeter und restaurierter historischer Besonderheiten sind an diesem Wagen vorhanden. Die einfachen ungepolsterten Sitzbänke der 4. Klasse zeigen die typische Ausstattung. Im Bereich der 2. Klasse ist besonders auf die im Originalzustand aufgepolsterten Sitze sowie für die Herstellungszeit des Wagens übliche Waffelmustertapete hinzuweisen. Die in den Abteilen angebrachten Werberahmen besitzen das Format der damaligen Zeit und sind mit Kopien von Fotos der Deutschen Reichsbahn-Werbegesellschaft versehen. Die Fotos zur Reisewerbung entstanden zwischen 1930 und 1935.

Die gesamte Beleuchtungseinrichtung entspricht äußerlich der ursprünglich vorhandenen Gasbeleuchtung. Die Glühstrümpfe mußten aus Gründen des zeitgerechten Einsatzes jedoch den Glühlampen weichen. Auf die Installation des Gasleitungssystems

wurde verzichtet, wohl aber ist der Gasvorratsbehälter neben dem nachträglich angebrachten Generator unter dem Wagen vorhanden.

Die Zugeinrichtung des Wagens wird durch sogen. „doppelte Sicherheitskupplungen" vervollständigt.

Der Traditionswagen „Berlin 39 505" ist im Traditions-Personenzug der Deutschen Reichsbahn der älteste Einheits-Durchgangswagen. Er steht symbolhaft für den Anfang einer Entwicklung, die sich in den folgenden Jahren durchsetzte und die aus den einzelnen Wagentypen des Traditions-Personenzuges der DR ablesbar ist (Abb. S. 87 oben).

„Berlin 38 117" – Gattung BCi

Der Traditionswagen „Berlin 38 117" ist ein typischer Vertreter des wegen ihres Aussehens und wegen ihrer Fahrgeräusche als „Donnerbüchsen" bezeichneten Wagengattungen. Wagen dieser Art wurden in Austauschbauweise her-

gestellt. Wagenkasten und Untergestell baute man in genieteter Stahlbauweise. Auch die Fenstereinteilung, 800 mm breite Abteilfenster in der 2. Klasse, 600 mm breite Fenster in der 3. Klasse, ist typisch für diese Wagenbauart mit der Bezeichnung BCi 29.

Die Sitze der 2. Klasse sind ebenso wie die Kopfstützen und die einseitigen Armlehnen mit dunkelgrau gemustertem Plüsch bezogen. Die beiden Abteile der 2. Klasse, je ein Raucher- und ein Nichtraucher-Abteil, sind durch eine Tür im Mittelgang getrennt. Im Raucherabteil vervollständigen originale gußeiserne Klappaschenbecher die Ausstattung. In jedem Abteil finden 8 Reisende den in der 2. Klasse üblichen Komfort. Die 3. Klasse wird durch ein Großraumabteil gebildet, wobei die Abteile durch bis zu den Gepäckablagen reichende hochgezogene Wände getrennt werden. Die Sitze bestehen in der 3. Klasse aus lackierten Latten, die der Körperform angepaßt sind. Die Gepäckablagen bestehen aus handgeknüpften Netzen. Weitere Details, wie die originalen Lampen, vervollständigen den Wagen (Abb. S. 88 oben).

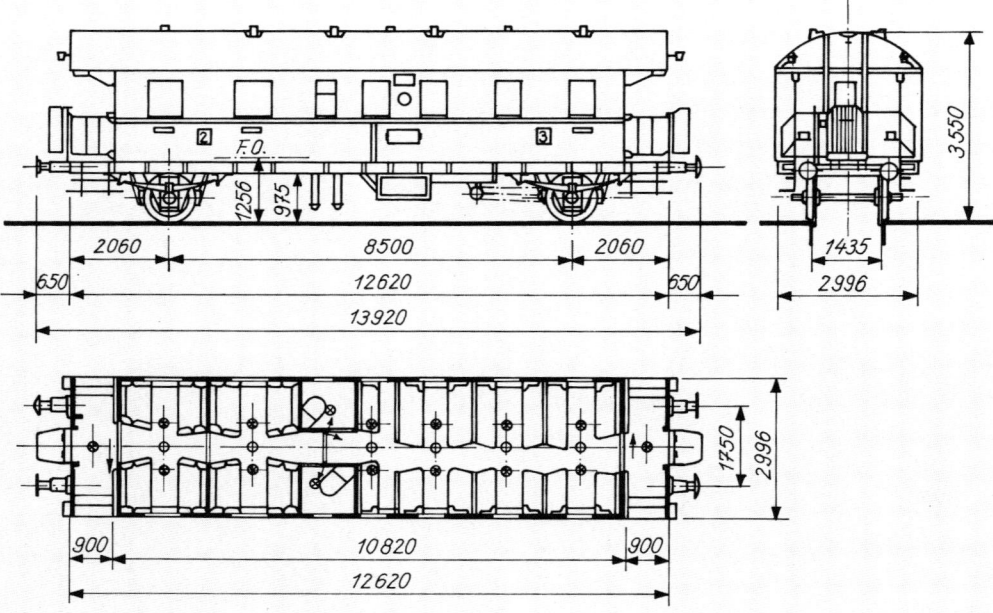

„Berlin 39 110" – Gattung BCi

Eine besondere Variante der Einheits-Durchgangswagen stellt der Traditions-wagen „Berlin 39 110" dar. Dieser Wa-gen wurde nach den bereits beschrie-benen Vereinheitlichungsmerkmalen gebaut und den Wünschen deutscher Privatbahnen entsprechend modifi-ziert. Der Zugang zum Wageninnern er-folgt auf der Wagenseite mit der 3. Klasse über eine offene und auf der Wagenseite mit der 2. Klasse über eine geschlossene Plattform. Diese Ausfüh-rung wurde für Strecken mit geringem Verkehrsaufkommen gewählt, für die trotzdem Wert auf das unterschiedli-

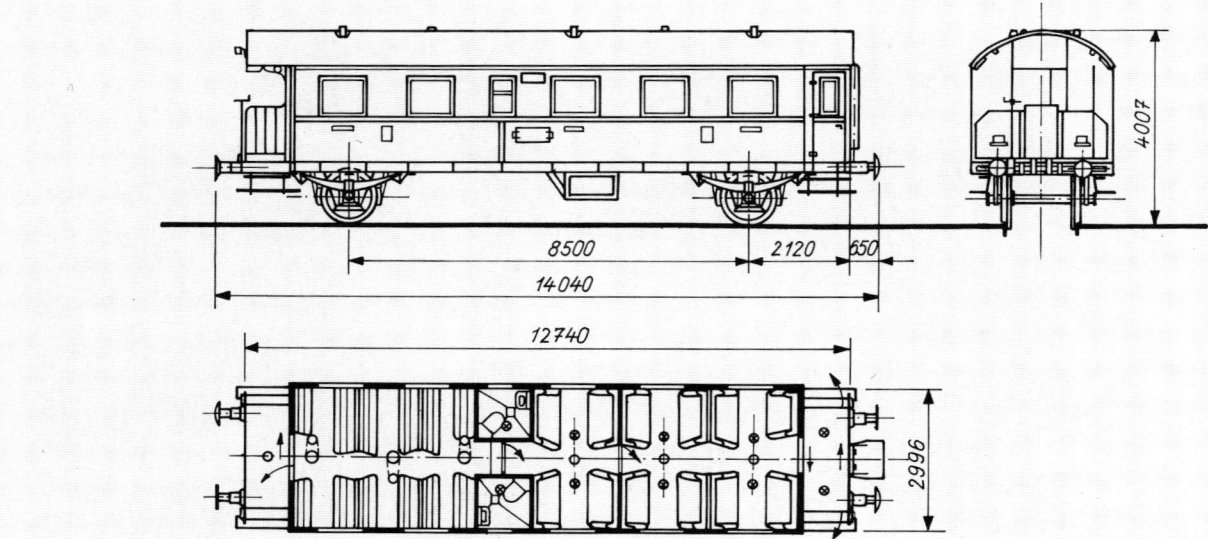

che Niveau der einzelnen Wagenklassen gelegt wurde. Ein typischer Einsatzfall war zum Beispiel die Verwendung solcher Wagen in den Zügen der Wittenberge-Perleberger Eisenbahn.

Der Wagenkasten und das Untergestell sind als Einheits-Bauart in genieteter Stahlausführung hergestellt. Die Ausstattung der 2. und 3. Klasse entspricht der Ausstattung des Traditionswagens „Berlin 38 117", wobei die Wagenhälfte der 3. Klasse in jeweils ein Raucher- und ein Nichtraucher-Abteil geteilt ist. Im Raucherabteil der 3. Klasse wurde entsprechend einer Ausführungsvariante auf zwei Doppelsitzbänke verzichtet, um ein Traglastenabteil zu schaffen. Besonders bemerkenswert ist in diesem Wagen die funktionsfähig wiederhergestellte statische Lüftungseinrichtung der Bauart Wendler, die die verbrauchte Luft aus den Abteilen absaugt. Eine Nachtbeleuchtung kann zentral im Wagen durch das Zugpersonal ein- oder ausgeschaltet werden. Eine Abteilschaltung, wie sie heute in Schnellzugwagen üblich ist, wurde aus Vereinfachungsgründen bei der Herstellung nicht verwendet (Abb. S. 88 unten).

„Berlin 28 106" – Gattung Bi

Charakteristisch für den Traditionswagen „Berlin 28 106" sind die beiden geschlossenen Bühnen. Der Wagen ist in genieteter Stahlkonstruktion in Austauschbauart hergestellt. Das vereinheitlichte Untergestell dieses Einheits-Durchgangswagens wurde auch für die Einheits-Abteilwagen verwendet. Das Wageninnere kann über geschlossene Vorräume erreicht werden. Dadurch entsteht in den Abteilen eine nur geringe Zugluftbelästigung. Der Wagen ist nach den Normen der 2. Klasse ausgestattet: Sämtliche Sitze sind mit einseitigen Armlehnen und Kopfpolstern ausgerüstet und mit graubraun gemustertem Plüsch überzogen. Über den Sitzen befinden sich geknüpfte Gepäcknetze, die dem Ursprungszustand entsprechen. Der Mittelgang gestattet einen zügigen Durchgang. Das Raucher-Abteil und die Nichtraucher-Abteile sind durch Türen voneinander getrennt (Abb. S. 89 unten).

„Berlin 38 683" – Gattung BCi

Der Traditionswagen „Berlin 38 683" entstammt einer Kleinserie von Einheits-Durchgangswagen, die ab 1924 für die elektrifizierte Strecke Hirschberg (heute Jelena Gora, Polen)–Polaun (heute Polubny, Tschechoslowakei) gebaut wurden. Diese Wagen liefen als Beiwagen zu elektrischen Triebwagen und besaßen bereits bei der Anlieferung die elektrische Einzelwagenbeleuchtung und eine Ausstattung in der 2. und 3. Wagenklasse sowie die „doppelten Sicherheitskupplungen" an beiden Wagenseiten. Der Wagen entspricht der kombinierten Holz-/Stahl-Bauart. Das Dach und die Futterstücke für die Befestigung der Seitenwandbleche bestehen aus Holz. Nach Ausmusterung aus dem Betriebsdienst wurde der Wagen als Bahndienstwagen genutzt und 1982 dem Traditions-Personenzug zugeführt. In den Jahren 1983/84 wurde der Wagen in wesentlichen Details und in der Farbgebung in seinen Ursprungszustand versetzt, die innere Ausstattung erfolgte nach Ge-

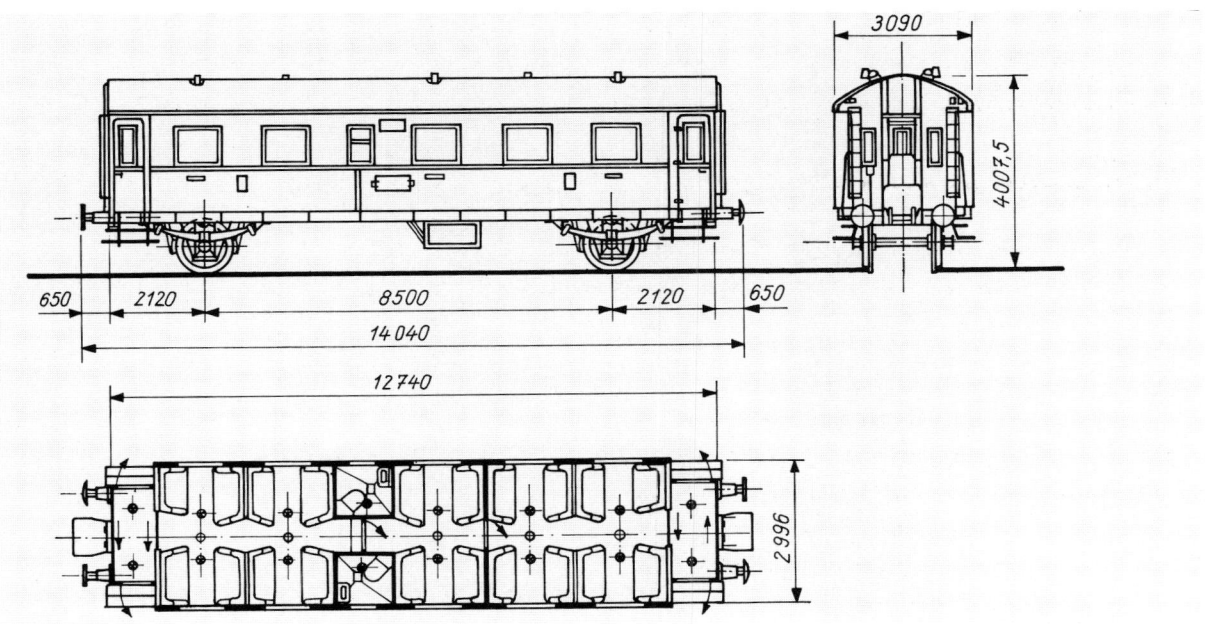

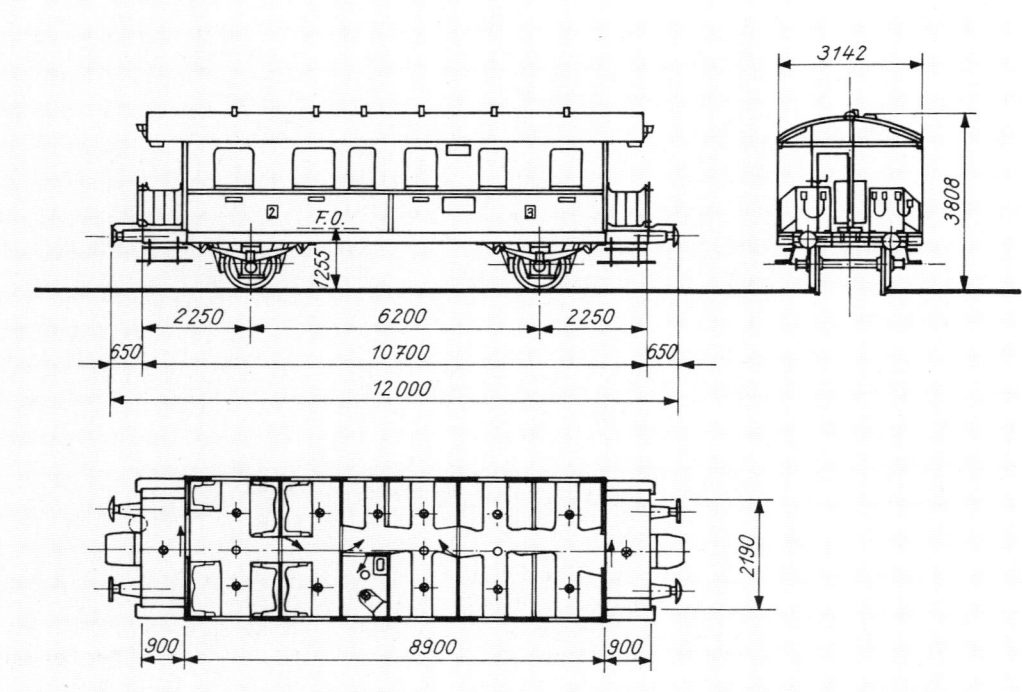

„Berlin 117 547" – Gattung Pw

sichtspunkten für den Einsatz als Bufettwagen im Verband des Traditions-Personenzuges. Der Bereich der ehemaligen 3. Klasse wurde als Speiseabteil mit vier Tischen eingerichtet. An jedem Tisch befinden sich vier Klappsitze, die mit rotem Kunstleder bezogen sind. Im Mittelteil des Wagens ist der Küchentrakt mit einem Abteil zur Geschirr-Reinigung, zwei rustikalen Geschirrschränken und eine Propan-Kochanlage angeordnet. Im Bereich der ehemaligen 2. Klasse befindet sich ein Bufett, das für den Verkaufs- und Barbetrieb eingerichtet ist. Ein verschließbarer Dienstraum und ein Zugführer-Arbeitsbereich befinden sich ebenfalls in dieser Wagenhälfte. An den Stirnwänden sind alte eisenbahntypische Schilder sowie Fabrikschilder der Traditionswagen angebracht (Abb. S. 90 oben).

Der Traditions-Gepäckwagen „Berlin 117 547" wurde in Ganzstahl-Bauweise hergestellt. Er diente zum Transport von Reisegepäck, Fahrrädern, Hunden und für Expreßgut. Die geschlossene Plattform an dem einen Ende des Wagens ermöglicht den ungehinderten Zugang zum angrenzenden Zugführerabteil, breite Schiebetüren an den Längsseiten des Wagens, die mit besonderen Sicherungen gegen unbeabsichtigtes Öffnen oder Schließen versehen sind, waren die Voraussetzung für ein schnelles Aus- und Einladen der Gepäckstücke auf den Unterwegsbahnhöfen.

Das Zugführerabteil entspricht der ursprünglichen Ausstattung. Es enthält

außer dem Arbeitsplatz für den Packmeister mit Arbeitstisch und Fächerschrank einen hochgelegenen Sitz für den Zugführer, so daß dieser jederzeit die Strecke und die Signalstellungen beobachten kann. Das Dach dieses Abteils ist soweit nach oben ausgebaut, wie es die Fahrzeugbegrenzung zuläßt. Eine Toilette mit Waschgelegenheit vervollständigt die Ausrüstung dieses Wagens.

Durch die Einrichtung einer Schlafkabine für einen Begleiter, in der gleichzeitig das Zugfunkabteil untergebracht ist, ist dieser Wagen den Besonderheiten des Einsatzes des Traditions-Personenzuges angepaßt.

Bei den Sonderfahrten wird der Laderaum des Gepäckwagens als Lagerraum für Getränke und Verpflegung genutzt (Abb. S. 91 oben).

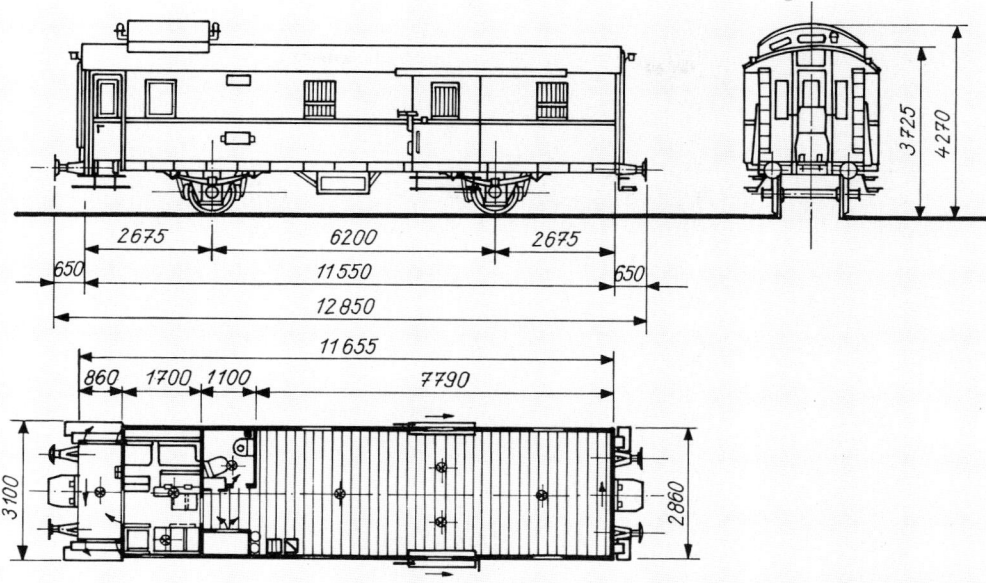

„357-661" – Gattung Bgtre

In den Jahren 1958 bis 1964 wurden bei der Deutschen Reichsbahn die überalterten zwei- und dreiachsigen Reisezugwagen der ehemaligen Länderbahnen im Raw Halberstadt modernisiert. Neben einer einheitlichen Aufarbeitung der Untergestelle wurden auch maßliche Abweichungen weitgehend ausgeglichen. Dadurch haben diese Wagen, auch als Reko-Wagen bekannt, prinzipiell gleiche oder nur geringfügig differierende Hauptabmessungen. Da diese Wagen im Zeitraum von über 30 Jahren das Bild der Personenzüge der Deutschen Reichsbahn maßgeblich bestimmten, wurden ein zwei- und ein

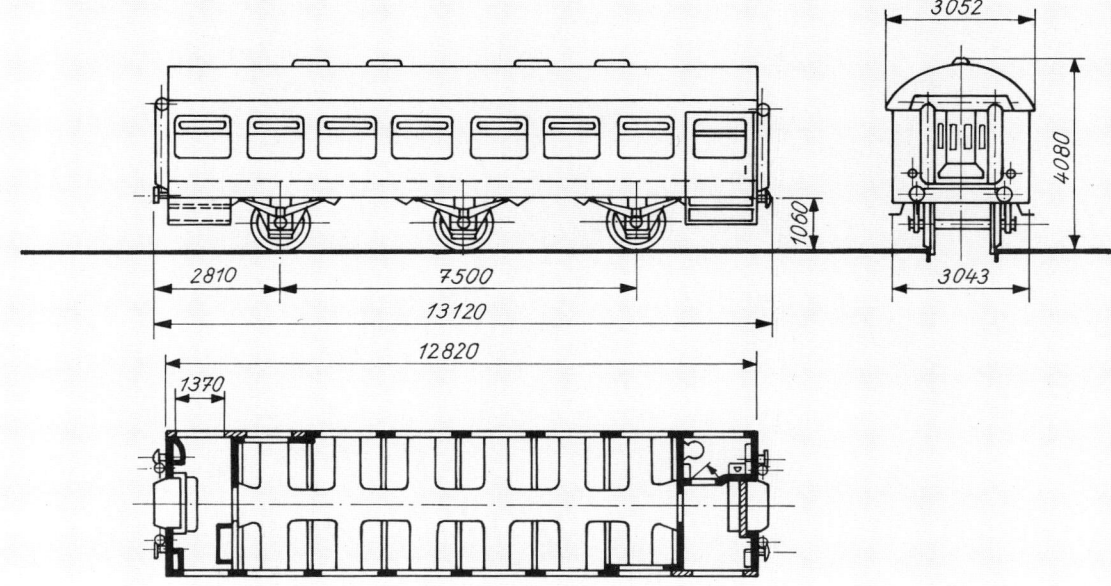

dreiachsiger Wagen für die Erhaltung und den Einsatz im Traditions-Personenzug der Deutschen Reichsbahn ausgewählt. Der Traditions-Wagen 357-661 ist die zweiachsige Variante und wurde mit Traglastenabteilen ausgeführt. Im Fahrgastraum, als Großraum gestaltet, befinden sich 32 gepolsterte Sitze, die mit grünem Kunstleder bezogen sind. Die Stahlrohrsitzgestelle sind ebenso wie die Wandverkleidung aus Hartfaserplatten mit grünem Hammerschlageffektlack versehen. Über den Sitzen befinden sich an den Seitenwänden durchgehende Leichtmetall-Gepäckraufen. Dieser Wagen ist als Mehrzweckwagen so ausgeführt, daß zwei Doppelbänke bei Bedarf umgestellt oder ausgebaut werden können. Darüber hinaus ist eine elektrische Anlage vorhanden, die eine Fremdeinspeisung von 380 Volt Wechselstrom (z. B. bei Ausstellungen) gestattet (Abb. S. 91 unten).

„352-227" – Gattung B3g

Äußerlich sehen sich die beiden Traditionswagen 357-661 und 352-227 sehr ähnlich. Die dreiachsige Variante dieser Umbau-Wagen finden wir in diesem Wagen wieder. Im Zuge der Vereinheitlichung bei der Modernisierung wurden völlig neue Wagenkästen aus 2 mm dikkem Stahlblech gefertigt. Dabei wurden das Dach und die Seitenwände vorgefertigt und als komplette Bauteile aufgesetzt. Die 1200 mm × 900 mm großen Fenster mit oberem Klappteil gestatten eine gute Sicht und kennzeichnen das Äußere dieses Wagens ebenso, wie die diagonal gegenüberliegenden Schiebetüren, die mit ihrer Breite von 1370 mm einen zügigen Fahrgastein- und -ausstieg zulassen.

Die Vorräume sind vom Fahrgastraum durch eine Schiebetür getrennt. Gummiwülste an den Übergängen zwischen den Wagen verhindern das Eindringen von Fahrtwind in den Übergangsbereich und in die Vorräume. Gegenüber den anderen Traditionswagen verfügen die Wagen dieser Gattung nur über je eine Toilette. Neben der üblichen Ausrüstung befindet sich im Dachaufbau ein Wasserbehälter, der mit dem Toilettenbecken zur Spülung und dem Auslauf über dem Handwaschbekken verbunden ist. Stutzen zum Füllen des Wasserbehälters befinden sich an jeder Wagenlängsseite.

Im Großraumabteil finden 48 Fahrgäste auf gepolsterten Sitzen Platz. Doppelbänke aus Stahlrohr tragen die Sitze und gestatten ein leichtes Reinigen des Wagenfußbodens, der mit PVC-Belag ausgelegt ist. Ausreichend installierte elektrische Beleuchtungskörper an der Decke des Fahrgastraumes sowie die statische Lüftung der Wagen mit Lüftern der Bauart Kuckuck gestatten ein einigermaßen angenehmes Reisen in diesem Wagen.

Der Traditions-Eilzug (DRG)

Der Traditions-Eilzug der Deutschen Reichsbahn besteht aus vierachsigen Wagen der Einheitsbauart mit den Baujahren zwischen 1928 und 1933. Ebenso wie für die Personenwagen der Einheitsbauart wurde auch für die Eil- und Schnellzugwagen durch den Einheitsausschuß („Ausschuß für die Vereinheitlichung der Bauarten der Personen- und Gepäckwagen") eine neue Grundkonzeption entwickelt und noch im Jahre 1928 einhundert Versuchs- und Musterwagen beschafft. Die Hauptparameter waren einheitlich, wodurch sich diese Wagen sehr ähnlich waren und bereits die Hauptabmessungen der späteren Serienwagen besaßen.

Die wesentlichen Unterschiede der einzelnen Wagen ergeben sich aus den verschiedenen Gestaltungsvarianten der 2. und 3. Wagenklasse. Während die Wagen der 3. Klasse an den Wagenenden mit je zwei Einstiegtüren auf jeder Wagenseite versehen waren, besitzen die der zweiten Wagenklasse nur jeweils eine Tür je Wagenende und -seite. Alle Wagen besaßen Mittelgänge und waren in zwei Großräume (Raucher- und Nichtraucherseite) aufgeteilt. Die Ausführungen der reinen 3. Klasse erhielten in der Mitte des Wagens ein weiteres durch Türen abgeschlossenes Einzelabteil. Die Ausstattung entsprach den Normen der DRG, d. h. Lattensitze in der 3. Klasse, einfache Aufpolsterung in der 2. Klasse.

Die Wagenkästen waren Ganzstahlausführungen in genieteter Bauweise. Die technische Ausrüstung bestand aus einer Dampfheizung, elektrischer Einzelwagenbeleuchtung und einem Lüftungssystem der Bauart Wendler. Die Drehgestelle der Wagen waren durchweg Bauart Göritz III leicht, dreifach gefedert. Als Bremse wurde die Kkp-Bremse verwendet. Alle Wagen besaßen wegen ihrer Zweckbestimmung als Eilzugwagen ursprünglich offene Übergänge mit Scherengittern, die erst später durch Faltenbälge ersetzt worden sind. Diese Wagen wurden bis 1936 in mehreren tausend Exemplaren von den verschiedensten deutschen Waggonbaufabriken beschafft und waren bei der DR auch nach dem 2. Weltkrieg noch lange im Schnellzugdienst eingesetzt. Die nach 1933 noch beschafften Wagen dieser Bauart sind durch ihre Ausführung in Schweißkonstruktion schon äußerlich sofort erkennbar.

Mit dem Inkrafttreten der „Ordnung für Eisenbahnmuseumsfahrzeuge" im Jahre 1975 waren drei ehemalige 3.-Klasse-Wagen, ein 2./3.-Klasse-Wagen und ein Gepäckwagen als betriebsfähig zu erhaltende Wagen festgeschrieben. Sie bilden den Stamm des heutigen Traditions-Eilzuges. Bis 1980 waren die Wagen in der Reichsbahndirektion Greifswald beheimatet und wurden als Verstärkung für Regelzüge ab Stralsund und später in Waren (Müritz) eingesetzt. Bereits in dieser Zeit konnten jedoch schon Sonderfahrten und Einsätze für Film und Fernsehen stattfinden. Da jedoch keine persönlichen Verantwortlichkeiten festgelegt waren, verschlechterte sich der Zustand erheblich. Da der Zug häufig in Sachsen und Thüringen eingesetzt war, wurde auch dort nach einer „festen Hand" gesucht, die sich beim Bahnbetriebswagenwerk und bei den Freunden der Eisenbahn des Modelleisenbahn-Verbandes in Zwickau fand. So wurde der gesamte Eilzug 1980 zum Bww Zwickau mit Heimatbahnhof Zwickau Hbf umgesetzt. Seit dieser Zeit hat sich nicht nur der Zustand des Trains durch umfassende Maßnahmen wesentlich verbessert, auch der Einsatz erfolgt seither in einem angemesseneren Rahmen. Inzwischen konnte der Park durch einen weiteren Eilzugwagen und einen zur Bauform passenden Speisewagen ergänzt werden.

„Dresden 73 245", „Dresden 72 951", „Dresden 72 813" – Gattung C4i

Alle drei Wagen besitzen die gleiche Bauform und Bauart. Sie wurden von unterschiedlichen Waggonbaufirmen geliefert, so wurde der Wagen 73 245 bei Linke-Hofmann-Busch in Breslau (heute Wrocław, Polen), der 72 951 bei einer z. Z. wegen fehlender Unterlagen nicht mehr nachweisbaren Firma und der 72 813 bei MAN (Maschinenfabrik Augsburg/Nürnberg) hergestellt. Alle drei Wagen entsprechen der Skizze C4i-33 der DRG und sind in der Innenausstattung im Zustand der fünfziger Jahre belassen bzw. in diesem Zustand rekonstruiert worden. Sie verfügen über eine Sitzplatzaufpolsterung mit Hartpolstern und über Leichtmetallgepäckablagen. Die Lampen der elektrischen Beleuchtung entsprechen eben-

falls dieser Zeit. Auch die Sanitäreinrichtungen wurden in diesem Zustand erneuert. Damit entspricht die Innenausstattung einer Zeitepoche und ist, obwohl nicht dem Anlieferungszustand entsprechend, ebenfalls historisches Detail. Zur Verbesserung der Einsatzbedingungen wurde eine elektrische Heizung eingebaut und die Bremsausrüstung auf KE-Bremse umgestellt. Alle drei Wagen haben im Reichsbahnausbesserungswerk Delitzsch Hauptinstandsetzungen erhalten und befinden sich in einem guten Zustand.

„Dresden 72 279" – Gattung C4i

Zwei Sitzwagen des Traditions-Eilzuges sind für die Herrichtung im Anlieferungszustand vorgesehen. Dies sind die Wagen 72 279 und der 2./3.-Klasse-Wagen 33 086. Die 3. Klasse wurde bereits bei der letzten Instandsetzung im Raw Delitzsch auf Lattensitze umgerüstet. Die Ausstattung mit geknüpften Gepäcknetzen

steht bevor. Auch die Ausstattung mit den Lampen der Herstellungszeit ist vorbereitet. So wird dieser Wagen neben dem 33 086 zu den Fahrzeugen zählen, die wegen ihres Zustandes als künftige Museumsexponate vorgesehen sind (Abb. S. 94 unten).

„Dresden 33 086" – Gattung BCi

Diese 2./3. Klasse-Variante nach Skizze BC4i-33ª der DRG wird ebenfalls im Originalzustand aufgearbeitet. Das Sitzgestühl der 3. Klasse (Lattensitzbänke) und die braune Plüschaufpolsterung der 2. Klasse sowie die geknüpften Gepäcknetze sind bereits wiederhergestellt, die originalen Lampenfassungen folgen. Dieser Wagen findet wegen seiner originalgetreuen Innendetails bei Film- und Fernsehaufnahmen immer wieder Verwendung. Als Kompromiß für den modernen Traditionsbetrieb erhielten die Wagen eine KE-Bremse und Rollenlagerradsätze. Bei einer künftigen Umsetzung als Mu

seumsexponat kann jedoch eine Rückrüstung vorgenommen werden (Abb. S. 95 oben).

„Dresden 112 258" – Gattung Pw4i

Zu den Leichtbau-Reisezugwagen des Austauschbaus gehörten auch Gepäckwagen in analoger Ausführung. In ihrer genieteten Bauweise und mit ihrem Tonnendach paßten sie sich der Form der Reisezugwagen an. Zwischen 1928 und 1937 wurden durch die DRG ca. 400 Fahrzeuge dieser Bauart von den verschiedensten Herstellern beschafft. Der Aufbau über dem Zugführerabteil entsprach denen der Gepäckwagen für die Personenzüge, der Laderaum wies eine Ladefläche von 37 m² auf. Durch Weiterentwicklungen unterlagen die einzelnen Baulose auch technischen Veränderungen, die aber für die äußere Form der Wagen nur unwesentlich waren. Die Ausrüstung des Traditionswagens entspricht prinzipiell dem Originalzustand mit Dampfheizung, el. Be

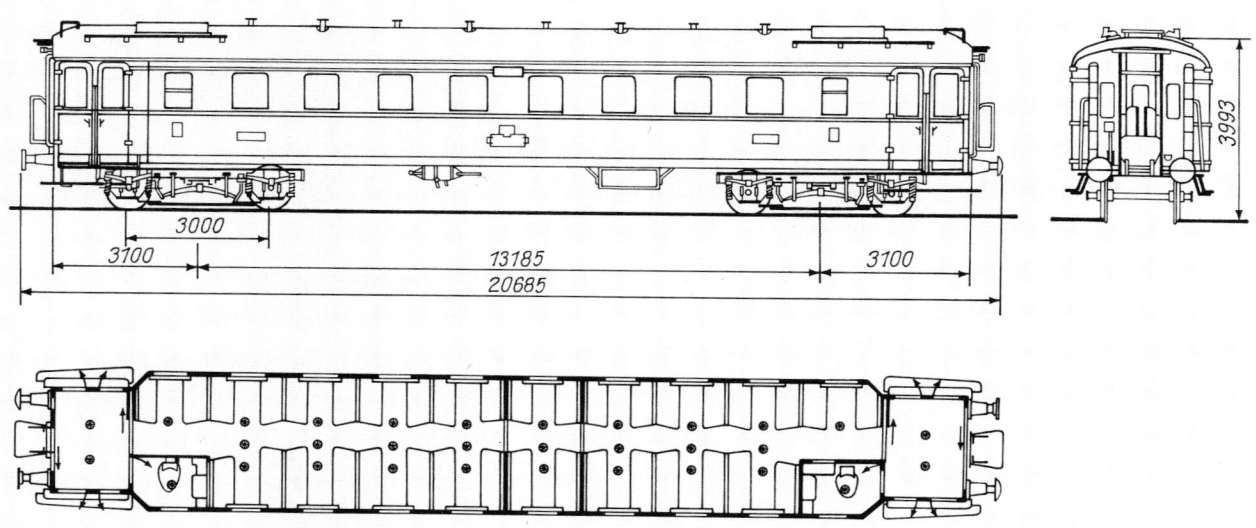

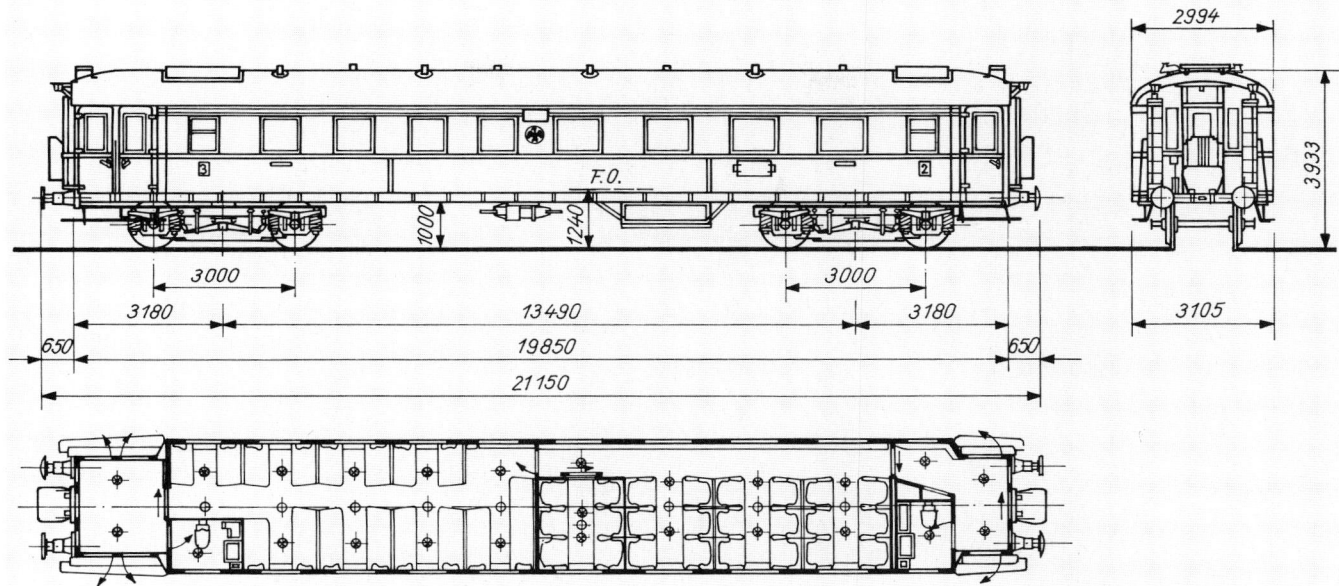

leuchtung und Drehgestellen der Bauart Görlitz III leicht. Auch bei diesem Wagen wurden Zugeständnisse für einen Traditionsbetrieb gemacht; und zwar die Radsatzrollenlager, die Ausrüstung mit KE-Bremse und die zusätzliche Inneneinrichtung mit einem Begleiterabteil.

Der Wagen wurde nach 1982 vom Raw Wittenberge in seinen heutigen guten Zustand versetzt und komplettiert den Traditions-Eilzug. Er dient als Begleiterwagen und Vorratsfahrzeug bei längeren Traditionsfahrten.

Der der Skizze Pw4i-32 entsprechende Gepäckwagen ist der letzte Wagen seiner Bauart bei der Deutschen Reichsbahn (Abb. S. 95 unten).

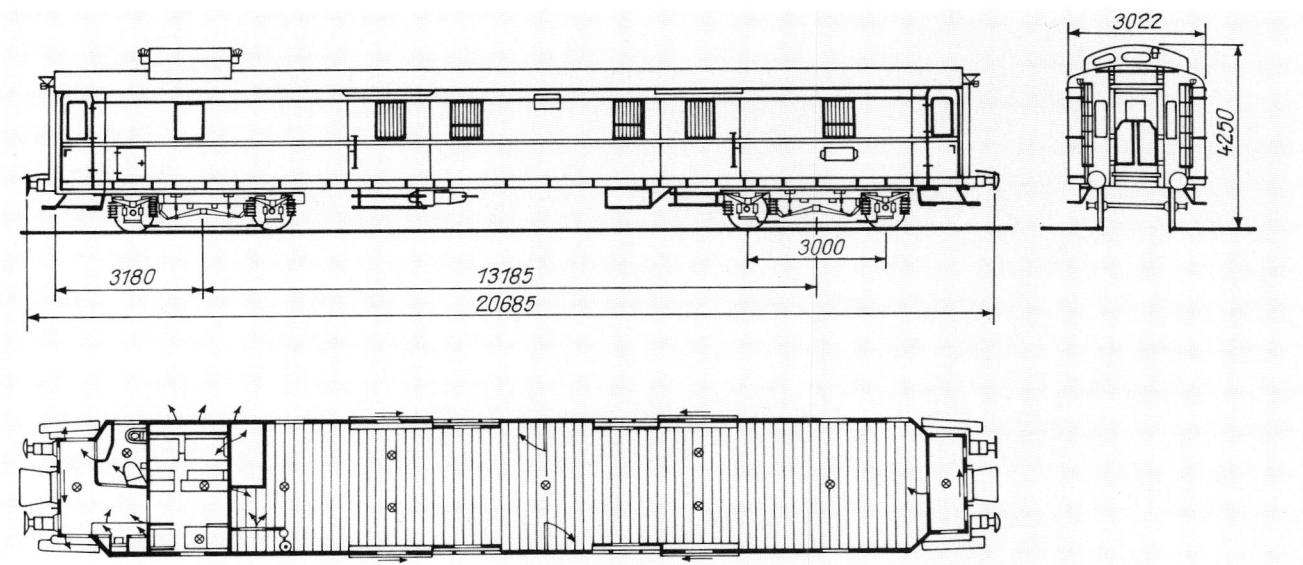

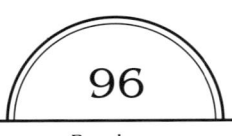
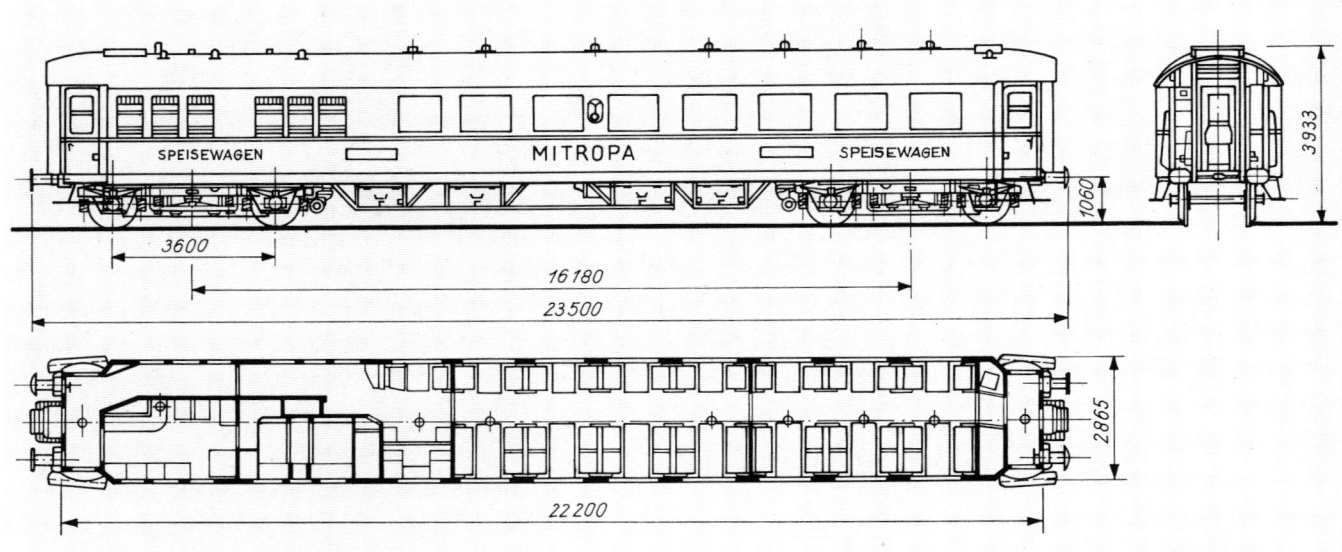

Speisewagen „1108" – Gattung WR4ü

Eine wertvolle Ergänzung des Traditions-Eilzuges der Deutschen Reichsbahn stellt der Speisewagen (WR4ü) dar. Dieser Wagen sollte 1981 zerlegt werden, konnte jedoch seinem Schicksal entgehen und wurde 1984/85 durch das Raw Delitzsch, Werkteil Gotha, die alte Hauptwerkstätte der Mitropa, in seinen Originalzustand zurückversetzt. Der Wagen entstammt einer Serie der Baujahre 1935 bis 1939

und wurde 1936 im Waggonbau Görlitz gebaut. In der äußeren Bauform paßt der Wagen zu den Eilzugwagen des Traditionszuges. Der Wagen ist jedoch mit seinen 23 500 mm Länge über Puffer länger als die Eilzugwagen und unterscheidet sich außerdem durch die an den Stirnseiten vorgezogenen Windleitbleche.

Als Drehgestelle wurden solche der Bauart Görlitz III schwer eingesetzt. Das Fahrzeug besaß von Anfang an Rollenachslager. Zur Ausrüstung gehörte eine Warmwasserheizung und eine

Hauptdampfleitung, Wendlersauger und in den Fenstern angebrachte Glaslamellenlüftungen (auf die bei der Restaurierung verzichtet wurde) sowie elektrische Ventilatoren. Der Wirtschaftsbereich war ursprünglich mit einem Kohleherd ausgestattet, der bei der Erneuerung nicht wieder hergestellt werden konnte. Die Inneneinrichtung der Speiseabteile entspricht jedoch vollständig dem Originalzustand und erfreut sich bei den Nostalgie-Reisenden zunehmender Beliebtheit (Abb. S. 96 oben).

Der Km-Wagen „Magdeburg 20007" nach Abschluß der Restaurierungsarbeiten
Foto: Krumbiegel

Der Nz-Wagen „Magdeburg 13685" als Exponat auf der Fahrzeugausstellung im Juni 1986 in Berlin

BODENFL. 15,sqm. LADEGEW. 15000kg.
RADST. 3,2om. TRAGF. 15750kg.
MAGDEBURG Km 20007
SPEZIALWAGEN.
15

M.T. 40M. 6Pl.
Bodenfl. 21.sqm
Radst. 4.som
Vereinslenkachsen
Ladegew. 15000kg
Tragf. 15500kg
Gew.d.W. 11400kg
Magdeburg
13685
Nz
Luftdruckleitung
Haftpfl. b. 26.5.83
Anstrich b. 26.5.84
15

Rungenwagen „Berlin 48907" als Exponat
der Fahrzeugausstellung anläßlich des
150jährigen Bestehens der Eisenbahnwerkstätten in Potsdam   Foto: Kirsche

Nach der Aufarbeitung im Werk für Gleisbaumechanik in Brandenburg-Kirchmöser im
Jahre 1989 präsentiert sich der Handkran
79-68-05 in seiner alten Farbgebung
Foto: Kirsche

Nebenbahnwagen 330-617 als Traditionswagen zwischen Erfurt Hbf und Erfurt West
Foto: Nagel

Die beiden Einheits-Abteilwagen des Traditionspersonenzuges der DR am 9. Mai 1987 in Beeskow   Foto: Emersleben

Innenansicht der 2. Klasse im „Berlin 38 117" Foto: Pawlik

Die 3. Klasse im „Berlin 38 117" Foto: Pawlik

„Berlin 38 117", Baujahr 1928, einer der ersten aufgearbeiteten Einheits-Durchgangswagen des Traditionspersonenzuges der DR Foto: Stelzer

Die Potsdamer Fahrzeugausstellung des Jahres 1988 präsentierte erstmals den sächsischen Personenwagen „4902" im alten Gewand   Foto: Kirsche

MITROPA-Speisewagen „1108" als Flaggschiff des Traditions-Eilzuges der DR   Foto: Kirsche

Baujahr 1928 – die 3. Klasse im Traditions-Eilzug der DR   Foto: Kirsche

Bahnpostwagen „4467" – ein beliebtes Fahrzeug für Ausstellungen und zur Vervollständigung der Zugbildung des Traditions-Eilzuges
Foto: Kirsche

rechte Seite: Museumswagen 97-42-41, ex Rü.K.B. 141, mit der bis 1950 üblichen Farbgebung am 19. Juli 1981 in Putbus   Foto: Machel

Zweiachsige sächsische Schmalspurwagen der Ursprungsausführung 1985 in Radebeul Ost   Foto: Sprang

Museumswagen 970-151, ex Rü.K.B. 30, mit der ursprünglichen Farbgebung und Bezeichnung am 19. Juli 1981 in Putbus
Foto: Machel

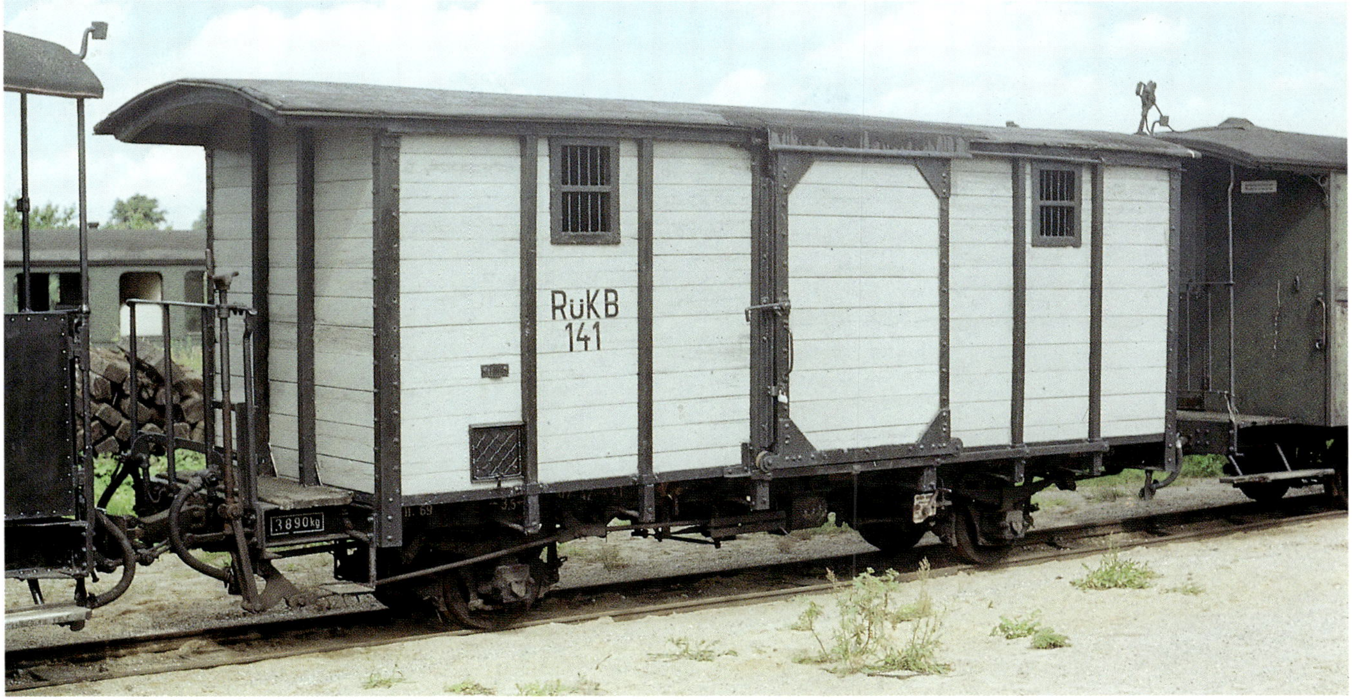
RüKB
141
3890 kg

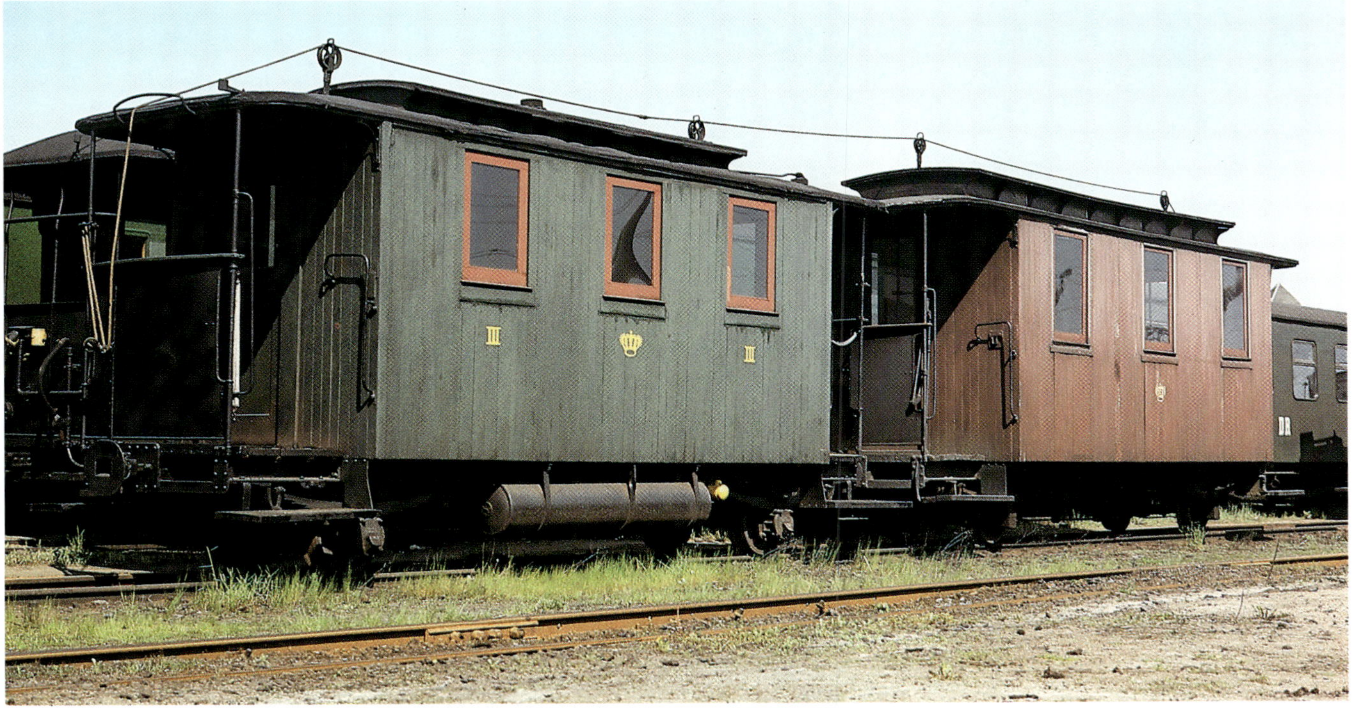

Ebenfalls restauriert wurde in Perleberg dieser Vierachser mit der Nummer 325, hier in Radebeul Ost   Foto: Sprang

linke Seite: Der aufgearbeitete Traditionswagen 990-001 auf dem Gelände der WA Perleberg Anfang 1986   Foto: Sprang

Seiten 108/109: Diese Zugkomposition mit der Lokomotive 99 713 verkehrte am 25. Mai 1985 auf der Strecke Radebeul Ost–Radeburg   Foto: Steinicke

Hier zieht eine Malletlokomotive den Traditionszug im Jahre 1985 bei Benneckenstein durch den Harz   Foto: Köhler

Das wohl bemerkenswerteste Spezialfahrzeug der sächsischen Schmalspurbahnen – der Gleismeßwagen – in Radebeul Ost   Foto: Burghardt

Blick auf den Denkmalzug im ehemaligen Bahnhof Geyer des früheren Thumer Schmalspurnetzes im Mai 1989   Foto: Böttger

linke Seite: Der von den Lokomotiven 11 und 13 (99 5901 und 99 5903) gezogene Zug aus Anlaß des 100jährigen Bestehens der Selketalbahn im Jahre 1987   Foto: Sprang

Seite 112: Seit 1982 verkehren auf der Strecke Erfurt Hbf–Erfurt West Traditionszüge. Diese Aufnahme entstand im Juli 1985   Foto: Ebert

Seite 112: Der Traditions-Eilzug der DR ist viele Tage im Jahr unterwegs. Im Mittelpunkt des Geschehens steht dabei immer wieder der Speisewagen   Foto: Heinrich

Die Schmalspurbahn Putbus–Göhren (Rügen)

Traditions-Gepäckwagen „974-482"

Zur Verbesserung des Bäderverkehrs auf der Strecke Putbus–Göhren (Rügen) beschafften die Rü.K.B. unter anderem zwei vierachsige Post-/Gepäckwagen. Die speziell für die Bäderbahn von der Firma Beuchelt & Co., Grünberg (heute Zielona Góra, Polen), gebauten Fahrzeuge erhielten die Rü.K.B.-Nr. 27 und 28. Beide Wagen hatten ein getrenntes Post- und Gepäckabteil, letzterer ausgestattet mit einem Platz für den Zugführer. Nach Einstel-

lung der Postbeförderung auf den Rü.K.B. im Jahre 1929 nutzte man die Postabteile ebenfalls für Gepäck. Im Wagen 27 wurde dieses Abteil 1935 umgebaut; beim Wagen 28 blieb es unverändert. Allerdings verschwanden hier die an den Stirnseiten des Gepäcksabteils angebrachten Schiebetüren. An ihre Stelle trat je ein schmales Fenster. Das Ein- und Ausladen des Gepäcks war dadurch nur noch vom ehemaligen Postabteil aus möglich.

Bei den PLB bekamen die Fahrzeuge die Nr. 855 und 856; bei der DR ab 1950 die Nr. 7.1911 und 7.1912. Der

Wagen 7.1912 trägt seit dem 14. November 1958 seine heutige Nr. 974-482. Aus dem Wagen 7.1911 wurde der 974-481. Um 1957 erhielten beide Fahrzeuge eine Tür in der zweiten Stirnwand. Dadurch konnte das Zugpersonal bei Bedarf die Bremse des dahinterlaufenden Güterwagens bedienen. Ebenso wurden Toiletten eingebaut. Diese Gepäckwagen sind bis heute auf der Bäderbahn unentbehrlich. Während der Wagen 974-481 Anfang 1982 in Perleberg völlig modernisiert worden ist – bis auf das Fahrgestell handelt es sich dabei um einen

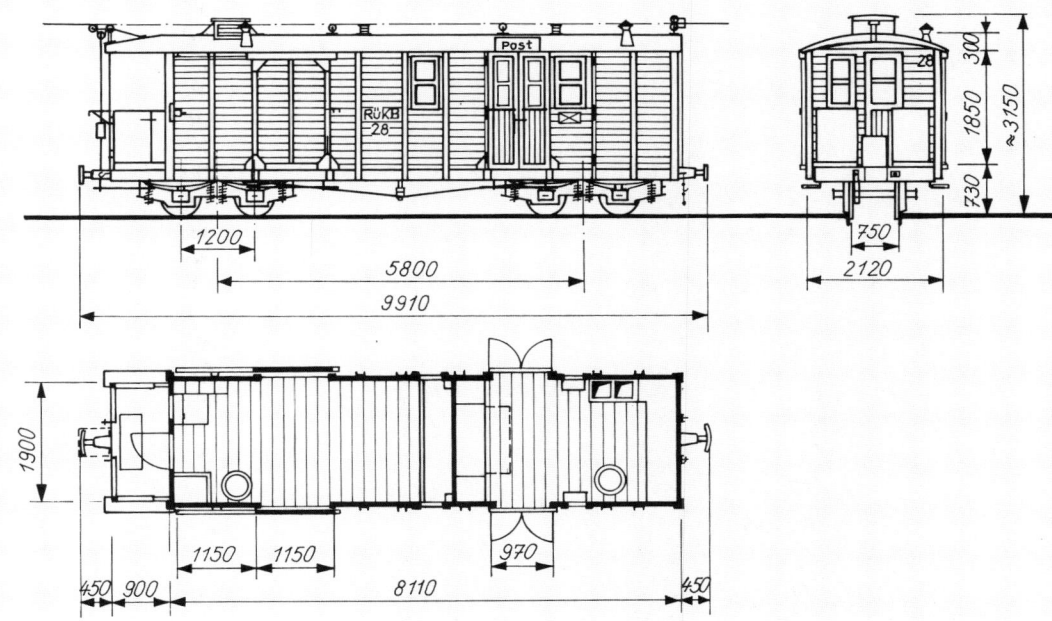

kompletten Neuaufbau – blieb der 974-482 mit dem weitgehend erhalten gebliebenen Postabteil als betriebsfähiges Traditionsfahrzeug unverändert. Somit wird er auch künftig ein Stück Rügener Kleinbahngeschichte wachhalten (Abb. S. 113 unten).

Museums-Personenwagen „971-210"

Hinter diesem einzigen noch erhaltenen zweiachsigen Personenwagen der ehemaligen vorpommerschen Kleinbahnen verbirgt sich ein bemerkenswerter Einzelgänger. Im Jahre 1900 lieferte die „Aktiengesellschaft für Fabrikation von Eisenbahnmaterial zu Görlitz" vier zweiachsige Personenwagen an die Rü.K.B. Drei dieser Wagen (Gattung Ci. Nr. 17 bis 19) entsprachen den vom Bau- und Betriebsunternehmen Lenz & Co. bei verschiedenen Waggonbaufirmen in Auftrag gegebenen Fahrzeugen für zahlreiche Kleinbahnen. Eine Ausnahme stellte der heutige Museumswagen 971-210 dar. Das ursprünglich mit der Nr. 20 bezeichnete Fahrzeug verfügte über je ein getrenntes 3. Klasse-Personen- und Postabteil. Als im Jahre 1929 auf den Rü.K.B. die Postbeförderung aufgegeben und von Kraftfahrzeugen übernommen wurde, konnte der Wagen in der bahneigenen Werkstatt umgebaut werden. Das Postabteil wurde in ein Traglastenabteil verwandelt. Es ist nicht ausgeschlossen, daß der Wagen bereits in diesem Zusammenhang eine Blechverkleidung erhielt. Spätestens geschah dies aber im Rahmen der laufenden Instandhaltungsarbeiten in den fünfziger Jahren.

Ansonsten stimmte der Wagen mit den anderen zweiachsigen und in Görlitz gebauten Fahrzeugen überein. Der Wagenkasten war in der Mitte durch eine Trennwand in zwei Räume geteilt. Das 3.-Klasse-Wagenabteil erhielt ursprünglich lackierte Lattenbänke. Im Postabteil waren die für die Bearbei-

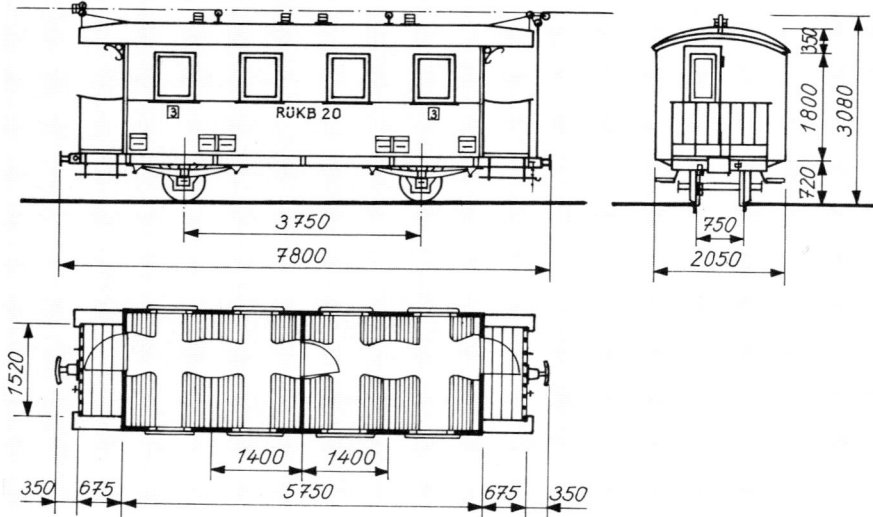

tung der Postsendungen erforderlichen Tische und Sortierfächer vorhanden. Später wurde es als Traglastenabteil mit je einem paar Lattenbänke ausgerüstet. Die übrige freie Fläche diente zum Abstellen der meist sperrigen Traglasten. Beide Abteile hatten je einen Heizkasten, der von außen eingeschoben und mit glühenden Preßkohlen bestückt werden mußte. Erst nach Übernahme durch die DR erhielt der Wagen anstelle der Heizkästen einen eisernen Ofen im ehemaligen 3.-Klasse-Abteil. Bereits 1926 ersetzte man die Öl- durch elektrische Beleuchtung. Die unterhalb des Wagenkastens befindlichen Blatttragfedern waren durch Federböcke und Schaken an den Längsträgern befestigt. Das Fahrzeug erhielt die bis zu seiner Ausmusterung genutzte Görlitzer Gewichtsbremse. Bei den PLB trug der Wagen die Nr. 673. 1950 durch die DR als 7.0511 bezeichnet, verkehrte er ab dem 5. Februar 1958 mit der Nr. 971-210. Mitte der fünfziger Jahre wurde das Fahrzeug von Putbus zum Bahnhof Bergen (Rügen) Ost umbeheimatet. Dort war der Wagen 971-210 fast bis zur Einstellung des Reiseverkehrs auf der Strecke Ber-

gen (Rügen) Ost–Wittower Fähre im Einsatz. Am 20. Juli 1970 wurde er schließlich offiziell ausgemustert, blieb aber zusammen mit zwei Diesellokomotiven mehr oder weniger zufällig am Lokschuppen des stillgelegten Bahnhofs Bergen (Rügen) Ost bis zum Jahre 1975 stehen. Dann wurden die inzwischen stark ramponierten Fahrzeuge nach Putbus überführt, der Wagen 971-210 mit der Absicht, ihn künftig als Museums-Eisenbahnwagen zu erhalten. Inzwischen steht er konserviert im Traditionsbereich des Bahnhofs Putbus, muß jedoch noch museumsgerecht hergerichtet werden. Eine betriebsfähige Aufarbeitung ist derzeit nicht vorgesehen (Abb. S. 114 oben).

Museumspersonenwagen „970-151", „970-771" und Traditions-Personenwagen „970-152" bis „971-154", „970-761" und „970-762"

Obwohl um 1910 zahlreiche Vorschläge zur Erschließung der Badeorte zwischen Binz und Göhren durch eine

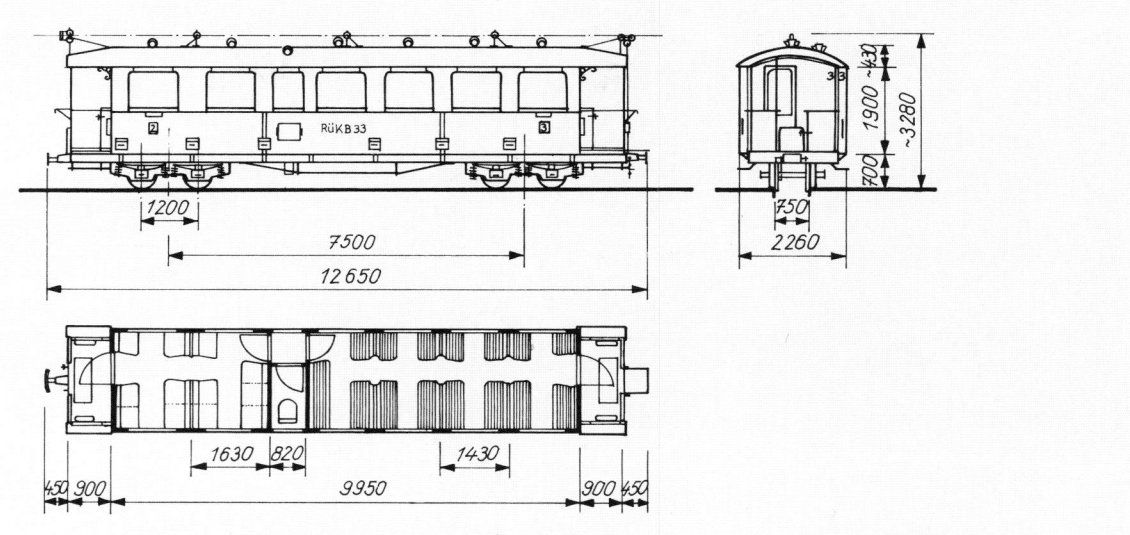

regelspurige Eisenbahn unterbreitet wurden, scheute der Betriebsführer keinen Aufwand, den Wagenpark der Bäderbahn Putbus–Göhren (Rügen) zu modernisieren.

Neben den bereits erwähnten Gepäckwagen lieferte die Hannoversche Waggonfabrik AG (Hawa) 1911 fünf vierachsige Personenwagen an die Rü.K.B. Ihnen folgten 1913 ein und 1915 vier weitere Fahrzeuge (Tab. 2, S. 177). Bauartgleiche Wagen erhielten 1912 und 1925 die Greifswalder Kleinbahnen, von denen ein Exemplar noch vor dem Ende des 2. Weltkrieges nach Putbus gelangte. Die mit den Nr. 29 bis 38 in den Wagenpark der Rü.K.B. eingeordneten Fahrzeuge wiesen – wie auch der spätere von Greifswald übernommene Wagen 634 (PLB-Nr.) – kleine bauliche Unterschiede auf. Die 1911 gebauten hatten je ein Abteil für die 2. und 3. Wagenklasse (Abb. S. 115 oben). Auf jeder Längsseite waren sechs breite Abteilfenster vorhanden. Es handelte sich um die ersten Fahrzeuge der Rü.K.B., die außerdem eine Toilettenanlage erhielten. Die an den Stirnseiten offenen Übergänge ermöglichten dem Zugpersonal während der

Fahrt einen leichten Zutritt in die Wagen. Eine Sonderbauart stellte der Wagen 31 dar. Die Seitenwände hatten je sieben schmale Fenster. Der 1913 (Nr. 36) hergestellte und zwei der vier 1915 gebauten Hawa-Wagen (Nr. 34, 35, 37 und 38) stattete man ausschließlich mit einer 3.-Klasse-Einrichtung (Nr. 37 und 38) aus. Demzufolge befanden sich die Toiletten hier in der Wagenmitte und nicht zwischen dem kleineren 2. Klasse- und dem größeren 3.-Klasse-Abteil. Sonst unterschieden sich die 1911 und 1915 gelieferten Baulose durch verschiedene Wagenkastenhöhen über SO (Bauart 1911 3280 mm und Bauart 1915 3150 mm). Als Mitte der zwanziger Jahre auch auf Rügen Kraftomnibuslinien eingerichtet wurden, versuchten die Rü.K.B. durch eine attraktivere Gestaltung des Bäderverkehrs möglichst viele Fahrgäste für die Benutzung der Strecke Putbus–Göhren zu gewinnen. Im Ergebnis um dieses Bemühen entstand auf Anregung des Bahnhofswirts von Sellin West im Jahre 1926 aus den Hawa-Wagen 29 und 32 eine sogenannte Speisewagenstammeinheit (Abb. S. 116 oben). Im Wagen 29 wurden das 2. Klasse-Abteil

und die Toilette zugunsten eines Küchentraktes ausgebaut. Das 3. Klasse-Abteil erhielt Längssitze. Den Fahrgastraum des Wagens 32 ergänzte man lediglich mit Klapptischen. Die aneinandergrenzenden Plattformen beider Wagen wurden bis zum Dach geschlossen. Ein Faltenbalg aus zeltähnlichem Stoff sorgte zwischen beiden Wagenübergängen für Sicherheit. Die in der bahneigenen Werkstatt Putbus hergerichtete Speisewageneinheit verkehrte stets hinter den Gepäckwagen und wurde ausgewählten Zügen zwischen Altefähr und Göhren (Rügen) als Kurswagen beigestellt. Zweifellos stellte der Speisewagenbetrieb auf den Rü.K.B. eine Einmaligkeit dar. Er wurde mit Beginn des 2. Weltkriegs wieder eingestellt, die Wagen baute man in den Ursprungszustand zurück.

Über viele Jahre bildeten die Hawa-Wagen das Rückgrat des Reiseverkehrs auf der Bäderbahn, auch nach der Übernahme durch die Deutsche Reichsbahn. Die Umzeichnungen der einzelnen Fahrzeuge werden aus Tabelle 2 ersichtlich:

Die 2.-Klasse-Abteile der späteren Wagen 970-761 und 970-771 wurden

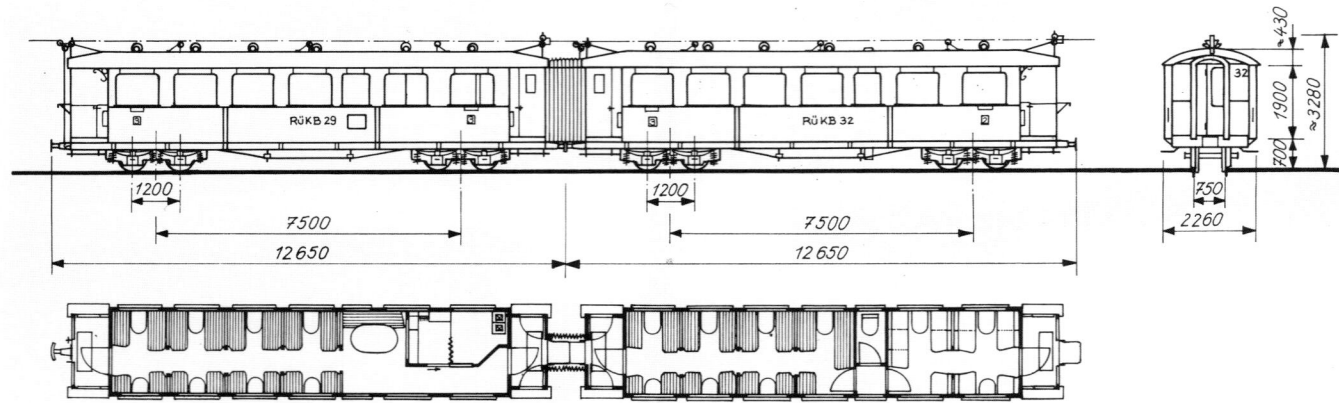

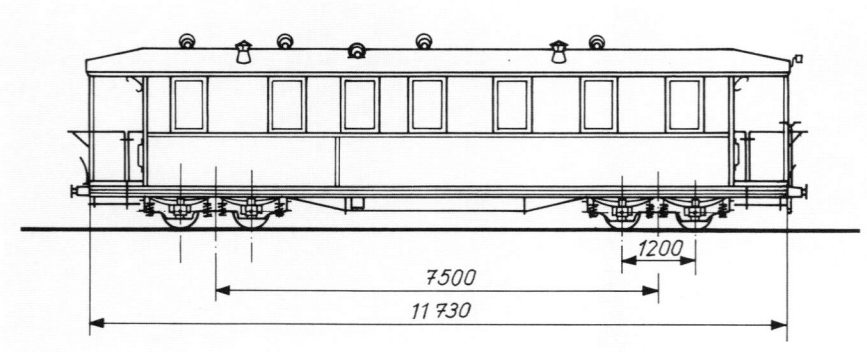

in den Jahren nach dem 2. Weltkrieg in 3.-Klasse-Abteile umgebaut.

Von den elf bei den Rügener Schmalspurbahnen vorhanden gewesenen Hawa-Wagen bleiben sieben der Nachwelt erhalten. Die Wagen 970-761 und 970-152 sind inzwischen wieder zu einer historischen Speisewageneinheit umgebaut worden. Der Wagen 970-151 befindet sich mit seinen beiden ursprünglichen Abteilen im Traditionsbereich des Bahnhofs Putbus. Er wurde im Jahre 1980 von Mitgliedern des Deutschen Modelleisenbahn-Verbandes mit Unterstützung des Kraftwagenausbesserungswerkes Greifswald äußerlich restauriert und trägt nun wieder seine alte Nr. 30. Ebenfalls kann man in Putbus den Wagen 970-771 bewundern (Abb. S. 116 unten). Dieser Wagen ist ebenfalls in Putbus 1980 von Mitgliedern dieses Verbandes äußerlich wieder hergerichtet worden. Im Fahrzeug befinden sich Schlafmöglichkeiten für Verbandsmitglieder, die hier Arbeitseinsätze durchführen. Die Hawa-Wagen 970-153, 970-154 und 970-762 werden als Bestandteil des Traditionszuges weitestgehend im Ursprungszustand fahrbereit gehalten. Der Wagen 970-155 wurde bereits 1969 ausgemustert. Die Fahrzeuge 970-752 und 970-763 sind als einzige ehemalige Rü.K.B.-Personenwagen in Perleberg modernisiert worden. Laufen sie heute in den planmäßig verkehrenden Zugeinheiten mit, erkennt man beide Wagen im Gegensatz zu den Modernisierungswagen sächsischer Herkunft sofort an der geringeren Höhe und Breite sowie an der typischen Hawa-Dachkonstruktion.

Traditions-Personenwagen „970-791"

Da sich die von 1911 bis 1915 beschafften Hawa-Wagen gut bewährten, aber noch nicht ausreichten, um alle zweiachsigen Reisezugwagen auf der Bäderbahn zu ersetzen, bestellten die Rü.K.B. 1926 bei der Waggonfabrik Wismar (Betrieb der EVA, Eisenbahn- und Verkehrsmittel AG, Berlin) sechs weitere Vierachser. Ursprünglich sollten die Hawa-Wagen einfach nachgebaut werden. Doch die Waggonfabrik Wismar ging andere Wege und stellte für die Rü.K.B. erstmals Ganzstahlwagen in Großraumbauweise her. Dabei handelte es sich ausschließlich um 3.-Klasse-Wagen mit je sieben Fenstern pro Seitenwand sowie einer Toilette. Die Fahrzeuge waren ausschließlich für den Einsatz in den Som-

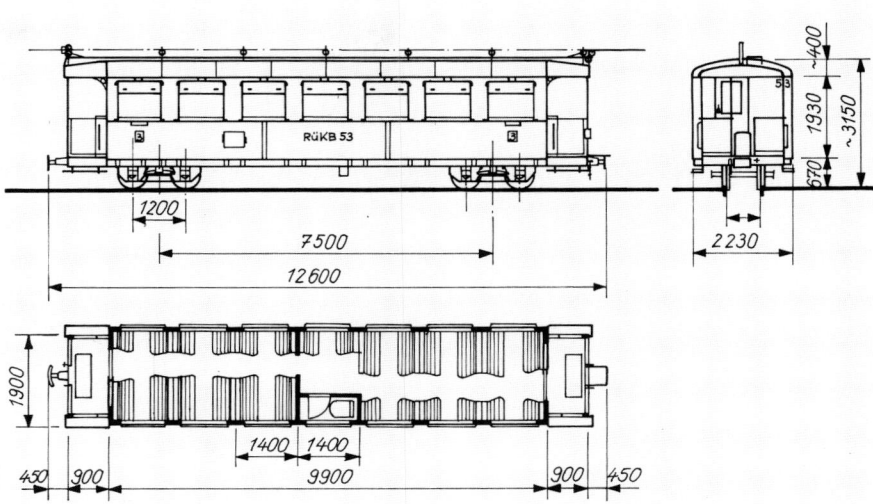

mermonaten vorgesehen, weshalb man auf eine Heizeinrichtung verzichtete. Die großen, modern wirkenden Fenster waren in 2/3 Höhe geteilt. Der obere Teil konnte – wie heute bei den Modernisierungswagen üblich – nach innen geklappt werden. Ebenfalls zeitgemäß war an diesen Wagen die eigene Stromversorgungsanlage.

Sämtliche Fahrzeuge wurden von der Deutschen Reichsbahn übernommen.

Über ihren Verbleib informiert Tabelle 3 auf Seite 178.

Um die Wismar-Wagen auch während der Wintermonate einsetzen zu können, erhielten sie in den fünfziger Jahren je einen Stahlofen. Die ausgemusterten Wagen wurden teilweise danach noch für Bahndienstzwecke genutzt, so das Fahrzeug 970-788 bis Ende der siebziger Jahre.

Der seit dem 6. November 1958 mit der Nummer 970-791 verkehrende Wagen bleibt für Traditionszwecke betriebsfähig erhalten. Wie in allen schmalspurigen Reisezugwagen der DR, sind die Raucherabteile zwischenzeitlich in Nichtraucherabteile umgerüstet worden.

Das Traditionsfahrzeug wurde im Juni 1981 in Perleberg wieder hergerichtet, wobei man die in den sechziger Jahren mit Kunstleder bezogenen Sitzplätze nicht veränderte (Abb. S. 117 oben).

Museums-Güterwagen „96-42-41"

Die beachtlichen Transportleistungen auf den Rügener Schmalspurbahnen rechtfertigen die Aufbewahrung einiger typischer Vertreter des Güterwagenparks. Dazu gehört auch der 1897 von der Aktiengesellschaft für Fabrikation von Eisenbahnmaterial zu Görlitz an die Rü.K.B. gelieferte geschlossene Güterwagen Nr. 156. Zusammen mit dem Wagen 155 handelte es sich um die ersten mit Spindelbremse und Brems-

bühne für die Rü.K.B. bestimmten Fahrzeuge. Sie waren in dutzenden Exemplaren für weitere ehemalige Kleinbahnen in Pommern beschafft worden. Somit ist der ehemalige Wagen 156 der Rü.K.B. ein typischer Vertreter des damals schon standardisierten Wagenparks der sogenannten Lenz-Bahnen.

Der Gw 156 erhielt bei den PLB die Nr. 4122. 1950 registrierte die DR den Wagen mit der Nr. 7.2304, und vom 5. Dezember 1952 an trug er die Nr. 97-42-41.

In den letzten Betriebsjahren wurde das Fahrzeug ausschließlich für die Expreßgutbeförderung auf der Bäder-

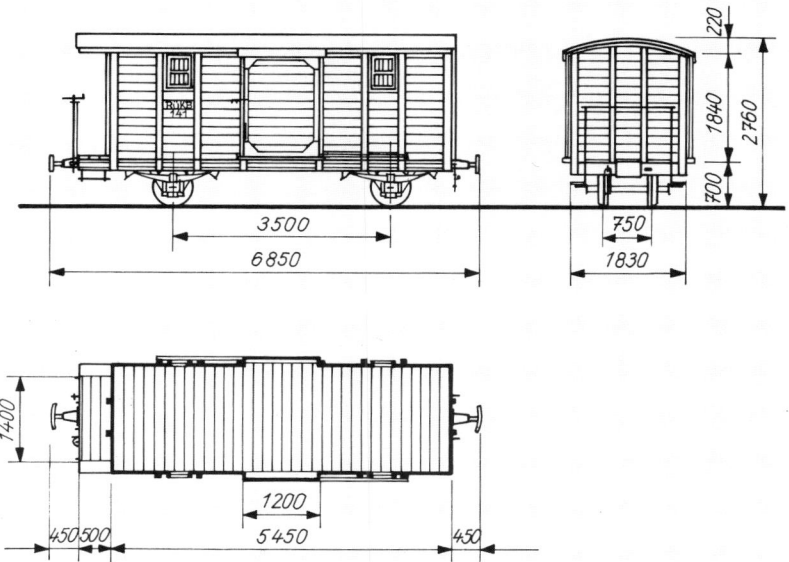

bahn genutzt. 1972 letztmalig in Friedland einer Revision unterzogen, wurde der Wagen nach Einstellung des Expreßgutverkehrs im Jahre 1975 überflüssig und am 30. November 1976 offiziell ausgemustert. 1979 fiel die Entscheidung, den gut erhaltenen Veteranen für den Traditionsbereich in Putbus als nicht fahrbereites Exponat zu reservieren. Inzwischen mit dem bis 1950 üblich gewesenen grauen Farbanstrich versehen, trägt er z. Z. die Rü.K.B.-Nr. 141 und damit nicht seine ursprüngliche Wagennummer (Abb. S. 117 unten).

Museums-Güterwagen „97-40-73" und „97-49-15"

Wie bei fast allen ehemaligen Kleinbahnen machten auch bei den Rü.K.B. die offenen Güterwagen den größten Anteil am Wagenpark aus. Um dem steigenden Transport an landwirtschaftlichen Produkten gerecht zu werden, beschafften die Rü.K.B. von 1895 bis

1911 im Abstand von durchschnittlich drei Jahren offene Güterwagen. So lieferte die Firma Beuchelt & Co., Grünberg, im Jahre 1899 neun offene Güterwagen, von denen vier (Nr. 247, 248, 260 und 261) mit Gewichtsbremsen und fünf (Nr. 255 bis 259) ohne Bremsen ausgerüstet waren.

Bei den PLB sollte der Ow 255 die Nr. 5777, 1950 bei der DR die Nr. 7.4305 erhalten. Es ist aber ziemlich sicher, daß diese Umzeichnungen nicht praxiswirksam wurden. Am 5. Dezember 1952 verließ dieses Fahrzeug die WA Friedland des Raw Malchin schließlich mit der Nr. 97-40-73 und verkehrte nachweislich auf den von Putbus ausgehenden Strecken. Nach Einstellung des Güterverkehrs im Jahre 1967 wurde der Wagen entbehrlich und am 7. Juli 1970 ausgemustert. Für Bahndiensttransporte blieb er jedoch erhalten und ist schließlich von Eisenbahnern des Bahnbetriebswagenwerkes Stralsund im Jahre 1980 für den Traditionsbereich auf dem Bahnhof Putbus hergerichtet worden.

Beuchelt & Co. baute im Jahre 1900 ebenfalls eine größere Anzahl von offenen Güterwagen für die ehemaligen pommerschen Kleinbahnen. 15 davon erhielten die Rü.K.B. Fünf dieser Fahrzeuge hatten eine Bremsbühne (Nr. 286 bis 290). Sämtliche Wagen dieses Bauloses wurden von der DR übernommen. Als PLB- und 1. DR-Bezeichnung waren für den Rü.K.B.-Wagen 296 die Nr. 5870 und 7.4344 vorgesehen. Am 7. Februar 1953 erhielt er die Nr. 97-40-80. Zwischenzeitlich wurde auf den Rügenschen Schmalspurstrecken dringend ein weiterer Schneepflug benötigt. Zu diesem Zweck richtete man den Ow 97-40-80 im Oktober 1953 in Putbus entsprechend her. Mehrfach änderte sich nun die Wagen-Nr. (1953 bis 1955/56: 709006, bis 1963 79-54-17, anschließend 97-49-15). Das seit den siebziger Jahren ausschließlich in Putbus beheimatete Fahrzeug wurde entbehrlich und 1979 als Museumsfahrzeug im Traditionsbereich Putbus aufgestellt (Abb. S. 118 unten).

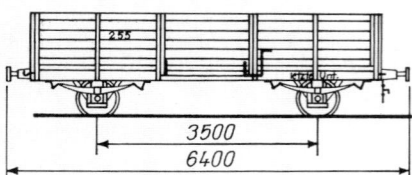
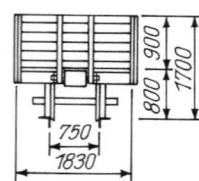

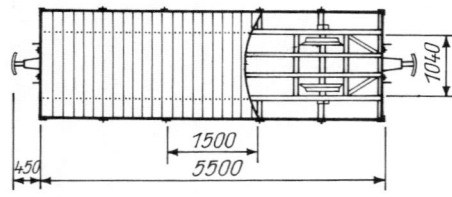

Die Museums- wagen in Friedland/ Mecklenburg

Personenwagen „960-210"

Die ersten 1892 in eigener Werkstatt der MPSB entstandenen Personenwagen wiesen erhebliche technische Mängel auf, so daß die Aufnahme des Personenverkehrs zunächst nicht möglich war. Einige Fahrzeuge wurden 1893 in der Waggonfabrik Güstrow um- bzw. neu gebaut, die dann den Forderungen der Aufsichtsbehörde entsprachen. Ab 1896 kamen mehrere Abteilwagen aus der Waggonfabrik Weyer & Co. in Düsseldorf hinzu. Im Laufe der Jahre wuchsen die Erkenntnisse und Erfahrungen beim Bau von Reisezugwagen für 600-mm-spurige Bahnen weiter an.

Das Ergebnis dieser Entwicklung waren die acht im Jahre 1912 von der MPSB bei der Waggonfabrik Wismar in Auftrag gegebenen Wagen (Tabelle 4, S. 178). Die 12 930 mm langen Fahrzeuge versetzen noch heute die Fachleute in Erstaunen. Ausgerüstet mit der Körtingschen Mitteldampfheizung und Saugluftbremse, dem Entlüftersystem der Bauart Grove sowie der Gasbeleuchtung, System Pintsch, vereinten diese Wagen die neuesten technischen Erkenntnisse des Schmalspurwagenbaues überhaupt. Damit wurden die Personenwagen der meisten anderen und auf einer breiteren Spur betriebenen Schmalspurbahnen in den Schatten gestellt.

Charakteristisch für diese Wagen waren die eingezogenen – lediglich durch die Einstiegtüren unterbrochenen – Seitenbleche sowie die 14 hintereinanderliegenden Fenster. An den Wagenenden befanden sich zwei kleinere Abteile. Das eine enthielt acht Sitzplätze für die damalige zweite Klasse. Das andere war ein sog. Fakultativabteil, in welchem 10 Plätze wahlweise für die 2. oder 3. Klasse – je nach Bedarf umrüstbar – vorhanden waren. Das mittlere und zwischen den Einstiegtüren liegende Abteil weist 20 Sitzplätze für die 3. Klasse auf. Zwischen den drei Abteilen sind die Vorräume mit je drei Stehplätzen und den Wagentüren angeordnet; die Abteile werden durch Schiebetüren getrennt. Ein Wagen bot also 44 Reisenden Platz.

Neu war auch die bisher in Personenwagen der 600-mm-Spur unübliche und von einem der Vorräume erreichbare Toilette. Die Innenräume des 2. Klasse-Abteils verschalte man mit Birkenholzplatten, die Decken mit weißem Pergamoid. Springrollos an den Fenstern boten den Reisenden Schutz vor möglicher Sonneneinwirkung. Einfacher dagegen waren die anderen beiden Abteile ausgerüstet. Wände: Plattenverkleidung mit Eichenfurnier, Decke: weiß lackiert, Fenster mit Schiebegardinen.

Alle acht Personenwagen wurden im Frühjahr 1913 an die MPSB ausgeliefert und erhielten zunächst die Nummern 17–24. Am 9. Mai 1913 schließlich fand die feierliche Einweihungsfahrt mit geladenen Gästen in einigen dieser Wagen statt. Die Fahrzeuge bewährten sich gut und bildeten fortan den Grundstock des Personenwagenparkes der MPSB. Daß die Saugluftbremse nicht – oder wenn überhaupt nur anfänglich – zum Einsatz kam, hatte keinesfalls technische Ursachen. Maßgebend dafür waren ausschließlich

technologische Gründe. Die vielfach eingesetzten gemischten Züge hätten die Ausrüstung aller Güterwagen mit einer Bremsleitung erfordert, und diese Aufwendungen wären zu groß gewesen.

Anfang der zwanziger Jahre wurden die von den Eisenbahnern respektvoll „Pullman" genannten Wagen umgezeichnet und gehörten von da mit den Nummern 8 bis 15 zum Wagenpark der MPSB. Bis auf den Wagen 8, der 1945 unter die Reparationsleistungen an die Sowjetunion fiel, waren die anderen sieben Fahrzeuge bis 1969 im Einsatz (Tabelle 4). Darunter befand sich auch der ehemalige Wagen Nr. 12 (ex Nr. 21). Er erhielt 1950 die DR-Nr. 6.012 und wurde ab 1957 als 960-103 bezeichnet. Als man dann in den sechziger Jahren die 1. Klasse-Plätze mit Kunstlederhartpolsterung und somit in 2.-Klasse-Plätze umrüstete, änderte sich die Wagennummer nochmals und zwar in 960-210. Am 19. Dezember 1969 ist das Fahrzeug offiziell aus dem Bestand der Deutschen Reichsbahn genommen und mit drei weiteren Wismar-Wagen an die Pioniereisenbahn Berlin verkauft worden. Als zu Beginn der siebziger Jahre Friedländer Eisenbahnfreunde einen Museumszug für die Nachwelt erhalten wollten, fanden sie mit Unterstützung der Hauptverwaltung der Wagenwirtschaft der Deutschen Reichsbahn im Ministerium für Verkehrswesen und des Verkehrsmuseums Dresden einen Weg, den Wagen 960-210 vor seinem Schicksal in der Berliner Wuhlheide zu retten, denn die anderen Wagen wurden bereits im Raw Berlin-Schöne-

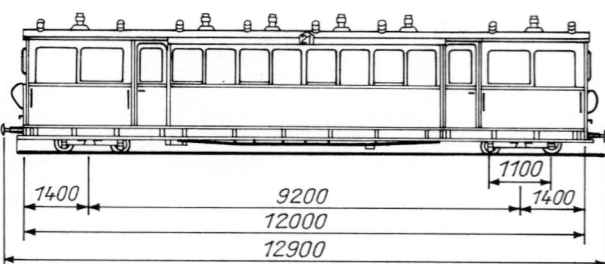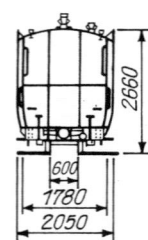

ohne Bremseinrichtung erfaßt ist. Möglicherweise wurde diese Einrichtung zwischenzeitlich abgebaut. Jedenfalls erhielt der Wagen 1950 die Nr. 6.206, wahrscheinlich aber nur administrativ, da eine weitere Umzeichnung 1951 folgte. Von nun an trug das Fahrzeug die Nummer 96-01-22 und war bis zur Stillegung der Strecke Anklam–Friedland in Betrieb. Am 21. Oktober 1969 wurde der Wagen verfügungsgemäß ausgemustert. Während die Aufbauten der anderen ebenfalls ausgedienten Wagen meist als Schuppen an Dritte verkauft wurden, blieb der 96-01-22 als fahrbarer Lagerschuppen für die Werkabteilung Friedland des Raw Malchin im Einsatz.

Das Fahrzeug ist seit Juli 1973 im Bahnhof Friedland aufgestellt und erhielt seine ursprüngliche graue Farbgebung zurück, nachdem er zu Beginn der fünfziger Jahre bei den DR-Güterwagen rotbraunen Farbanstrich bekam. Allerdings entspricht die am Museumswagen angebrachte Nr. 107 nicht der ursprünglichen Bezeichnung (Abb. S. 120 unten).

weide in Vorbereitung der X. Weltfestspiele völlig neu aufgebaut. Von ihrem ursprünglichen Aussehen war nichts mehr übrig geblieben. Am 21. Juli 1973 traf der Personenwagen 960-210 wieder in Friedland ein, und man kann ihn seitdem im dortigen Bahnhof besichtigen (Abb. S. 120 oben).

ten diese Fahrzeuge bis zur Übernahme der MPSB durch die Deutsche Reichsbahn zum Bestand und bewährten sich gut. So auch der Wagen 206. Ein vorhandenes Werkfoto zeigt ihn mit einer Bremsbühne, während er in einer aus dem Jahre 1948 stammenden amtlichen Wagenliste erstmals

Güterwagen „96-01-22"

Die ersten 1892 in eigener Werkstatt hergestellten geschlossenen Güterwagen waren vierachsig und hatten eine Tragfähigkeit von 3 t. Bereits ein Jahr später folgten Fahrzeuge mit 4 und 5 t Tragfähigkeit. In den Jahren ab 1907 entstanden die ersten G-Wagen mit einer Tragfähigkeit von 7,5 t. Teilweise wurden sie in der MPSB-Hauptwerkstatt Friedland gebaut. Im Jahre 1914 lieferte die Waggonfabrik Wismar unter anderem 20 vierachsige geschlossene Güterwagen. Einige von ihnen verfügten über eine von der Bremserbühne aus zu bedienende Spindelbremse. Mit den Nummern 188 bis 206 (sowie einer weiteren nicht bekannten) gehör-

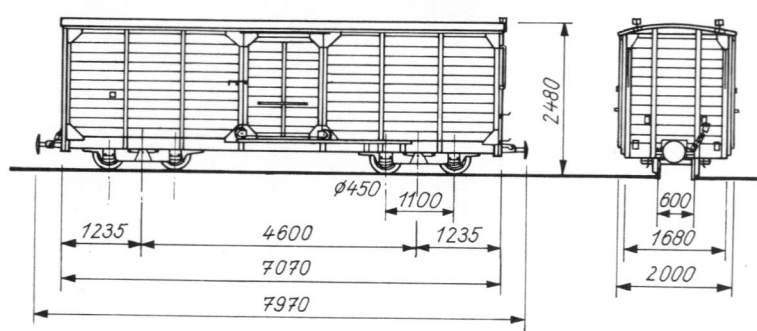

Die Schmalspurbahn Bad Doberan– Kühlungsborn West

Post-/Gepäckwagen „996-001"

Um den steigenden Reiseverkehr bewältigen zu können, beschaffte die MFFE im Jahre 1902 von der Kölner Firma Herbrandt – sie lieferte bereits 1886 die ersten Reisezugwagen für die damalige Doberan-Heiligendammer Eisenbahn – einen vierachsigen Gepäck-/Postwagen. Das Fahrzeug verfügte ursprünglich über ein getrenntes Post- und Gepäckabteil. Ersteres erhielt die für die Bearbeitung und Beförderung von Postsachen erforderlichen Einrichtungen. Das Gepäckabteil war stirnseitig mit einem Übergang ausgerüstet, so daß das Zugpersonal von hier aus die übrigen Reisezugwagen während der Fahrt erreichen konnte. Der in Holzbauweise entstandene Wagenkasten ruhte auf sogenannten Flachrahmendrehgestellen. Das Fahrzeug bekam ursprünglich die Nr. 82 und bewährte sich gut. Bis 1910 mit der Heberlein-Seilzugbremse ausgerüstet, erhielt es anschließend – wie alle anderen Fahrzeuge dieser Bahn – eine Zwei-

kammer-Druckluftbremse. Ab 1950 verkehrte der Wagen mit der Nr. 9.082. Seit 1958 trägt er die Bezeichnung 996-001.

Nach Einstellung der Postbeförderung ordnete die Hauptverwaltung der Wagenwirtschaft der DR am 8. Mai 1968 den Umbau des Postabteils für den Gepäckverkehr an. Die Arbeiten sind jedoch erst im Rahmen einer Hauptuntersuchung am 19. Februar 1975 in Perleberg ausgeführt worden. Äußerlich sind dadurch keine Veränderungen eingetreten. Der heute zum Traditionszug des „Molli" gehörende und inzwischen in den Ursprungszustand versetzte Wagen präsentiert somit einen interessanten Einzelgänger der 900-mm-Spur (Abb. S. 121 unten).

Personenwagen „990-203"

Mit Inbetriebnahme des Streckenabschnittes Heiligendamm – Arendsee (heute Ostseebad Kühlungsborn West) reichten die neun vorhandenen Reise-

zugwagen nicht mehr aus. Den 1910 von der Waggonfabrik Wismar gelieferten vierachsigen Reisezugwagen folgten ein Jahr später unter anderem fünf weitere Fahrzeuge von der gleichen Firma. Die mit den MFFE-Nummern 12–16 eingesetzten Wagen erhielten zwei 3.-Klasse-Abteile.

Der mit Stahlblechen verkleidete Wagenkasten entstand in Holzbauweise. Das Dach versah man mit einem Oberlichtaufbau. Die Flachrahmendrehgestelle bewährten sich und sind noch heute in Betrieb.

Die ursprünglich mit Gasbeleuchtung ausgerüsteten Wagen wurden bis 1933 auf elektrische Versorgung umgestellt. Ein auf den Lokomotiven installierter Turbogenerator (60 A/85 V) lieferte den Strom für die Reisezugwagen. Durch den nunmehr ganzjährig geführten Bahnbetrieb bekamen die Wagen 12–16 von vornherein Dampfheizungen. (Die älteren Wagen mußten mit dieser Technik nachgerüstet werden.) Nach dem 2. Weltkrieg wurden die Holzbänke mit Hartpolsterung versehen. Im Hinblick auf eine rationellere Unterhaltung sind die Oberlichtaufbauten in den fünfziger Jahren gänzlich mit Dachpappe bezogen worden. Die sechs baugleichen Wagen erhielten 1950 die Nummern 9.012–9.016, ab 1958 990-201 bis 990-205. Während das Fahrzeug 990-202 infolge eines Unfalls im Jahre 1972 ausgemustert werden mußte, wurden die Wagen 990-201, 990-204 und 990-205 zu Beginn der achtziger Jahre modernisiert. Der lediglich mit einer Bremsleitung ausgerüstete Wagen 990-203 blieb in seiner ur-

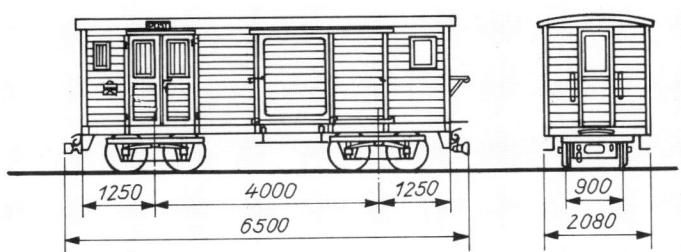

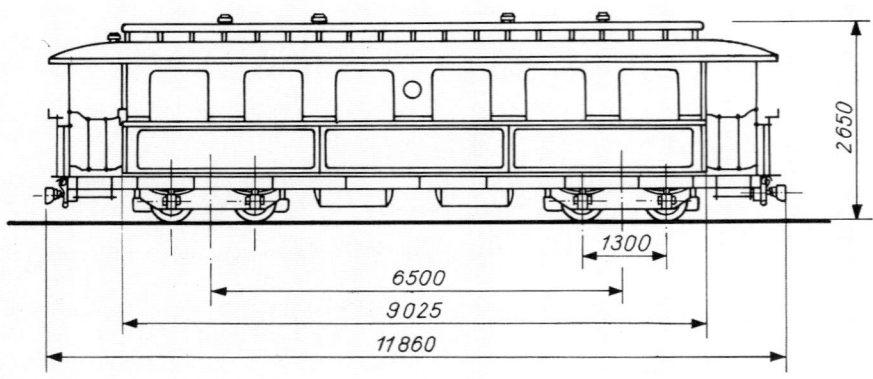

990-308–990-311. Bis auf den Traditionswagen 990-001 sind inzwischen die anderen Fahrzeuge modernisiert worden. Allerdings wurde ein 1. Klasse-Abteil des Wagens 990-001 im Juli 1965 durch die Sitze mit Hartpolsterung ersetzt. Inzwischen hatte sich nämlich herausgestellt, daß die Polsterklasse beim „Molli" durch die Fahrgäste kaum noch genutzt wurde.

Bahndienstwagen „98-84-01"

Zu den ältesten schmalspurigen Museums-Eisenbahnwagen der DR zählt der zuletzt für Bahndienstzwecke genutzte Wagen 98-84-01. Er existierte bereits 1886 zur Inbetriebnahme der Doberan-Heiligendammer Eisenbahn als einziger zweiachsiger Wagen und wurde von Herbrandt gebaut. Das mit der Nr. 71 bezeichnete Fahrzeug hatte einen 5000 mm langen hölzernen Wagenkasten, in dem ein Gepäck- und ein Postabteil untergebracht war. Bis zum Jahre 1923 diente der Wagen dem Reise- und Postverkehr. Danach baute man den Einzelgänger etwas um und nutzte ihn fortan für Bahndienstzwecke. Von nun an trug er auch keine Nummer mehr. Im Umzeichnungsplan von 1950 blieb der Wagen unberücksichtigt. Erst in den fünfziger Jahren bekam das als Hilfsgerätewagen geführte Fahrzeug die Nr. 712060 und wurde mit einer Aufhängung für einen Schneepflug ausgerüstet. Bis 1957 war für die Instandhaltung dieses Fahrzeugs das Bw Rostock zuständig. Am 3. November 1958 gelangte der schon damals betagte Wagen in die WA Perleberg zur Revision. Dort bescheinigte man ihm einen guten Gesamtzustand. Am 3. Mai 1963 erhielt der ehemalige Gepäckwagen die Nr. 98-84-01. Ab dem 2. Januar 1968 wurde das Fahrzeug in einem im Bahnhof Ostseebad Kühlungsborn West fest stationierten Werkstattwagen umfunktioniert. Als man Mitte

sprünglichen Form erhalten und gehört heute zum Traditionszug des „Molli". Anläßlich des 100jährigen Jubiläums der Bahn wurde dieser Wagen in der WA Perleberg weitgehend in den Ursprungszustand versetzt und trägt heute wieder Nr. 14 (Abb. S. 122).

Personenwagen „990-302" und „990-307"

Der ständig zunehmende Reiseverkehr zwischen Bad Doberan und Arendsee veranlaßte die RBD Schwerin Mitte der zwanziger Jahre, den Bau weiterer Personenwagen in Auftrag zu geben. Für den Seebäderverkehr auf der relativ kurzen Strecke hatten dabei 3.-Klasse-Wagen Vorrang. 1925 lieferte die Waggonfabrik Wismar vier und die Waggonfabrik Gotha drei Fahrzeuge. Sie entsprachen baulich den im Jahre 1911 hergestellten Wagen (siehe Personenwagen 990-203). Während die Wismar-Wagen die Nr. 21–24 erhielten, liefen die aus Gotha stammenden mit den Nr. 25–28. Die Wagen 21–24 hatten Traglastenabteile erhalten, so daß sie im Gegensatz zu den anderen, mit 36 Sitzplätzen ausgestatteten Wagen, nur über 30 Sitzplätze verfügten. 1950 wurden die Fahrzeuge in 9.021–9.028,

1958 in 990-301 bis 990-307 umgezeichnet.

Für den Traditionszug der Schmalspurbahn sind Mitte der siebziger Jahre die Wagen 990-302 und 990-307 reserviert und daher in den letzten Jahren nicht modernisiert worden. Wie alle anderen Wagen der Bäderbahn wurden diese Fahrzeuge stets mit einem elfenbein-roten Farbanstrich eingesetzt.

Personenwagen „990-001"

Als Ersatz für die 1886 bis 1888 beschafften Herbrandt-Personenwagen wurden 1926 fünf weitere Reisezugwagen bei der Waggonfabrik Wismar in Auftrag gegeben. Die mit den Nummern 30–34 bezeichneten Fahrzeuge wiesen zwar in ihren Hauptabmessungen geringe Abweichungen zu ihren Vorgängern auf, entsprachen aber sonst voll und ganz den seit 1911 in Betrieb genommenen Wagen (siehe Personenwagen 990-203). Der Wagen 32 erhielt 2.-Klasse-Abteile. Gemäß dem Umzeichnunsplan von 1950 verkehrten die Fahrzeuge fortan mit den Nummern 9.030–9.034. Seit 1958 trägt der Wagen 9.032 die Nummer 990-001, die anderen laufen seitdem als

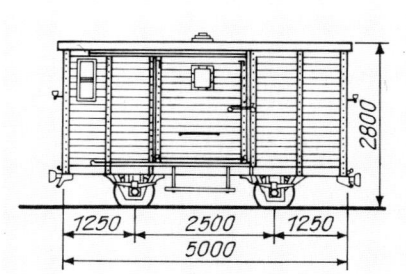

der siebziger Jahre die künftigen Traditionswagen der Schmalspurbahn auswählte, gehörte auch dieser Oldtimer dazu. Im September 1985 ist er schließlich nach Perleberg überführt worden und kehrte im Januar 1986 betriebsfähig zurück. So präsentierte sich zur 100-Jahr-Feier des „Molli" das ebenso alte Fahrzeug mit der ursprünglichen Nummer 71 breiten Kreisen der Öffentlichkeit in neuem Glanz (Abb. S. 123 oben).

Güterwagen „98-01-56" und „98-03-04"

Wenngleich der Güterverkehr auf der Strecke Bad Doberan–Ostseebad Kühlungsborn West stets eine untergeordnete Rolle spielte, bleiben dennoch zwei typische Vertreter des dafür vorgehaltenen Wagenparks der Nachwelt erhalten. Nach Aufnahme des öffentlichen Wagenladungsverkehrs wurden schrittweise insgesamt 23 GGw und 27 OOw beschafft. Ein Teil dieser Fahrzeuge verfügte über eine Bremsbühne, von der aus die Spindelbremsen bedient werden konnten. Sämtliche Güterwagen wurden zwischen 1910 und 1938 von den Waggonfabriken Wismar und Hannover (Hawa) geliefert. Bis auf zwei 1910 von der Waggonfabrik Wismar hergestellte GGw mit einer Tragfähigkeit von 10 t, wiesen alle anderen Fahrzeuge beider Gattungen eine solche von 15 t auf. Die GGw wurden ab

Nr. 101 laufend numeriert; die OOw analog dazu ab Nr. 201. Der Umzeichnungsplan von 1950 sah vor diesen Nummern die Zahl 9 vor. Da bereits ab 1951 auch auf den Schmalspurbahnen der DR die sechsstelligen Wagennummern eingeführt wurden, dürften die 1950 vorgesehenen Nummern nicht mehr praxiswirksam geworden sein. Ab 1951 ordnete man die GGw und OOw als 98-01-..., 98-02-... und 98-03... ein.

Nach Einstellung des Güterverkehrs waren die meisten Güterwagen entbehrlich. Von den GGw werden seitdem drei Fahrzeuge als sogenannte Gepäckwagen und ein GGw als Gerätewagen weiter genutzt. Der ehemalige GGw 116 und heutige 98-01-56 bleibt für Traditionszwecke betriebsfähig erhalten. Mit zwei anderen Fahrzeugen wurde er im Jahre 1922 von Hawa gebaut (Abb. S. 123 Mitte).

Derzeit gibt es noch fünf OOw, die ausschließlich Bahndienstzwecken dienen und inzwischen teilweise anstelle der Holzaufbauten solche aus Stahl erhalten haben. Als Traditionswagen ist der 1927 mit zwei weiteren Wagen dieser Gattung von der Waggonfabrik Wismar gebaute und mit der Nr. 219 in Dienst gestellte, heutige OOw 98-03-04 ausgewählt worden (Abb. S. 123 unten).

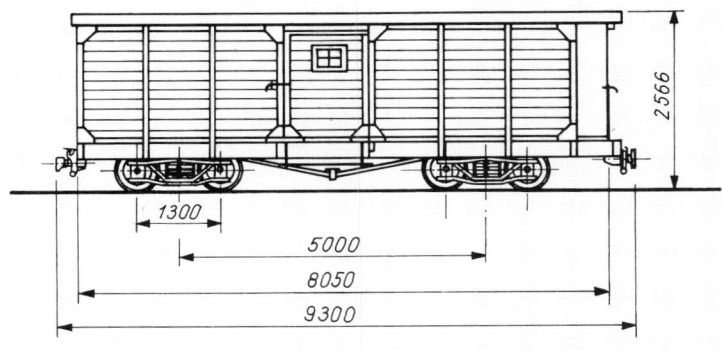

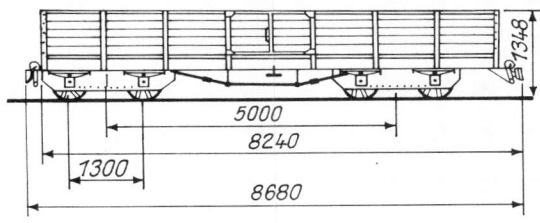

Die Schmalspurbahnen im Harz

Personenwagen „909-102" und „909-103"

Für das zu erwartende Reiseverkehrsaufkommen beschaffte die NWE im Jahre 1899 vier vierachsige Reisezugwagen. Dabei handelte es sich um zwei 2./3. Klasse- (Nr. 63 und 64) und um zwei 3. Klasse-Fahrzeuge (Nr. 61 und 62). Die mit einem stahlverkleideten Holzaufbau ausgestatteten Wagen hatten zwei Abteile mit insgesamt 48 Sitzplätzen. Der Fahrgastraum war über die an beiden Stirnseiten vorhandenen Plattformen zugänglich. Die an jeder Längsseite befindlichen und drei mit vier Teilfenstern versehenen Fenstergruppen ermöglichten eine gute Aussicht. Das Dach hatte keinen Oberlichtaufbau erhalten. Die Wagen bewährten sich gut, wurden aber durch das hohe Fahrgastaufkommen stark beansprucht. 1930 gehörte der Wagen 61 bereits nicht mehr zum Bestand. Spätestens in den Jahren des 2. Weltkriegs

wurde mindestens ein weiterer Wagen dieser Lieferserie ausgemustert.

Die heutigen Wagen 909-102 und 909-103 entsprechen zwar den 1899 von Hawa für die NWE gebauten und oben beschriebenen Fahrzeugen, waren aber nicht für die NWE bestimmt.

Die Achslagerdeckel des Fahrzeugs 909-102 sind mit der Abkürzung St.M.B. (Steinhuder Meer-Bahn) gekennzeichnet. Daraus wird geschlußfolgert, daß der Wagen zu jenen drei Personenwagen gehört, die 1944 von der St.M.B. zur NWE gelangten. Diese Fahrzeuge wurden für den Transport von KZ-Häftlingen zwischen Niedersachswerfen und einem Gefangenenlager in Harzungen eingesetzt. Das Kriegsende beendete diese unrühmlichen Transportaufgaben bei der NWE. Der ehemalige St.M.B.-Wagen wurde mit der „NWE-Nr. 62" bezeichnet. 1950 bekam er die Nr. 10.162 und lief seit dem 10. Januar 1962 mit der Nr. 900-456. Kurze Zeit später richtete man das Fahr-

zeug als Begleiterwagen für den Schneepflug her. Nunmehr diente der als 909-202 bezeichnete Wagen besonders in den Wintermonaten zur Aufrechterhaltung des Zugverkehrs. Als zum 75jährigen Jubiläum im Jahre 1974 der Harzquerbahn der heutige Traditionszug herzurichten war, ist auch dieser Oldtimer für Sonderfahrten reserviert worden.

Das im wesentlichen baugleiche Fahrzeug 909-103 wurde 1899 von Hawa an die SHE geliefert. Dort mit der Nr. 10 als 3.-Klasse-Wagen im Einsatz, verkehrte dieser Wagen bis zum Ende des 2. Weltkriegs als Kurswagen zwischen Braunlage und Wernigerode, verblieb schließlich bei der NWE in Wernigerode und erhielt die Nr. des inzwischen ausgemusterten Wagens 64. Gemäß den Umzeichnungsplänen von 1950 und 1958 lief er dann als 10.164 bzw. 900-458. Während der sechziger Jahre auch in einen Schneepflugbegleiterwagen umgebaut, wurde das Fahr-

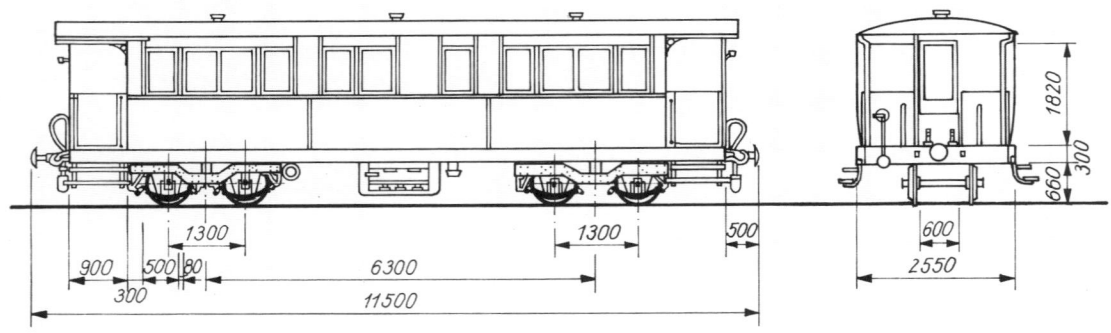

zeug 1974 ebenfalls dem Traditionszug der Harzquerbahn zugeordnet. Es ist der einzige erhalten gebliebene SHE-Reisezugwagen (Abb. S. 124 unten).

Personenwagen „900-455"

Die ersten Reisezugwagen beschaffte die NWE von der Kölner Waggonfabrik Herbrandt. Im Jahre 1897 lieferte Herbrandt 15 3.-Klasse-Wagen, davon fünf (Nr. 51–55) mit je einem Drehzapfenabstand von 8200 mm und zehn (Nr. 101–110) mit je einem solchen von 8000 mm. Es handelte sich um Großraumwagen, die mit 48 Sitzplätzen sowie zwei Plattformen ausgestattet waren. Sämtliche Wagenkästen entstanden in Holzbauweise mit Stahlblechverkleidung und besaßen keine Oberlichtaufbauten. Wie bereits erwähnt, wurden die Reisezugwagen auf den Strecken der NWE relativ stark beansprucht. Mitte der zwanziger Jahre waren die Aufbauten der Wagen 51–55 derart verschlissen, daß eine Instandhaltung nicht mehr sinnvoll erschien. Die Hawa erklärte sich bereit, auf den relativ gut erhaltenen Fahrgestellen neue Wagenkästen aufzubauen. Die aus Holz bestehenden und mit Stahlblech verkleideten Wagenkästen erhielten zwei Abteile 3. Klasse, in denen 44 Fahrgäste Sitzplätze fanden. Dieses „Modernisierungsprogramm" wurde 1925 verwirklicht, und fortan verkehrten die „neuen alten" Wagen mit den Nr. 71–75. In den Jahren 1937/38 ersetzte man dann noch die alten Drehgestelle durch neue aus der Waggonfabrik Wismar (EVA). Alle fünf Wagen wurden von der DR übernommen, erhielten die Nr. 10.171–10.175 und ab 1958 die Nr. 900-451–900-455. Während der Wagen 900-455 heute zum Traditionszug der Harzquerbahn gehört, der Wagen 900-452 nach einem Unfall auf der Selketalbahn im Jahre 1974 verschrottet werden mußte, sind die drei übrigen Wagen 1985 in das Mo-

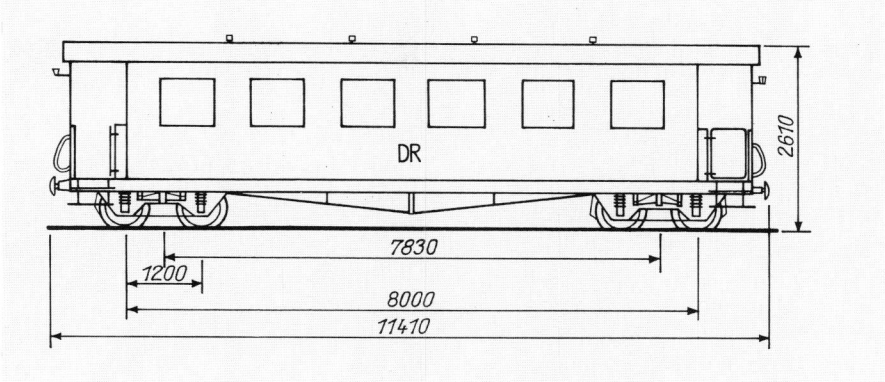

dernisierungsprogramm der Schmalspurreisezugwagen einbezogen und somit in ihrer nahezu 95jährigen Geschichte zum zweiten Mal völlig neu aufgebaut worden (Abb. S. 125 oben).

Personenwagen „900-460"

Für den gestiegenen Reiseverkehr beschaffte die NWE von Hawa im Jahre 1900 u. a. neun weitere 2./3.-Klasse-Wagen. Sie entsprachen baulich den ein Jahr zuvor ebenfalls von Hawa gelieferten Wagen 61–64 (siehe 909-102 und 909-103!), hatten aber Oberlichtaufbauten erhalten. Die mit den Nr. 71 und 72 sowie 81–87 bei der NWE eingesetzten Fahrzeuge boten in der 2. Klasse 16 und in der 3. Klasse 32 Personen Platz. 1950 wurde der Wagen 83 gemäß dem Umzeichnungsplan in 10.183 umnummeriert; 1958 erhielt er die Nr. 900-460. Das bis 1960 für die meterspurigen Harzbahnwagen zu-

ständige Raw Karl-Marx-Stadt ersetzte im gleichen Jahr den inzwischen verschlissenen Wagenkasten durch einen neuen. Damit konnte der weitere Einsatz dieses Fahrzeuges gesichert werden. 1974 wurde entschieden, den Wagen 900-460 bei der Bildung des Traditionszuges zu berücksichtigen. Damit bleibt ein Fahrzeug der Nachwelt erhalten, das jenen Schmalspurwagen ein Denkmal setzt, die bereits in den fünfziger und sechziger Jahren bei der DR modernisiert wurden (Abb. S. 125 unten).

Personen-/Gepäckwagen „902-303"

Wie bei jeder Eisenbahn-Gesellschaft gab es auch bei der NWE Tages- und Jahreszeiten, in denen das Verkehrsaufkommen wirtschaftlicher mit einem dezimierten Wageneinsatz bewältigt werden konnte. Das traf hier in einigen Monaten des Jahres für die relativ kur-

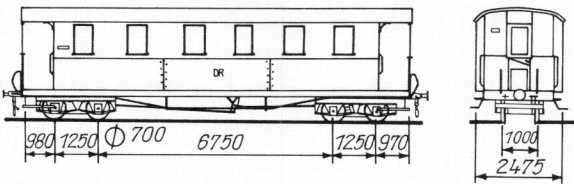

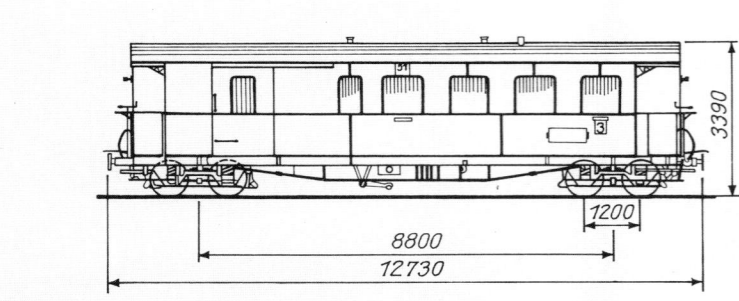

zen Zugläufe Nordhausen–Ilfeld und Wernigerode–Schierke zu. Das zu befördernde Gepäck beschränkte sich auf einige, wenige Stücke. Die Betriebsleitung der NWE entschied sich daher, den Bau von zwei kombinierten Personen-/Gepäckwagen in Auftrag zu geben. Das eine Fahrzeug lieferte die Waggonfabrik Wismar, das zweite die Gothaer Waggonfabrik. Mit den Nr. 51 und 52 bezeichnet, bewährten sich beide Wagen gut. Entstanden waren ihre Aufbauten in Holzbauweise mit Stahlblechverkleidung. Das Gepäckabteil war auch von dem mit 31 Sitzplätzen ausgestatteten Personenabteil durch eine Tür in der Trennwand erreichbar. Das Gepäckabteil selbst war lediglich mit einer einfachen Schreibgelegenheit für den Zugführer ausgestattet.

Beide Wagen wurden 1949 von der DR übernommen. 1950 erhielt das Fahrzeug 51 die Nr. 10.151, ab 1958 die Nr. 902-303. Danach war es wechselweise auf den Strecken der Harzquerbahn und Selketalbahn in verschiedenen Reisezügen, aber auch in Güterzügen mit Personenbeförderung anzutreffen. 1974 wurde der heutige Traditionszug gebildet. In diesem Zusammenhang reservierte man auch den Wagen 902-303 und erreichte damit gleich zwei Vorteile: Zum einen den Erhalt eines in baulicher Hinsicht typischen NWE-Fahrzeugs der zwanziger und dreißiger Jahre, erkennbar an der Dach- und Fensterform sowie der Dachschürze. Zum anderen ergab sich die Möglichkeit, das als Zugfüh-

rerraum vorgesehene Gepäckabteil gleichzeitig als Zugfunkzentrale zu nutzen (Abb. S. 126 oben).

Güterwagen Gw „99-02-06"

Mit dem Wiederaufbau des Streckenabschnitts Straßberg–Stiege und dessen offizielle Inbetriebnahme am 30. No-

vember 1983 konnte, wie bereits erwähnt, der auf der Selketalbahn bis dahin ausschließlich in schmalspurigen Güterwagen vollzogene Wagenladungsverkehr durch den Einsatz von Rollwagen wesentlich reduziert werden. Es ist nur noch eine Frage der Zeit, bis das Umladen von Gütern in Gernrode eingestellt wird.

Auf Anregung einer Wernigeroder Interessengemeinschaft wurde entschieden, drei Güterwagen der ehemaligen NWE für die Nachwelt zu erhalten.

Dazu gehört der Gw 99-02-06. Er wurde 1906 mit vier weiteren Exemplaren von der Aktiengesellschaft für die Fabrikation von Eisenbahnmaterial zu Görlitz an die NWE geliefert. Sie dienten mit den Nr. 331–335 dem Güterverkehr. 1950 war für den Wagen 334 die Nr. 10.414 vorgesehen; 1951 erhielt er dann die heute noch verbindliche Nr. 99-02-06. Über viele Jahre hinweg wurde das mit einer Hardy- und Handspindelbremse ausgerüstete Fahrzeug

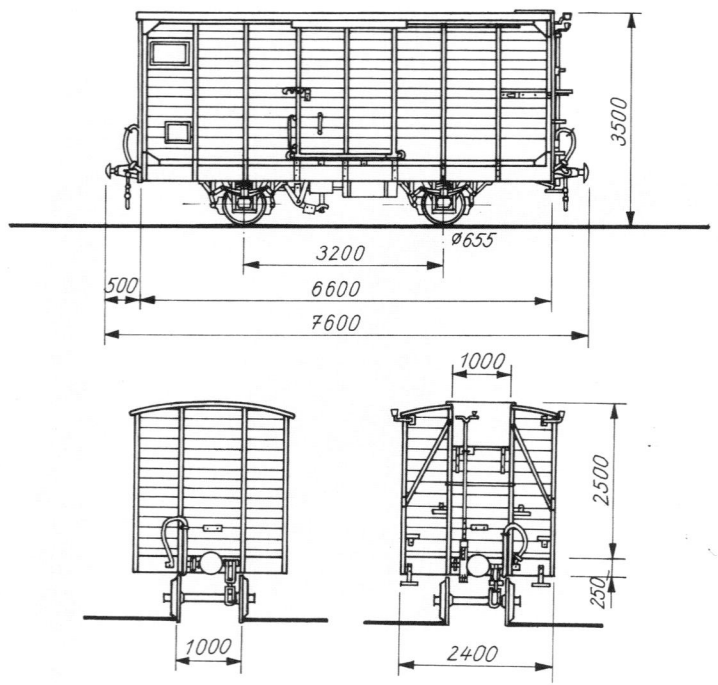

auf dem Netz der Selketalbahn für den Güterverkehr genutzt. Um 1970 entfielen bei allen Güterwagen die Halter für die Zugschlußsignale; sie wurden durch einfache Laschen ersetzt.

Güterwagen Ow „99-03-16"

Für den ständig steigenden Güterverkehr bestellte die NWE im Jahre 1909 weitere offene Güterwagen. Zwei Fahrzeuge lieferte u. a. die Aktiengesellschaft für Fabrikation von Eisenbahnmaterial zu Görlitz. Mit den Nr. 415 und 416 gekennzeichnet, sollte der Wagen 416 1950 die Nr. 10.816 erhalten. Seit 1951 trägt er die Nr. 99-01-16. Dieser Ow wurde in den fünfziger Jahren auf der Selketalbahn eingesetzt und wird künftig als Vertreter für die Schmalspurbahnen des Harzes daran erinnern, daß über viele Jahrzehnte hinweg die Güter auf den Spurwechselbahnhöfen umgeladen werden mußten. Der mit einer Hardy-und Handspindelbremse ausgerüstete Ow verfügte über einen abnehmbaren Bremsersitz (Abb. S. 127 oben).

Güterwagen Hw „99-04-08"

Eine nicht zu unterschätzende Bedeutung hatte bei allen schmalspurigen Bahnen des Harzes der Abtransport von Holz. Daß auch bei der NWE diese Aufgabe maßgeblichen Anteil am Güterverkehr hatte, zeigt die Beschaffung von 22 Drehschemelwagen im Jahre 1900. Gebaut wurden diese Fahrzeuge von den Linke-Hofmann-Werken in Breslau. Somit standen elf Drehschemelwagenpaare für den Langholztransport zur Verfügung. Darüber hinaus wurden diese Wagen für den Transport von Schienen im Rahmen der laufenden Unterhaltung des Streckennetzes benötigt. Die mit den NWE-Nr. 804–825 bezeichneten Fahrzeuge wurden 1949 von der DR voll-

ständig übernommen. 1950 waren die Nr. 10.1141–10.1162 vorgesehen; ein Jahr später erhielten die Wagen die Nr. 99-04-01 bis 99-04-22. Die meisten Drehschemelwagen waren nach Einführung des Rollwagenverkehrs auf der Harzquerbahn entbehrlich geworden und wurden 1965 ausgemustert. Die restlichen Fahrzeuge dienen zum Schienentransport für die zuständigen Bahnmeistereien. Bemerkenswert an

diesen Wagen sind Schlitzpufferkupplungen zur Aufnahme der Kuppelbäume beim Transport von Holz bzw. Schienen auf zwei Wagen. Der Wagen 99-04-08 ist zusammen mit den Fahrzeugen 99-04-06, 99-04-18 und 99-04-19 in Gernrode beheimatet und wurde bis in die jüngste Vergangenheit gelegentlich auch noch für den Holztransport auf der Selketalbahn genutzt (Abb. S. 127 unten).

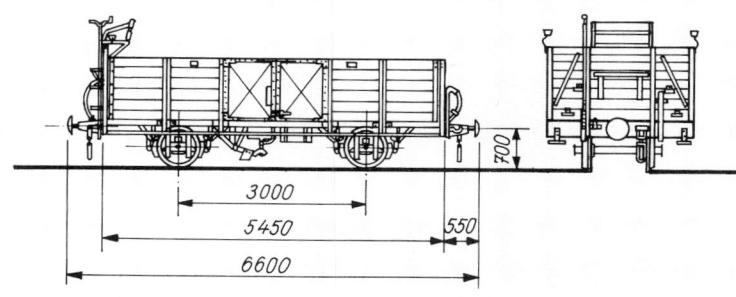

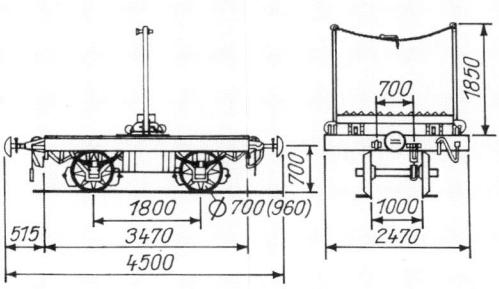

Die Waldeisenbahn Muskau

Reihe 01

Von 1920 bis 1974 baute die GAK bzw. WEM in eigener Werkstatt insgesamt 257 Wagen der Gattung OOkk. Der auf zwei Drehgestellen ruhende Rahmen trug zwei kippbare Kästen. Erstere waren entweder genietet, stammten von den sogenannten Brigadewagen und wurden umgebaut (siehe Reihe 03) oder waren geschweißt. Die geschweißten Rahmen und Umbaurahmen entstanden meist in eigener Werkstatt. Unterschiedlicher Herkunft waren auch die Drehgestelle. Teilweise verwendete man die der Brigadewagen (Nietbauweise), andere wurden nach gleichem Muster selbst gebaut (Schweißbauweise). Da die Drehgestelle bei Revisionen ständig gewechselt werden mußten, lassen sich keine eindeutigen Herstellerangaben machen. Deshalb hatten die Wagen im Laufe der Zeit zwei, eine oder mitunter keine Handspindelbrems-Ausrüstungen. Die Fahrzeuge mit den kippbaren Kästen bewährten sich außerordentlich gut, vor allem für den Kohle- und Tontransport.

Unterschieden wurden die sogenannten A- und T-Wagen. Die A-Wagen waren dem Kohletransport vorbehalten und hatten eine Tragfähigkeit von 5 t. Bei den zur Tonabfuhr vorgesehenen T-Wagen betrug die Tragfähigkeit 7 t. Bei diesen Fahrzeugen wurden die Rahmen verstärkt sowie andere Klappenverschlüsse angebracht.

Ab 1975 begann man mit der verstärkten Ausmusterung der Reihe 01. Sie war aber bis 1978 bei der WEM in Betrieb. Die T-Wagen wurden 1977 an die Ziegelei Weißwasser übergeben und sind dort noch heute im Einsatz.

Für den Traditionszug in Weißwasser konnten die von der Papierfabrik Köbeln 1986 zur Verfügung gestellten ehemaligen WEM-Wagen 01-128, 01-143, 01-206, 01-214, 01-219 und 01-220 der Unterbaureihe A übernommen werden. Die Ziegelei Weißwasser übergab den Tonwagen 01-040 für Traditionszwecke.

Reihe 02

Die Wagen der Reihe 02 entsprachen in etwa denen der Reihe 01. Ein auf zwei Drehgestellen ruhender Rahmen bot zwei kippbaren Kästen Platz. Im Gegensatz zu den Wagen der Reihe 01 bestanden die Rahmen bei der Reihe 02 aus zwei Kanthölzern. Verwendet wurden für diese Fahrzeuge hauptsächlich Drehgestelle älterer Bauart. Das unterschiedliche Fassungsvermögen der Wagen ergab sich auch hier aus unterschiedlichen Abmessungen der kippbaren Kästen. Im Jahre 1951 übernahm die DR noch 87 Fahrzeuge dieser Bauart und ordnete sie ebenfalls der Gattung OOkk zu. Später wurde ein Teil der Wagen zur Reihe 01 umgebaut. Die konzentrierte Ausmusterung begann

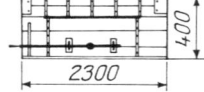

bereits Anfang der siebziger Jahre. Bis auf den an das Schaltgerätewerk Muskau, Werk II, abgegebenen 02-022 wurden alle Fahrzeuge dieser Reihe inzwischen zerlegt. Der Wagen 02-022 konnte Anfang 1986 für das Traditionszentrum der WEM in Weißwasser sichergestellt werden (Abb. S. 128 unten).

Reihe 03

Bei den Wagen der Reihe 03 handelte es sich um sogenannte Brigadewagen, die wie die Brigadelokomotiven in großer Stückzahl für die Heeresfeldbahnen des 1. Weltkriegs von zahlreichen Waggonfabriken gebaut wurden. Über sogenannte Demobilisierungslager beschaffte Anfang der zwanziger Jahre auch die Gräflich von Arnimsche Kleinbahn eine größere Anzahl dieser auf Drehgestellen laufenden Fahrzeuge. Um wieviel Wagen es sich dabei gehandelt hat, ist mit Sicherheit nicht mehr zu sagen, da zahlreiche Drehgestelle für den Aufbau anderer Wagentypen, so für einige der Reihe 01, 06 und 07, verwendet wurden. Die DR übernahm noch 75 dieser vielseitig einsetzbaren Wagen und ordnete sie der Gattung 00 zu.

Nach dem Entfernen der vier Seitenwände konnten diese Fahrzeuge als Rungenwagen eingesetzt werden. Wurden dann noch die 10 Rungen abgerüstet, stand ein Plattenwagen für den Stückguttransport zur Verfügung.

Die sehr stabil konstruierten und wartungsarmen Wagen bewährten sich ausgezeichnet. Sie besaßen Einheitsdrehgestelle neuer Bauart in geschweißter und genieteter Ausführung.

Viele der bei der WEM eingesetzten Wagen der Reihe 03 wurden an ausländische Museumseisenbahnen verkauft. Einige als Plattenwagen genutzte Fahrzeuge erhielten bei der Pioniereisenbahn Cottbus eine neue Heimat. Die 1918 und 1919 gebauten, ehemaligen WEM-Wagen 03-017, 03-019, 03-024, 03-035, 03-041 und 03-045 sind seit 1985 bzw. 1986 Bestandteil des Traditionszuges in Weißwasser (Abb. S. 129 oben).

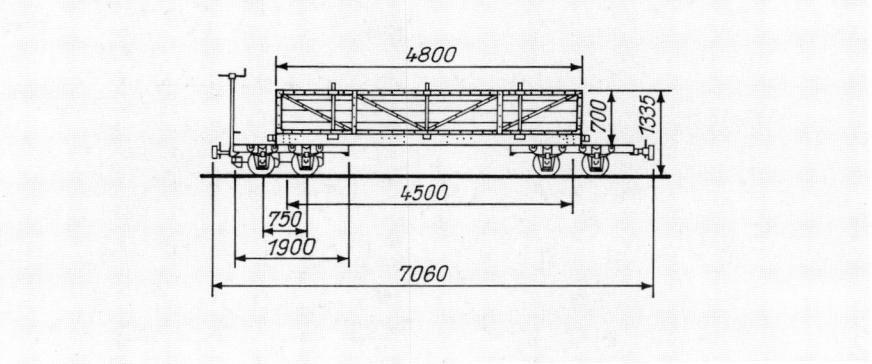

Reihe 04

Dieser Wagentyp wurde ebenfalls während des 1. Weltkriegs bei den deutschen Heeresfeldbahnen eingesetzt. Der auf Drehgestellen alter Bauart ruhende, durchgehende Wagenkasten verfügte ursprünglich nicht über Seitenklappen. Sie ergänzte man erst später in eigener Werkstatt, um das Entladen zu erleichtern. Von den zu Beginn der zwanziger Jahre gekauften 30 Wagen waren zum Zeitpunkt der Übernahme der Schmalspurbahn durch die DR noch 26 vorhanden. In den siebziger Jahren konnte auf die zur Gattung 00 gehörenden Wagen der Reihe 04 zunehmend verzichtet werden.

Zwei Fahrzeuge blieben erhalten. Der 04-006 ist an eine ausländische Museumseisenbahn verkauft worden. Zum Traditionszug der WEM gehört seit 1985 der auf dem Stahlträgerrahmen des Wagens 05-006 ruhende Wagenkasten des 00 04-012 (Abb. S. 129 unten).

Reihe 05

Um insbesondere den Abtransport von Ziegeln zu sichern, entstanden ab etwa 1925 in eigener Werkstatt Drehgestellwagen mit einem flachen nicht kippbaren Wagenkasten. Mindestens drei

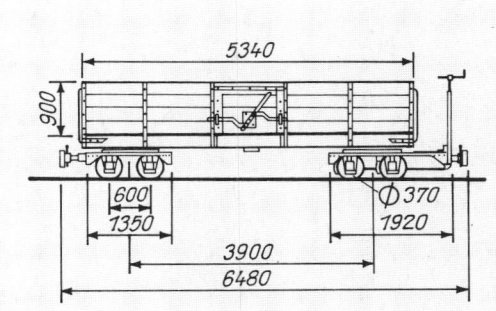

Fahrzeuge erhielten Holzlangträger; die restlichen 13 Stahllangträger. 1951 der Gattung SS zugeordnet, wurden die Wagen zuletzt vor allem zum Transport von Kleineisenteilen innerhalb des Betriebsbahnhofs Krauschwitz genutzt. Noch heute sind für diese Zwecke bei der WEM sieben Fahrzeuge vorhanden. Zum Traditionszug der WEM in Weißwasser gehören die mit Stahllangträger ausgerüsteten Wagen 05-008 und 05-009. Beide Wagen verfügen über Drehgestelle der Bauart Osnabrück.

Reihe 06

Bis Ende der siebziger Jahre transportierte die WEM auch Holz. Dafür waren Langholzwagen notwendig. Sie bestanden aus einem Drehgestell, das mit einer drehbaren Gabel ausgerüstet war. Mit Hilfe von Ketten befestigte man die Holzstämme. Die nur paarweise nutzbaren Wagen wurden mit etwa 4 m langen Holz- und Stahlstangen gekuppelt.

1960 waren noch 50 Fahrzeuge vorhanden, die aber in den folgenden Jahren dezimiert wurden. Die freigewordenen Drehgestelle verschiedener Bauarten konnten für den Aufbau von dringend benötigten Kohlewagen der Reihe 01 verwendet werden. Von den zuletzt noch vorhandenen elf Langholzwagen dienten die meisten Bahndienstzwecken, in erster Linie dem Schienentransport. Zwei der Gattung H zugeordnete Wagen mit den Nr. 06-009 und 06-010 blieben in der DDR erhalten.

Sie wurden 1985 von der Ziegelei Weißwasser der WEM übergeben.

Reihe 07

Die Reihe 07 umfaßte die geschlossenen Güterwagen (GG). Unter ihnen befanden sich Mannschaftswagen für Bahndienstzwecke sowie ehemalige Fakultativwagen und geschlossene Güterwagen der früheren Mecklenburg-Pommerschen Schmalspurbahn (MPSB). Der heute noch zum Bestand der Werkbahn der Ziegelei Weißwasser gehörende Mannschaftswagen 07-004 (Abb. S. 130 oben) – er wird außerdem für Traditionszwecke in Weißwasser genutzt – gehörte zusammen mit den Wagen 07-001 und 07-003 zu den Rottenfahrzeugen der WEM. Er war beim Strekkenbau bzw. bei Instandsetzungsarbeiten des Streckennetzes unentbehrlich. Das Fahrzeug 07-004 verfügte über Regale für Werkzeug und Materialien sowie über Bänke und einen Ofen. Der auf Drehgestellen neuer Einheitsbauart aufgesetzte Wagenkasten wurde bei der GAK auf einem Brigadewagenrahmen (Bautzen 1918) befestigt. Für den Transport von Zellulose erhielt die WEM im Jahre 1957 sieben vierachsige, gedeckte Wagen von den 600-mm-spurigen Strecken der Rbd Greifswald. Insgesamt 14 baugleiche Fahrzeuge wurden in den Jahren 1909 und 1911 von der Fabrik für Feld-und Kleinbahnmaterial Glässing & Schollwer, Berlin, an die MPSB geliefert. Mit den Nummern 31 bis 44 gehörten die Wagen bis 1944 vollzählig zum Bestand dieser Bahn. Vier Fakultativwagen, die für den Transport von Stückgütern und bei Bedarf auch der Personenbeförderung dienten, waren 1944 bei einem Fliegerangriff auf Anklam zerstört worden. Drei der zerstörten Fahrgestelle nutzte man später als Flachwagen. Von den zehn noch vorhandenen Fakultativwagen waren in den fünfziger Jahren sieben entbehrlich. Vier Fahrzeuge sollten auf einer in Erfurt geplanten Pioniereisenbahn eine neue Heimat erhalten. Da aber dieses Projekt nicht zustande kam, gelangten die Fa

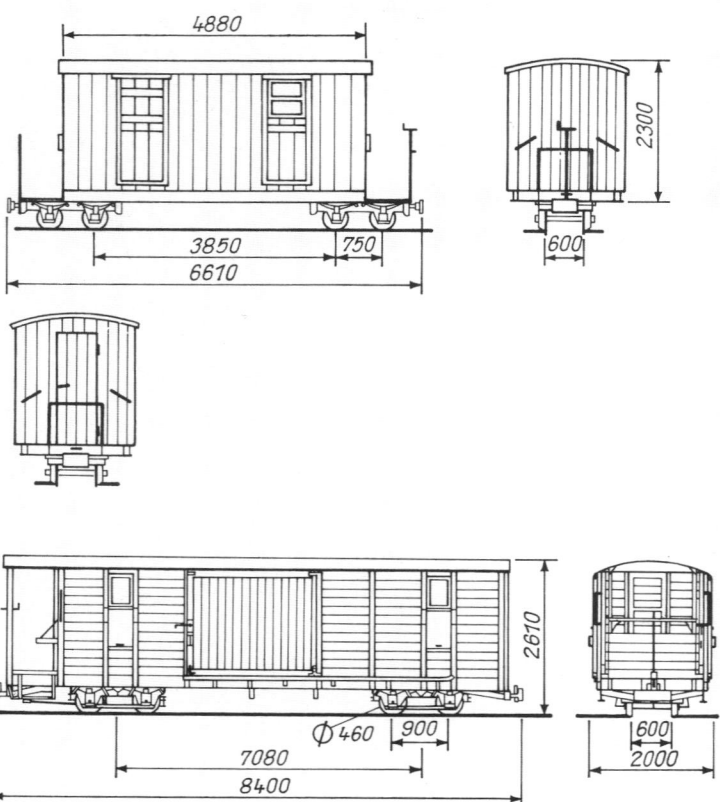

kultativwagen mit den DR-Nummern 6.032, 6.035, 6.036, 6.037, 6.041, 6.042 und 6.044 zur WEM. Hier erhielten sie die Nr. 07-005–07-011. Die Wagen hatten Fachwerkdrehgestelle mit Spezialfedern. Die Rahmen der Wagenkästen bestanden aus Stahl. An einer Stirnseite befand sich ein überdachter Bremsstand mit Handspindelbremse, die bei der WEM so umgebaut wurde, daß sie nur noch auf die Achsen eines Drehgestells wirkte. Der in Holzbauweise entstandene Wagenkasten hatte seitlich zwei Schiebetüren und zwei kleine Fenster, die noch an die Zeit des Einsatzes zur Personenbeförderung erinnerten. Im Wageninneren waren in zwei Reihen angeordnete Klappsitze vorhanden. Der Ein- und Ausstieg für

die Reisenden befand sich auf der Plattform. Für den Einsatz auf der WEM entfernte man nicht nur die Klappsitze, sondern vergrößerte auch die Türöffnungen von ursprünglich 1100 mm auf 1950 mm sowie die seitlichen Schiebetüren. Die Zug- und Stoßvorrichtung der MPSB ersetzte man durch die der WEM. Außerdem reduzierte sich die bei der MPSB üblich gewesene Masse von 4200 kg auf 3900 kg, ebenso die Tragfähigkeit von 7,785 t auf 7 t. Die Wagen bewährten sich gut und wurden von den Eisenbahnern als Bauart „Körnag" bezeichnet. Als 1977 die Zellulosetransporte zur Papierfabrik Köbeln eingestellt werden konnten, waren die Fahrzeuge im wesentlichen entbehrlich und wurden abgestellt.

Sechs Fahrzeuge sind 1977 und 1978 an ausländische Museumseisenbahnen verkauft worden. Der im Jahre 1978 an den damaligen VEB Metallaufbereitung Krauschwitz abgegebene Wagen 07-005 wurde am 1. August 1986 für das Traditionszentrum der WEM zur Verfügung gestellt. Somit bleibt ein ehemaliger Fakultativwagen der früheren MPSB neben den schon in Friedland aufbewahrten Fahrzeugen in Weißwasser der Nachwelt erhalten (Abbildung S. 130 unten).

Reihe 09

Zu dieser Reihe, wie auch zur Reihe 08, gehörten Muldenkipper unterschiedlicher Hersteller. Die auf dem zweiachsigen Fahrgestell befestigten Mulden waren nach beiden Seiten kippbar und hatten ein Fassungsvermögen von 1 (Reihe 08) bzw. 2 m^3 (Reihe 09). Ursprünglich zum Tontransport für die 1966 durch eine 5,1 Kilometer lange Neubaustrecke erschlossene Tongrube Müllrose eingesetzt, dienten sie später ausschließlich der Beförderung von Kleineisenteilen auf dem Betriebsbahnhof Krauschwitz. Die bis zur Stillegung der WEM vorhandenen und der Gattung Ot zugeordneten Muldenkipper beschaffte die DR in den fünfziger Jahren von Spezialfabriken in Leipzig und Vetschau. Für Traditionszwecke bleibt der von der Ziegelei Weißwasser zur Verfügung gestellte 09-024 erhalten. 1955 in Leipzig gebaut, gehört er zu jenen Muldenkippern, die eine Handspindelbremse erhielten.

Sonstige Fahrzeuge

In der Fahrzeugsammlung des Traditionszentrums in Weißwasser befindet sich auch ein um 1925 gebauter Kesselwagen. Er diente zum Säuretransport zwischen der Papierfabrik Köbeln und dem Betriebsbahnhof Krauschwitz. Der Kessel konnte von der Papierfabrik Köbeln, die Drehgestelle vom Schaltgerätewerk Bad Muskau, Werk II, erworben werden.
Vier vom Fernsehkolbenwerk Friedrichshain übernommene Muldenkipper mit einem Fassungsvermögen von 0,75 m^3, ein von O & K gebauter Steinwagen und ein alter Tonwagen, die die Ziegelei Weißwasser für das Traditionszentrum zur Verfügung stellte, vervollständigen den derzeitigen Fahrzeugbestand.

Der Museumswagen im Spreewald

Personen-/Gepäckwagen „903-201"

Der Wagenpark der Spreewaldbahn setzte sich aus zahlreichen Reisezug- und Güterwagen zusammen, wobei letztere trotz des starken Ausflugsverkehrs überwogen. Um den Reisezugwagenpark zu stabilisieren, stellte die Rbd Dresden in den fünfziger Jahren insgesamt 11 Reisezugwagen der 750-mm-Spur für die Spreewaldbahn zur Verfügung. In dem für die Wagen der Spreewaldbahn seit 1950 zuständigen Raw Chemnitz mußten die Fahrzeuge zuvor unter anderem auf Meterspur umgebaut werden. Wenngleich diese Wagen auch fortan das Rückgrat des Reiseverkehrs zwischen Cottbus und Straupitz bildeten, kam ein solches Fahrzeug für die museale Erhaltung nicht in Frage.

Vielmehr wurde entschieden, dafür den Wagen 903-201 zu reservieren. Er gehörte zur Erstausstattung der damaligen Lübben-Cottbuser Kreisbahnen und wurde 1897 in Werdau gebaut. Das ausschließlich handgebremste Fahrzeug verfügte über einen hölzernen Wagenkasten. Die eine Wagenfläche nahm den Gepäckraum mit einer Ladefläche von 9,4 m² auf. In der anderen als Fahrgastraum gestalteten Hälfte befanden sich acht Sitzplätze der 3. Klasse.

Das Fahrzeug bewährte sich vor allem in Personenzügen mit Güterbeförderung (PmG) und dürfte gerade deshalb bis 1968 unverzichtbar gewesen sein.

Vor Übernahme der Spreewaldbahn mit der Nr. 105 bezeichnet, erhielt das Fahrzeug 1950 die Nr. 10.205 und 1958 die Nr. 903-201. Heute kann man das Fahrzeug als Exponat im Spreewaldmuseum von Lübbenau besichtigen (Abbildung S. 132 oben).

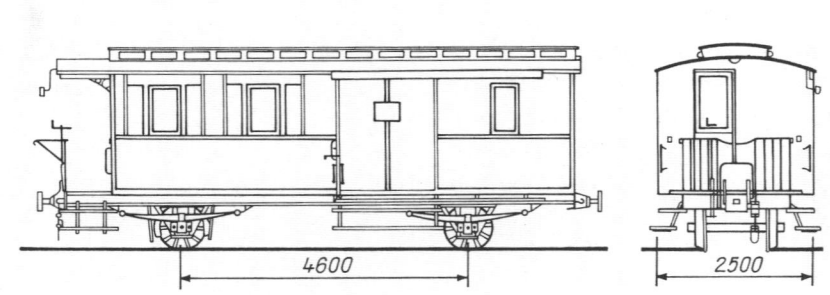

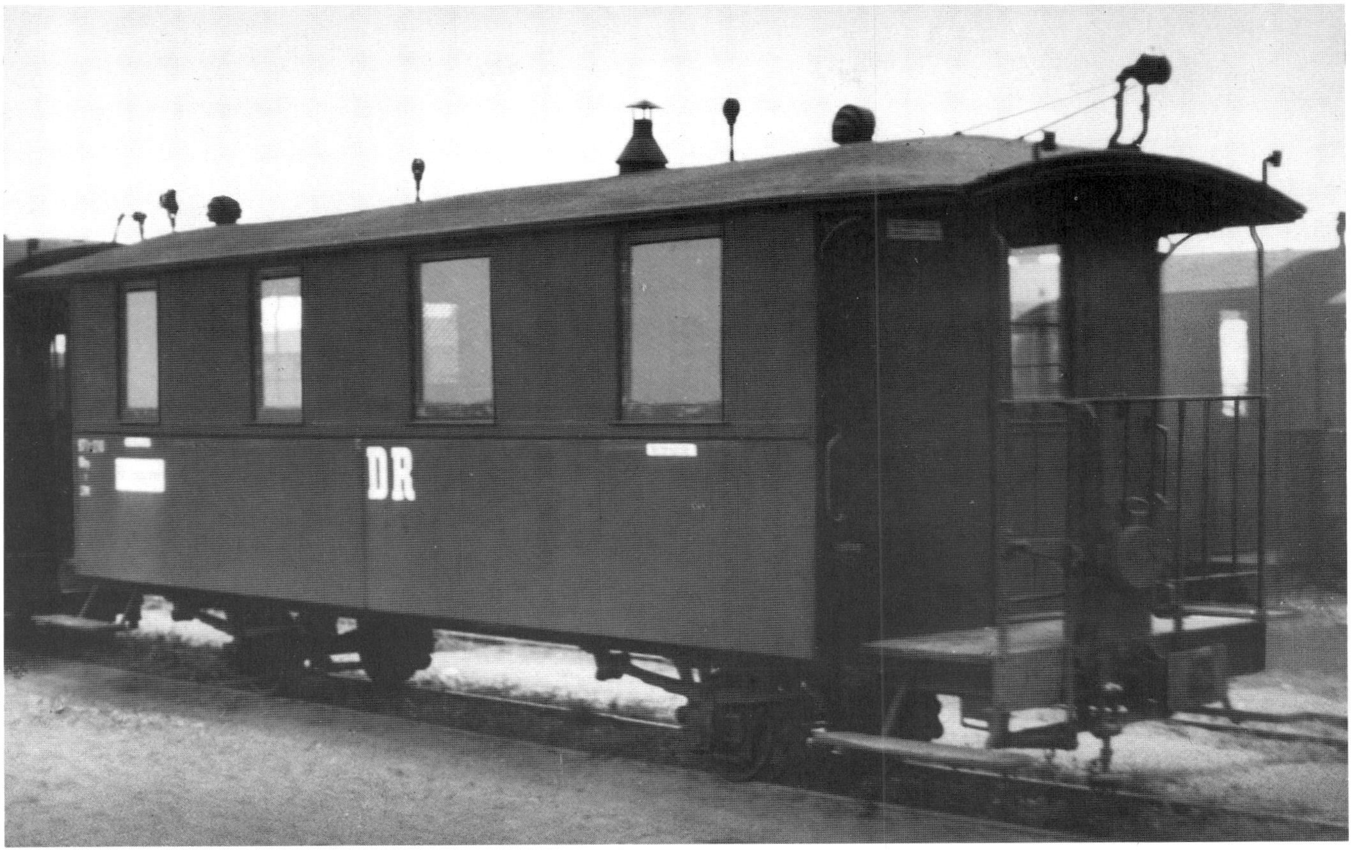

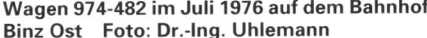

Wagen 971-210 ausgemustert am 26. Oktober 1973 auf dem stillgelegten Bahnhof Bergen (Rügen) Ost   Foto: Machel

Wagen 974-482 im Juli 1976 auf dem Bahnhof Binz Ost   Foto: Dr.-Ing. Uhlemann

Wagen 971-210 im Jahre 1967 auf dem Bahnhof Fährhof   Foto: Dr.-Ing. Uhlemann

Der als Teil der Speisewageneinheit wieder für Traditionszwecke hergerichtete Wagen 970-761 mit der alten Rü.K.B.-Nr. 29 am 28. Juni 1988 in Putbus   Foto: Nickel

Ein Blick in das Innere des Speisewagens 29 für den Traditionsbetrieb auf der Strecke Putbus–Göhren (Rügen) am 28. Juni 1988 in Putbus
Foto: Nickel

Wagen 970-771 (ex Rü.K.B. 31) mit der ursprünglichen Bezeichnung, aufgestellt im Traditionsbereich des Bahnhofs Putbus, 19. Juli 1981   Foto: Machel

Im Vordergrund: Wagen 97-42-41 (ex Rü.K.B. 141) für den Stückguttransport in Putbus (Juli 1971)   Foto: Machel

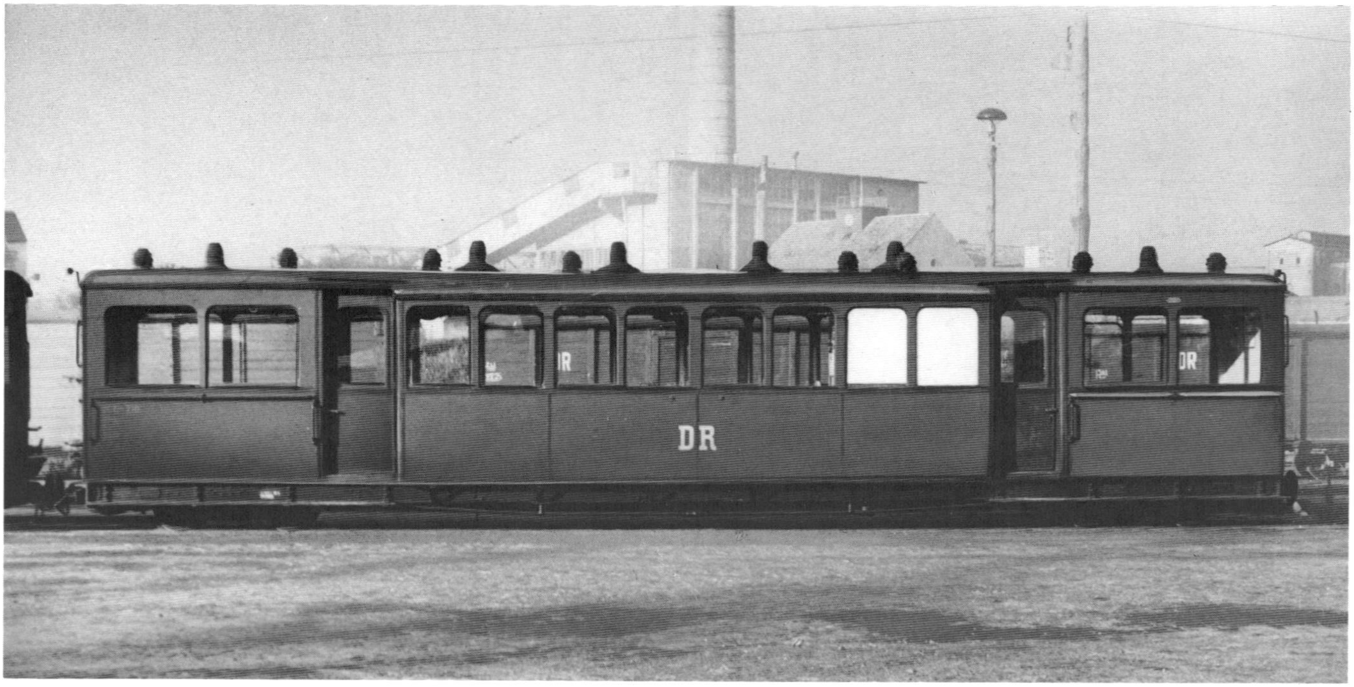
DR

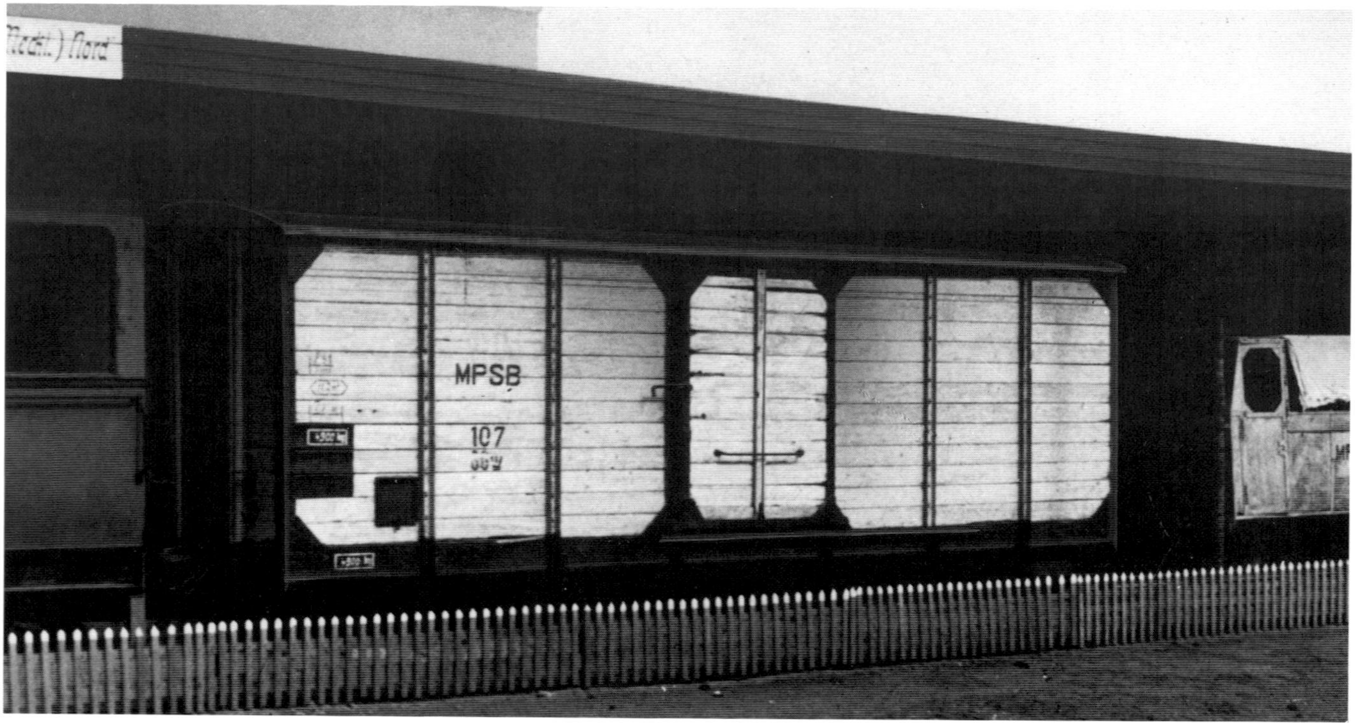
MPSB
107

**Wagen 990-203 (ex Nr. 14) am 31. Dezember
1988 in Bad Doberan   Foto: Lotzow**

**Wagen 960-210 im August 1967 auf dem
Bahnhof Anklam West
Foto: Dr.-Ing. Uhlemann**

**Wagen 96-01-22 als Museumsfahrzeug am
24. April 1982 in Friedland   Foto: Machel**

990-302 [T]
KB4trp
DR

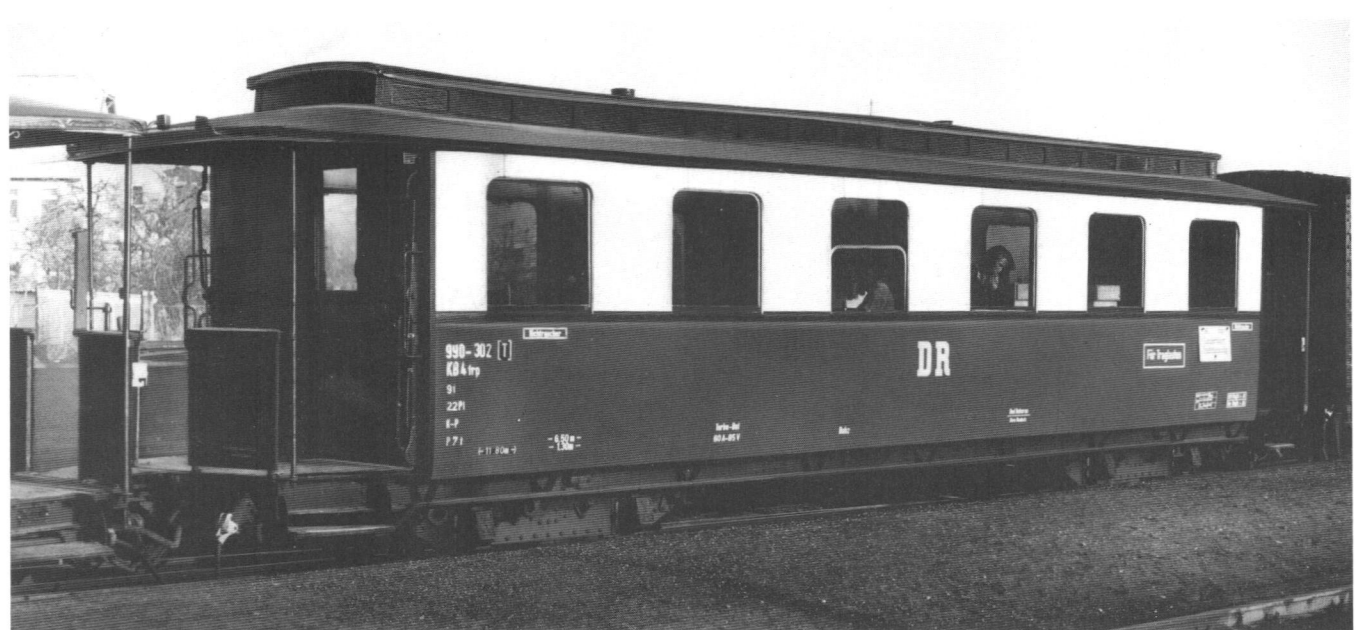

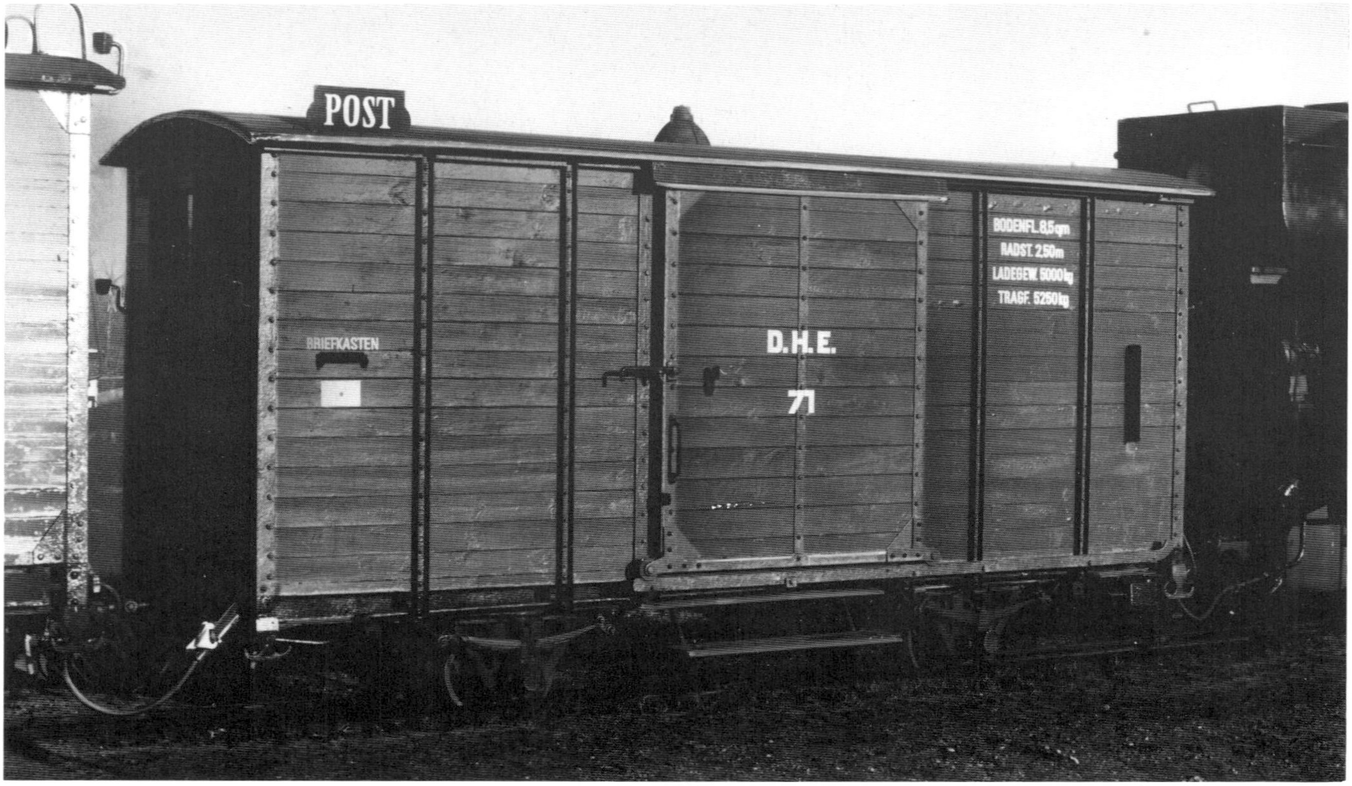
POST
BRIEFKASTEN
D.H.E.
71
BODENFL. 8,5 qm
RADST. 2,50 m
LADEGEW. 5000 kg
TRAGF. 5250 kg

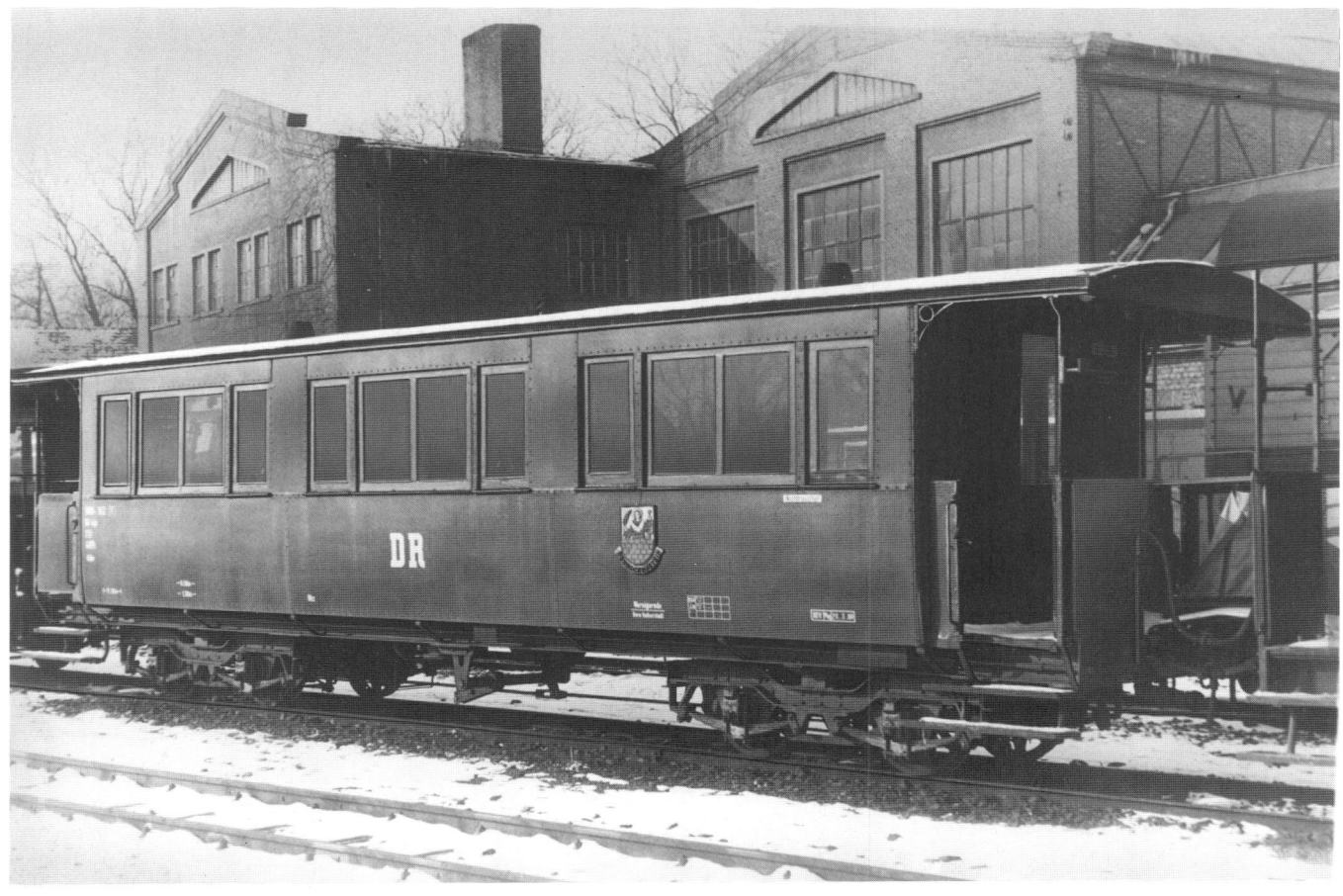

**Wagen 909-102 der Harzquerbahn am 15. Februar 1981 in Wernigerode-Westerntor
Foto: Rejke**

Wagen 990-302 (ex Nr. 22) am 31. Dezember 1988 in Bad Doberan   Foto: Lotzow

Wagen 98-84-01 mit der historischen Nummer 71 als Traditionsfahrzeug am 31. Dezember 1988 in Bad Doberan   Foto: Lotzow

**Wagen 900-455 ebenfalls in Wernigerode-We-
sterntor Foto: Rejke**

**Wagen 902-303 am 15. Februar 1981 in Werni-
gerode-Westerntor   Foto: Rejke**

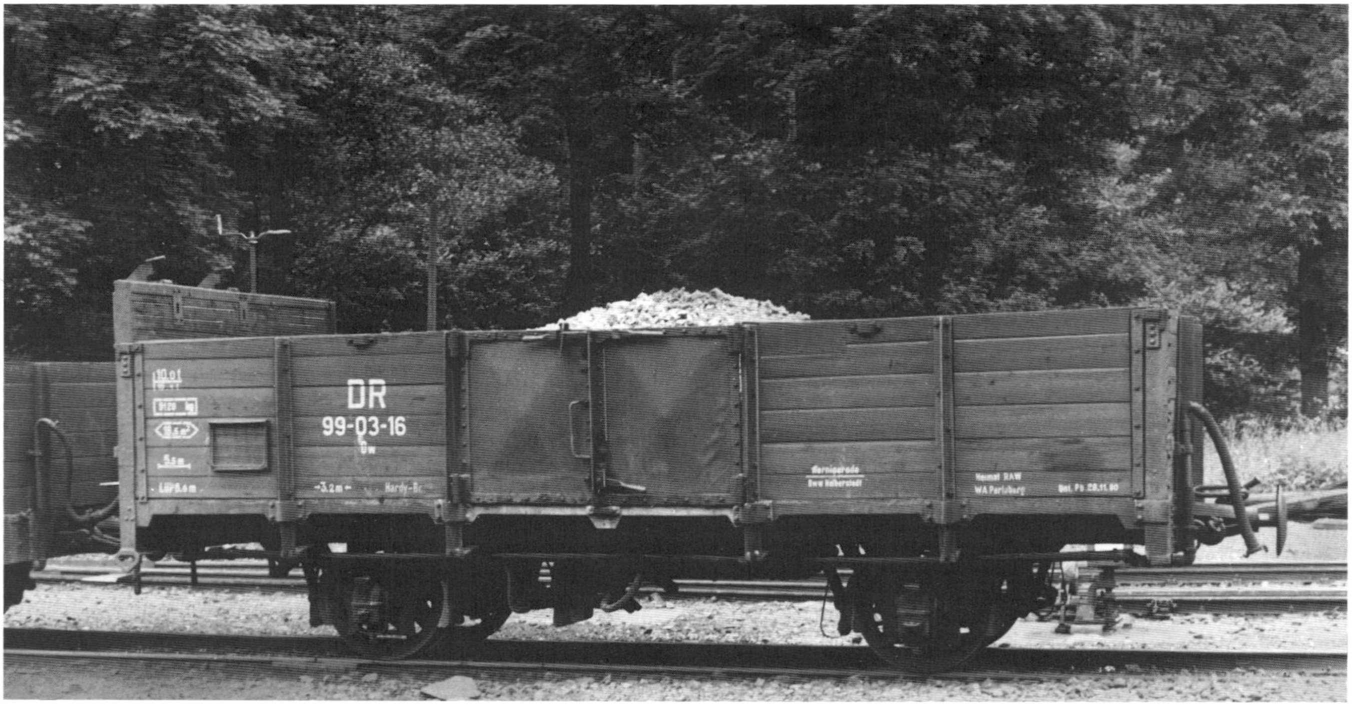
DR
99-03-16

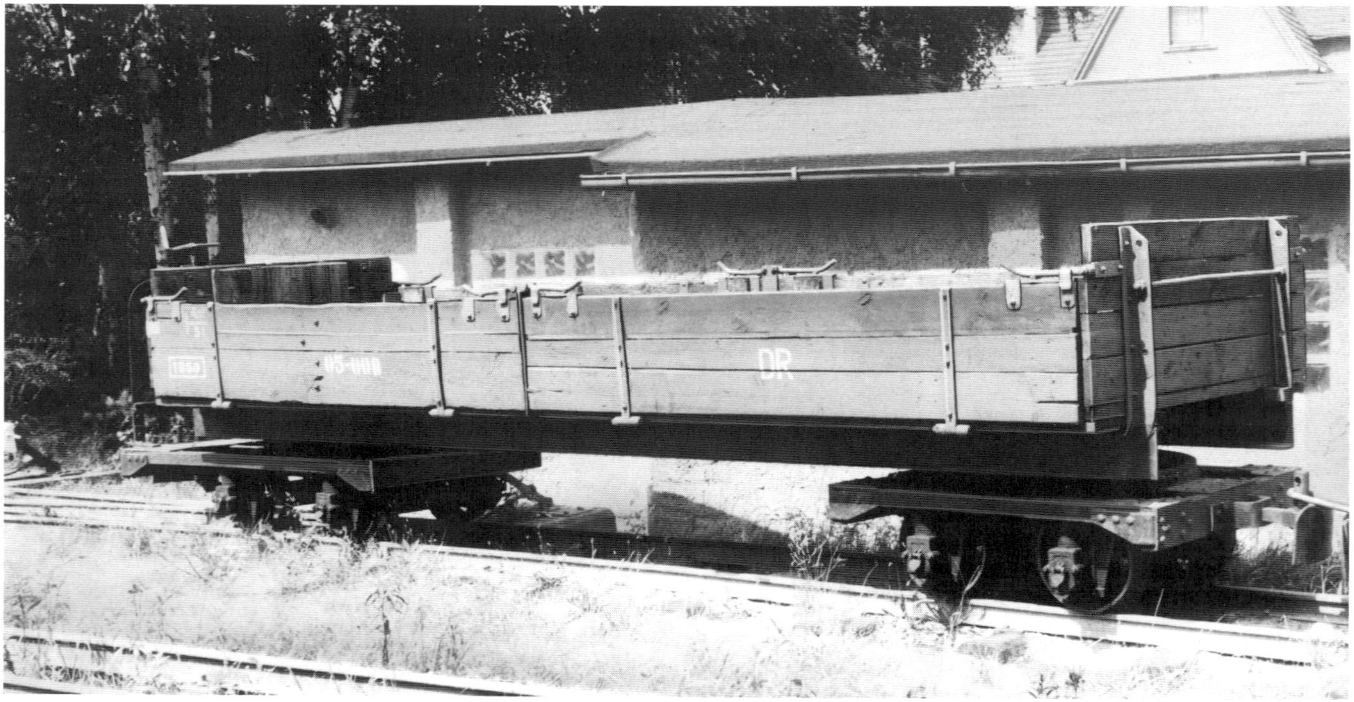
DR

**Von der Spreewaldbahn stammt der Wagen
903-201   Foto: Dr.-Ing. Uhlemann**

**Wagen 99-03-16 (ex Nr. 416) am 27. Juni 1982
in Alexisbad   Foto: Rejke**

**Wagen 05-008 der Muskauer Waldeisenbahn
in Weißwasser 1988   Foto: Tischer**

**Zwei weitere Wagen der Muskauer Waldei-
senbahn: der 07-004 ...   Foto: Tischer**

... und der Steinwagen, gebaut von Oren-
stein & Koppel, beide aufgenommen in Weißwasser (1988)   Foto: Tischer

Denkmals-bereiche sächsischer Schmalspurfahrzeuge

Radebeul Ost:

Bereits 1967 begannen verantwortliche Mitarbeiter der Rbd Dresden und des Verkehrsmuseums mit der Auswahl erhaltenswerter zweiachsiger Wagen und sammelten sie auf dem genannten Bahnhof, wo sich zunächst einzelne Eisenbahnfreunde und später Arbeitsgemeinschaften für die Betreuung fanden.

Ab 1968 gelang es immer wieder, Anlässe zu schaffen, die die weiter wachsende Fahrzeugsammlung stark ins Licht der Öffentlichkeit rückten und die Aufarbeitung manchen Fahrzeugs zu den gestellten Terminen beträchtlich stimulierten. Nach Ausstellungen 1968 und 1971 folgte schließlich am 10. August 1974 die Eröffnung des Traditionsbetriebs auf der Schmalspurbahn nach Radeburg, wozu natürlich einsatzfähige Wagen verschiedener Bauarten erforderlich waren. Sie kamen zum großen Teil aus Zittau sowie von weiteren sächsischen Schmalspurstrecken. Nun mußten klare Regelungen getroffen werden: Der sogenannte Museumszug wurde Eigentum des Verkehrsmuseums, während alle betriebsfähigen Fahrzeuge in der Rechtsträgerschaft der DR verblieben bzw. wieder in deren Bestand aufgenommen wurden.

Von ihnen konnte bisher der größte Teil im Raw aufgearbeitet werden, während die Erhaltung der Museumswagen bis heute vor allem der tatkräftigen ehrenamtlichen Arbeit von Freunden des Modelleisenbahnverbandes geschuldet ist.

Gemeinsam mit der Lok 99 715 kann man sie ständig an der ehemaligen Ladestraße des Bahnhofs besichtigen. Trotz vielfältiger Bemühungen gelang es bisher leider nicht, den Bau einer Halle oder wenigstens Überdachung für die wertvollsten Wagen zu realisieren und damit ihre langfristige Erhaltung zu sichern.

Rittersgrün:

Der Bahnhof Oberrittersgrün war Endpunkt der 1971 eingestellten Schmalspurbahn von Grünstädtel. Aufgrund des großen Engagements örtlicher Eisenbahnfreunde entstand hier bald darauf ein Schmalspurbahn-Museum von überregionaler Bedeutung.

Es stellt vor allem die Entwicklung der Produktivkräfte im erzgebirgischen Pöhlwassertal unter besonderer Berücksichtigung der Verkehrsverhältnisse dar. Hier entstand eine zweite, ähnlich umfassende Sammlung sächsischer Schmalspurwagen wie in Radebeul, mit der Lok 99 579. Über Besuchermangel braucht sich das eigentlich etwas abgelegene kommunale Objekt im Kreis Schwarzenberg nicht zu beklagen.

Eine Gegenüberstellung der gegenwärtigen Bestände in Radebeul und Rittersgrün vermittelt die Tabelle 8. Sie bildet zugleich den Schlüssel für die Reihenfolge der Beschreibung sächsischer Schmalspurwagen im vorliegenden Buch.

Geyer:

Auf der Laderampe des ehemaligen Bahnhofs entstand ein von einem niedrigen Zaun geschütztes Denkmalensemble mit einer Drasine, einem Formsignal und Lok IV K 99 534 (B'–B'n4v, Baujahr 1898), Personenwagen 970-383 (ex. KC4, Bj. 1913) und Gepäckwagen 97-30-04 (KPw, zweiachsig, Bj. 1899). Es wurde von der AG 3/44 des DMV initiiert und gepflegt.

Söllmnitz (bei Gera):

Auch im Geraer Raum entstanden durch örtliche Interessenverbände Denkmäler mit Schmalspurfahrzeugen, die lange an die so beliebten Verkehrsmittel erinnern sollten. Hier fuhr bis 1969 die meterspurige Gera–Meuselwitz-Wuitzer Eisenbahn! Als man sich zum Aufbau eines Denkmals vor dem Kulturhaus auf dem früheren Bahnhofsgelände entschloß, waren Fahrzeuge dieser Bahn leider nicht mehr zu haben. So erinnert der von der Rbd Dresden angebotene 750-mm-spurige Zug wenigstens daran, daß hier überhaupt mal eine Schmalspurbahn fuhr; und es entstand mehr zufällig ein weiteres Denkmal für die beliebte und in immerhin 96 Exemplaren gebaute Lokgattung: Lok IV K 99 555 (Baujahr 1908), Personenwagen 970-379 und -415 (ex. KC4, Bj. 1913/1922). Die Fahrzeuge befinden sich z. Z. in einem schlechten Erhaltungszustand.

Rothenkirchen:

Auf dem Bahnhofsgelände der Schmal-spurbahn Wilkau-Haßlau–Carlsfeld wurde mit der 99 516 die älteste erhal-tene IV-K-Lok als Denkmal aufgestellt. Jugendliche Eisenbahnfreunde sind an der Pflege beteiligt, auch hier ist an die Ergänzung durch einen oder mehrere Wagen gedacht.

Leider kam der geplante Denkmalsbe-reich am Bf. Kirchberg dieser Strecke nicht zustande. Lok 99 581 und drei Wagen wurden dort verschrottet.

Ein weiterer Denkmalsbereich soll am Hp. Wilsdruff (Strecke Wilsdruff–Meißen) durch Initiativen des Kultur-bundes entstehen. Dabei soll der in ei-nem Garten wiederaufgefundene vier-achsige sächs. Postwagen Nr. 2679 (der erste einer Serie von vier Wagen aus den Jahren 1903/12) restauriert und in Verbindung mit den Gebäuden des Haltepunktes zu einem aussagefä-higen Ensemble gestaltet werden.

Im folgenden werden stellvertretend die Wagen der Radebeuler Sammlung, die in der Ordnung für Eisenbahn-Mu-seumsfahrzeuge enthalten sind, näher vorgestellt.

Die Museumswagen in Radebeul Ost

Postwagen „1703"

Dieser schmalspurige Bahnpostwagen Gattung Ib wurde 1892 von der Gesellschaft zur Fabrikation von Eisenbahn-Material in Görlitz gebaut. 22 derartige Wagen dienten zur Beförderung der Postsachen auf den sächsischen Schmalspurbahnen, bevor ab 1908 auch vierachsige Bahnpostwagen beschafft wurden. Doch die Zweiachser blieben meist bis zur Verlagerung des Posttransports auf die Straße im Dienst, konnte sie doch der begleitende Postschaffner mit etwas Mühe allein an den Zug oder ins Abstellgleis schieben! Der Postschaffner hatte auf den Stationen den Postaustausch mit Beamten oder Agenten der örtlichen Postdienststellen durchzuführen und während der Fahrt die Postsachen zu sortieren, ihre Übergabe vorzubereiten und Nachweise zu führen. Dazu waren die Wagen an einer Stirnwand mit Fächern zum Sortieren der Briefe ausgerüstet. Außerdem gab es Schreibflächen, Platz für Kleingut und Behältnisse für

Wertsendungen. Der Wagen besaß die typischen Ausrüstungen der damaligen Zeit: Heberlein-Bremse, Ölbeleuchtung (später Gas) und Ofenheizung. Er hat einachsige Drehgestelle und eiserne Lang- und Querträger. Die Trafähigkeit beträgt 4 t bei 3950 kg Eigengewicht.

Der ehemalige Wagen 1703 war auf den Strecken Radebeul–Radeburg und Hetzdorf–Eppendorf im Einsatz. Seine letzten aktiven Jahre verbrachte er als Gerätewagen 97-09-65 in Oschatz, bevor er als einer der ersten Wagen in die Radebeuler Fahrzeugsammlung eingereiht wurde.

Ein weiterer Vertreter dieser Gattung (Nr. 1700) befindet sich im Schmalspurmuseum Oberrittersgrün, nachdem er von den Mitgliedern einer Arbeitsgemeinschaft des Deutschen Modelleisenbahn-Verbandes komplett in einem Garten „ausgegraben" wurde. Ein vierachsiger Bahnpostwagen wird dagegen am ehemaligen Hp. Wilsdruff von Freunden des Kulturbundes als technisches Denkmal gepflegt (Abbildung S. 148 unten).

Zugführerwagen „1439"

Diesem heute als Gepäckwagen bezeichneten Zweiachser bezogen die K.Sächs.Sts.E.B. im November 1901 aus Görlitz, nachdem beinahe die gleiche Bauart bis zur Jahrhundertwende in der eigenen Chemnitzer Hauptwerkstatt in knapp 40 Exemplaren entstand. Ihre Vorläufer waren zwei „Bedeckte Güterwagen mit Zugführereinrichtung" aus dem Jahre 1882 mit nur 4100 mm Wagenkastenlänge. Unser Zugführerwagen hat eine Tragfähigkeit von 5,25 t für die Gepäckbeförderung und besitzt einen Arbeitsplatz für den Zugführer mit Schreibplatte, Ablagefächern, Wandschrank und Billettverkaufseinrichtung, früher durch eine einfache Gepäckwaage ergänzt. Auffällig sind die langen, bis zu beiden Wagenenden reichenden Trittbretter und Handläufe, mit deren Hilfe der Zugführer während der Fahrt in die Personenwagen gelangen konnte und sollte! Ein schwindelerregendes Unterfangen, das der Einsparung von Zugschaffnern diente und aus der Sicht heutiger Arbeitsschutz-Maßstäbe undenkbar wäre. Das Fahrzeug wurde bereits mit Oberlichtaufbau geliefert, den einige seiner Vorgänger erst 1896/97 nachgerüstet bekamen. Das zweite Paar Fenster (für den Laderaum) kam wahrscheinlich erst in späteren Jahren hinzu.

Die Heberleinleine ließ sich durch den Wagen führen, so daß der Zugführer durch Trennen zweier Leinen eine Notbremsung auslösen konnte. Neben der Heberlein- gab es eine Hand-

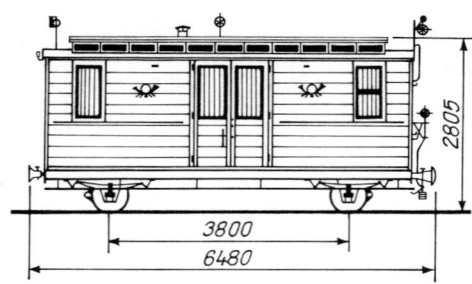

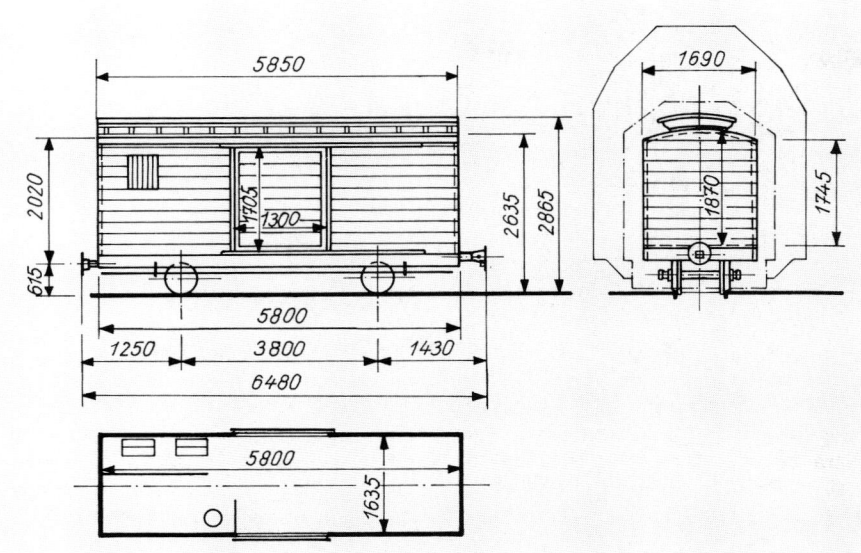

Personenwagen „121"

Dieser Wagen gehört zu einer Serie von 62 der ersten kleinen Personenwagen der K.Sächs.Sts.E.B., die von 1884 bis 1889 in den eigenen Werkstätten entstanden. Ursprünglich sollten diese Fahrzeuge in der 3. Klasse 15 Personen auf den Längssitzen Platz bieten, damit wären aber jedem Fahrgast nur etwa 25 cm der Bank zugedacht. So war es kein Wunder, daß die ganze Serie nach und nach in Traglastenwagen 4. Klasse mit 9 Sitz- und 8 Stehplätzen im Wageninnern umgebaut wurde. Auf jeder Plattform waren noch drei Stehplätze zugelassen.

Der Wagen 121 gehörte nicht nur zu den vier zuletzt umgebauten, sondern auch zu den 20 Wagen dieser Bauart ohne Bremse. Die Inneneinrichtung dürfte gewiß noch etliche Veränderungen erlebt haben. Im September 1918 wurde die bisherige Öl- gegen eine Gasbeleuchtung ausgetauscht. Der Gasbehälter unter dem Wagenkasten und weitere Einrichtungen sind erhalten geblieben. Eine Toilette gab es noch nicht. Mit Hilfe von Rollen und Bügeln konnte die durchgehende Heberleinleine über das Dach geführt werden. Mit einachsigen Drehgestellen und der auf den sächsischen Schmalspurbahnen übli-

bremse mit Kurbel im Wageninneren. Später wurde zusätzlich eine Saugluftleitung montiert. Das Fahrwerk besteht aus einachsigen Drehgestellen mit Querlenkern.

Die ursprüngliche Ölbeleuchtung wurde 1913 durch „Gasglühlicht" ersetzt. Ein Ofen spendete für den relativ kleinen Wagen im Winter wohlige Wärme.

Gepäckwagen dieses Typs kamen auf allen sächsischen Schmalspurstrecken zum Einsatz, bei einigen wurde von der DR der Oberlichtaufbau durch ein Tonnendach ersetzt. Auf den Strecken mit größerem Verkehrsaufkommen wurden die Wagen ab 1910 durch vierachsige Gepäck- und Zugführerwagen ersetzt. Eine wichtige Rolle spielten die Wagen in Güterzügen für die Aufnahme der Zugbegleiter, von Reserve-Kuppelstangen und anderer Ausrüstung. Unser Wagen hatte 1927 die DRG-Nummer 2051 erhalten und leistete seine letzten Dienste in der ursprünglichen Zweckbestimmung auf der Strecke Mulda–Sayda. Nach Stillegung der Strecke gelangte er als Bahndienstwagen 97-30-03 nach Oschatz.

Mit Übernahme in die Rechtsträgerschaft des Verkehrsmuseums Dresden und Aufarbeitung durch Eisenbahnfreunde in Radebeul Ost erhielt er wieder seine ursprüngliche Wagennummer. Jahrelang diente der Oldtimer im Museumszug für den Souvenirverkauf. Der schlechte Erhaltungszustand erforderte 1989/90 den Neuaufbau des Wagenkastens (Abb. S. 149 oben).

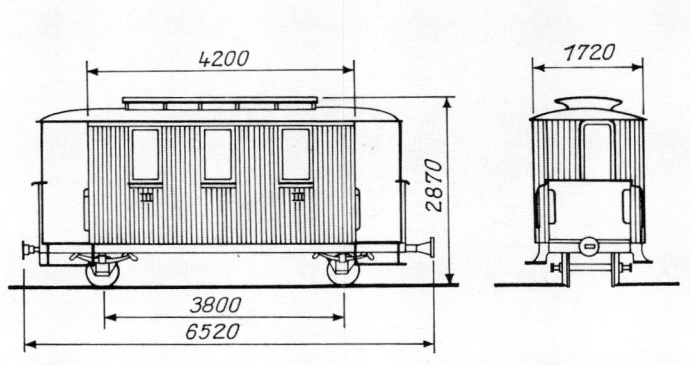

chen Trichterkupplung mit langem und kurzem „Buffer" besaß er die Standardausrüstung. Zum Schutz der Reisenden waren auf den Plattformen Sicherungsketten angebracht. Der Oberlichtaufbau sorgte tags trotz der kleinen Fenster für Helligkeit im Wageninnern.

Das Fahrzeug erhielt 1927 die DRG-Nr. 1659, wurde noch vor 1950 zum Bahndienstwagen 15003 deklassiert, als 97-09-72 am 26. April 1967 in Mulda ausgemustert und wenig später der Radebeuler Sammlung zugeordnet (Abb. S. 149 oben).

Personenwagen „207"

Der 1892 gebaute Wagen vertritt die zweite größere Bauserie zweiachsiger Sitzwagen, die zwischen 1890 und 1896 in den Chemnitzer Werkstätten der K.Sächs.Sts.E.B. entstand. Von den 70 Fahrzeugen wurden nur noch 8 ohne Bremse geliefert, davon wiederum zwei mit freien Lenkachsen, während alle anderen die bewährten einachsigen Drehgestelle bekamen.

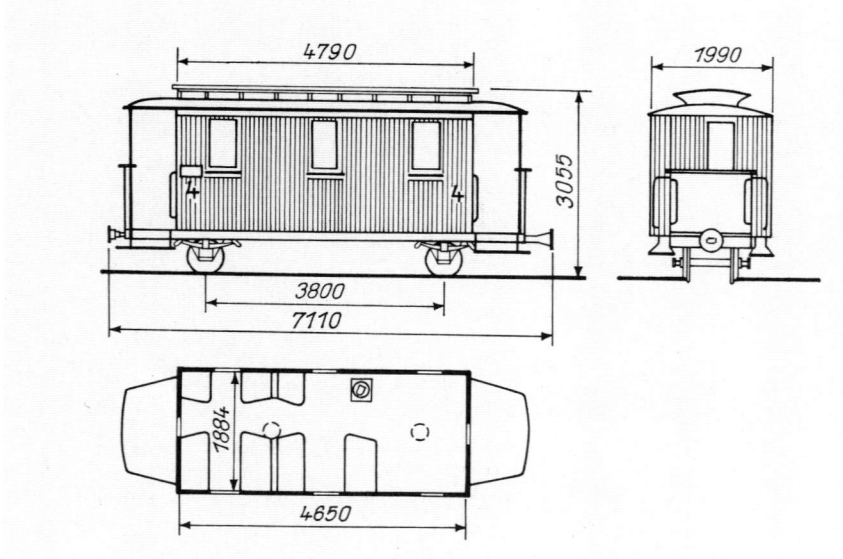

Gegenüber ihren Vorgängern boten die neuen Wagen in der 3. Klasse schon etwas mehr Komfort, was auch die größeren Abmessungen belegen. Bei der seitlichen Sitzplatzanordnung (2 + 1) standen jedem Reisenden schon etwa 45 cm Bankbreite zu. Drei Wagen erhielten Trennwände, die ein Abteil abgrenzten, bei drei anderen wurden zwei Drittel als Postabteile abgegrenzt. Zur Standardausrüstung, die auch unser Wagen 207 bei der Anlieferung besaß, gehörten Oberlichtfenster, Heberleinbremse, Ölbeleuchtung und Ofenheizung. Der Ofen wurde allerdings im Sommer entfernt. Die technische Entwicklung führte 1915 zur Umrüstung auf Körtingbremse und Handspindelbremse sowie später zur Gasbeleuchtung (1921). Die Fenster ließen sich bereits öffnen. Nach dem Einsatz modernerer vierachsiger Wagen wurden alle Wagen dieser Serie später der 4. Klasse zugeordnet. Dabei enstand durch Ausbau von sechs Sitzplätzen ein Traglastenabteil. Vermutlich erhielt unser Wagen bereits damals oder später Längssitze eingebaut, die noch erhalten sind. 1927 in 1640 umgenum-

mert, konnte er als Bahndienstwagen 15018 (ab 1958 97-09-87) die Zeiten überdauern. Zwar am 25. Oktober 1965 in Radebeul ausgemustert, war er auch zwei Jahre später noch vorhanden und konnte in den Museumszug eingereiht werden, nach dem die Leipziger Verkehrsbetriebe die ausstellungsgerechte Aufarbeitung übernommen hatten (Abb. S. 150 unten).

Güterwagen „1855"

Etwa 240 Wagen dieser Bauart stellte man von 1892 bis zur Jahrhundertwende in den Werkstätten der K.Sächs.Sts.E.B. her. Bereits die ab 1883 in 174 Exemplaren gebauten Vorläufer besaßen einen völlig gleichen Wagenkasten und unterschieden sich nur durch ihren größeren Achsstand von 3800 mm (gegenüber später 3000 mm) sowie die Achsanordnung in dreiachsigen Drehgestellen auch bei den ungebremsten Fahrzeugen. Heberleinbremse, Trichterkupplung und Schiebetüren entsprechen noch der Originalausstattung, während manches Brett der Verkleidung inzwischen ersetzt werden mußte. Die Wagen hatten zuerst Nummern ab 690 aufwärts, bis nach der Jahrhundertwende der wachsende Personenwagenbestand weitere Nummernreihen benötigte und zur Erhöhung der Güterwagen-Nummern über 1000 zwang. So trug der 1898 gebaute und heutige Museumswagen ursprünglich die Nr. 855, wurde schon vor 1927 Bahndienstwagen mit der Nr. 15 021 (ab 1958 97-09-90) und war u. a. in Klingenberg-Colmnitz stationiert, wo er am 10. 8. 1968 ausgemustert und anschließend nach Radebeul überführt wurde. Hier demonstriert er im Museumszug, aufgearbeitet mit Hilfe der Dresdner Verkehrsbetriebe, den Schmalspur-Güterverkehr um die Jahrhundertwende als letzter Vertreter einer zahlreichen und vielseitig einsetzbaren Wagengattung. Aufs Abstellgleis

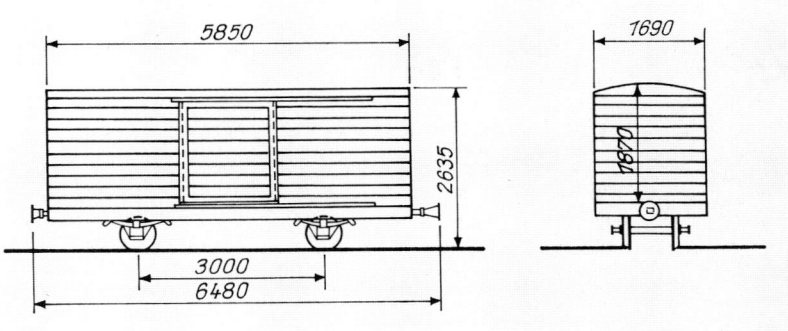

Daß ein Großteil solcher Oldtimer die Zeiten überlebte und nicht durch die leistungsfähigeren OO-Wagen von den Gleisen verdrängt wurde, war der jährlichen kurzen Rübenkampagne zu verdanken. Für diesen Spitzenverkehr blieben auch die Zweiachser nocht gut genug und bis Anfang der sechsziger Jahre z. B. im Mügelner Netz noch im Einsatz. Zuvor gehörten Kohlen, Dünger, Baumaterial und landwirtschaftliche Produkte zu ihren häufigsten Ladegütern. Die Wagen besitzen eine Tragfähigkeit von 5,25 t. Um 1964 in Mügeln ausgemustert, konnten sie noch für den Radebeuler Museumszug sichergestellt werden (Abb. S. 151 unten).

gedrängt wurde er nicht nur frühzeitig durch die leistungsfähigeren vierachsigen G-Wagen, sondern vor allem den aufkommenden Rollbock- und Rollwagenverkehr mit regelspurigen Wagen.

Zu der Gattung sei noch angemerkt, daß eine Reihe der Fahrzeuge Spezialausrüstungen besaß: Mindestens ein Wagen jeder Strecke hatte Krampen zur Befestigung des Profilgerüstes, das vor dem Bau des Profilmeßwagens hier aufgesteckt wurde. 27 dieser Wagen erhielten Laufbretter und Handstangen, an denen der Zugführer bei gemischten Zügen entlangturnen konnte (Abb. S. 151 oben).

den durch das Aufstecken hoher gekröpfter Rungen, die jedoch 1902 entfernt wurden. Bei anderen Wagen konnten höhere Seitenwände aufgesteckt werden. Diese wurde als Nr. 1458 im Jahre 1888 in Dienst gestellt und gehörte der Gattung Ocw „zum Vieh-, Coaks-, Möbel- pp.-Transport" an. Der Wagen 3458 stammt mit Sicherheit aus den Chemnitzer Werkstätten, was bei seinem Pendant Nr. 3301 nicht verbürgt ist. Wahrscheinlich handelt es sich um den Wagen 3047 – und damit den ältesten erhaltenen sächsischen Schmalspurwagen aus dem Jahre 1882!

Drehschemelwagen „5038"

Nachdem die K.Sächs.Sts.E.B. von 1881 bis 1889 insgesamt 16 ungebremste kleinere Rungenwagen mit 1500 und später nur 1200 mm Achsstand gebaut hatten, stellte man sich ab 1890 auf längere mit 2700 mm Achsstand um. sie dienten vornehmlich paarweise zum Langholztransport und waren dabei oft nur durch die La-

Güterwagen „3458" und „3301"

Von Anbeginn des Schmalspurbetriebs in Sachsen wurden solche vielseitig verwendbaren O-Wagen in großen Stückzahlen beschafft und eingesetzt. Auch sie besitzen einachsige Drehgestelle, und nur etwa zwei Drittel der leichten Fahrzeuge waren wie unsere Museumswagen mit der Heberleinbremse ausgerüstet. Es gab verschiedene Bauarten, u. a. mit unterschiedlichen Bordwandhöhen oder mit „Einrichtungen zum Kalktransport", die aus eisernen Spriegeln und abnehmbaren Segeltuchdecken bestanden. Wagen 3458 konnte zum Strohtransport hergerichtet wer-

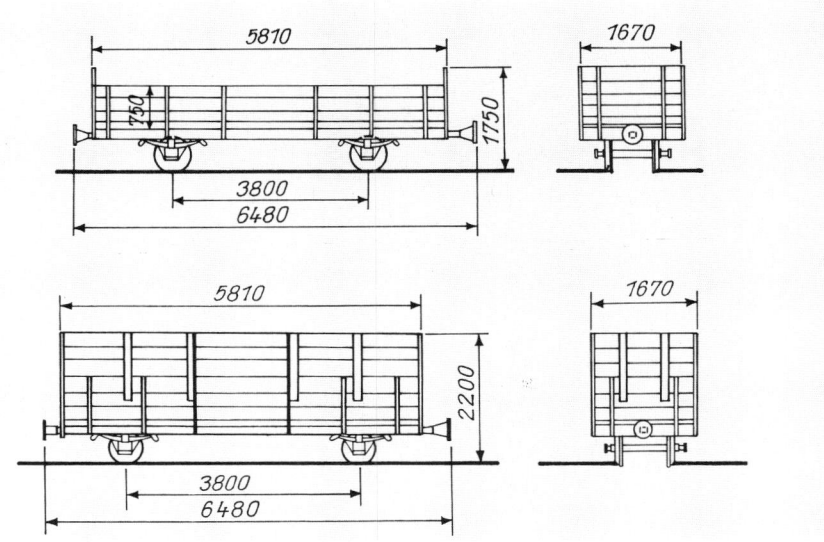

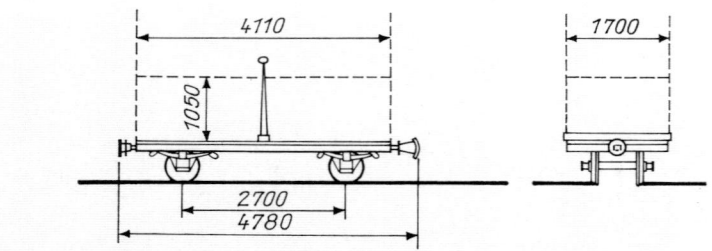

dung verbunden. Dann durften sie nur unter besonderen Bedingungen – in der Regel am Zugschluß – befördert werden. Um die Wagen gut auszulasten, konnten die meisten „nach Aufstecken der bei den betr. Bahnverwaltereien aufbewahrten Bords" als auch gewöhnliche offene Güterwagen Verwendung finden.

Bis 1922 wurden über 100 dieser Fahrzeuge beschafft, die auch für Bahndienstzwecke – z. B. zum Schwellen- und Schienentransport – herangezogen werden konnten.

Der Museums-Wagen entstammt einer Serie von 40 Stück, die im Jahre 1917 bei Busch in Bautzen gefertigt wurden. Alle vorhergehenden wurden in den Chemnitzer Eisenbahnwerkstätten gebaut, während die letzten zehn 1922 aus Zwickau bezogen worden sind.

Für den Transport sperriger Güter und von Wolle in Ballen wurden 1882 bis 1897 22 vierachsige Wagen auf Drehgestellen mit 1200 mm Achsstand gebaut. Sie hatten 9680 mm LüP und waren mit Rungen versehen. Ab 1921 folgten noch 66 vierachsige Schemelwagen mit 15 t Tragfähigkeit, die auch als Rungenwagen verwendbar sind und heute z. T. noch Bahndienstzwecken dienen.

Der zweiachsige Schemel Nr. 5038 erhielt 1927 die Nr. 9031 und 1958 von der DR Nr. 97-24-50. Am 9. April 1965 in Mügeln ausgemustert, blieb er – wie zwei weitere Exemplare in Oberrittersgrün – erhalten und ist in Radebeul Ost zu besichtigen (Abb. S. 152 oben).

Bahndienstwagen „18 001"

Von den Besuchern der Radebeuler Fahrzeugsammlung wohl am meisten bestaunt wird dieser ungewöhnliche Wagen mit den zwei gelben Profilgerüsten. Schon in der Frühzeit der sächsischen Schmalspurbahnen gab es regelmäßige Prüfungen der Profilfreiheit aller Strecken, indem die Einrichtungen an bestimmten G-Wagen befestigt wurden. Als diese mit schwerer körperlicher Arbeit verbundene Methode nicht mehr befriedigte, ließen die K.Sächs.Sts.E.B. in ihren Chemnitzer Werkstätten 1897 den Profilmeßwagen K 1 bauen. Er wurde also nicht, wie in der Literatur z. T. angenommen, aus einem Personenwagen umgebaut. Allerdings blieb er natürlich ein Einzelgänger, der bei Bedarf auf den einzelnen Strecken zum Einsatz kam.

Sicherlich spielte er auch bei der Abnahme von Neubaustrecken und Streckenbereisungen technischer Beamter eine große Rolle. Schließlich konnte das Fahrzeug nicht nur den mit oder ohne Rollbockverkehr freizuhaltenden lichten Raum auf sehr eindrucksvolle Weise demonstrieren, sondern diente auch zur Messung der Überhöhung und anderer gleisgeometrischer Größen. Öl- bzw. Petroleumbeleuchtung, Ofen, Schreibplatte, Waschbecken und Stühle sorgten für die Bequemlichkeit der Beamten, eine Handspindelbremse dagegen für einen sicheren Betrieb. Die Hauptabmessungen zeigen, daß auch hier die für viele Güter- und Gepäckwagen typischen Untergestelle

sowie genormten Teile von Personenwagen verwendet wurden. Die DRG reihte den Wagen als Bdw 18 001 in ihren Bestand ein. 1958 erhielt er noch die Nr. 97-09-97. Zu dieser Zeit hatte er das Wilsdruffer Schmalspurnetz wohl schon lange nicht mehr verlassen. Doch vielleicht wegen seiner unzweifelhaft „wissenschaftlichen" Ausstrahlung wagte sich niemand an eine Ausmusterung, so daß das Unikum in Oberdittmannsdorf „überlebte" und noch heute – von Eisenbahnfreunden liebevoll aufgearbeitet – als Sachzeuge von der großen Zeit der sächsischen Schmalspurbahnen kündet (Abb. S. 153 oben).

Güterwagen „97-12-48" und „97-14-19"

Die beiden bauartgleichen Wagen verkörpern die zweite Generation sächsischer Schmalspurwagen. Um die Jahrhundertwende entstanden die ersten vierachsigen offenen und geschlossenen Güterwagen, später auch Flachwagen mit größerer Tragfähigkeit und Ladefläche (s. Wagen 5038). Doch nicht nur im größeren Laderaum, sondern wohl vor allem im geringeren Laufwiderstand und der Laufgüte lagen ihre Vorteile, ergänzt durch eine relative Verkürzung der Züge.

Unsere Wagen mit den DRG-Nummern 3447 und 3405 entstanden erst 1929 bei Linke-Hofmann-Busch in Werdau (LHB), wiesen aber gegenüber ihren Vorgängern keine wesentlichen Veränderungen auf. So enstanden bis 1934 über 600 Wagen dieser Bauart. Sie waren durchweg mit Bremsen ausgerüstet, wobei die Heberleinbremse meist durch die Körtingsche Saugluftbremse abgelöst wurde bzw. bei späteren Lieferungen die letztere gleich eingebaut war. Einige Wagen erhielten auf einer Seite eine Endbühne mit Spindelbremse, während die übrigen eine Radhandbremse als Feststellbremse besaßen.

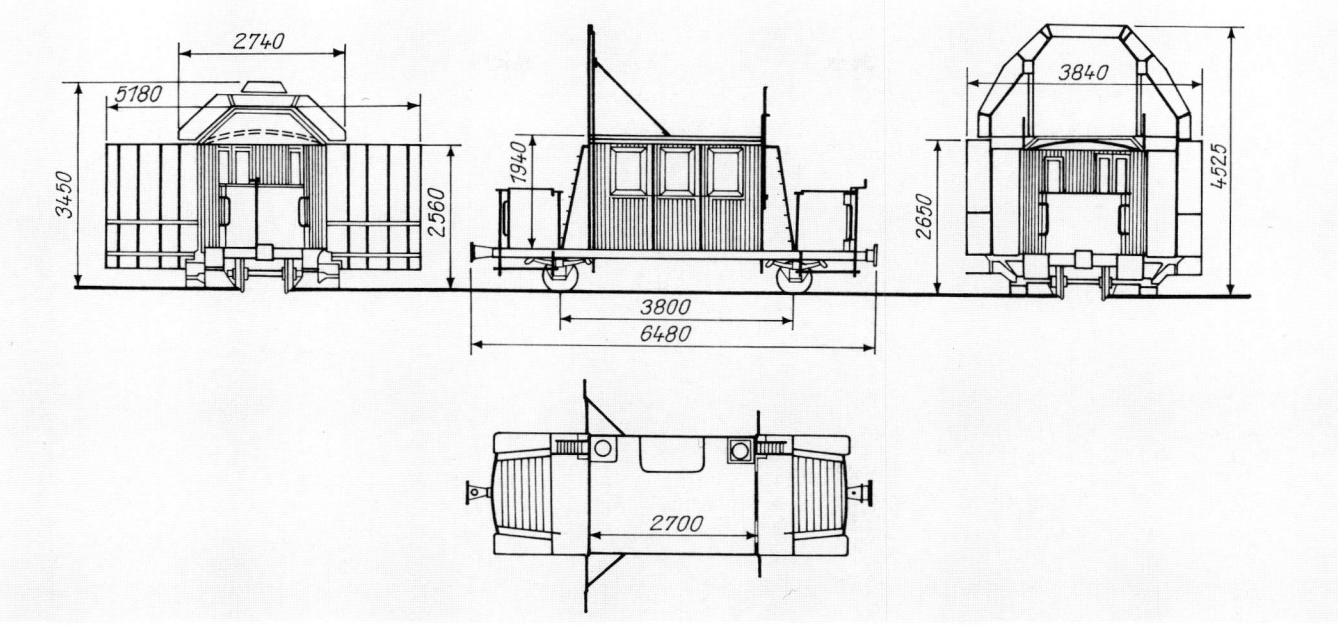

Der Wagen 97-12-48 ist betriebsfähig und kommt im Traditionsbetrieb zum Einsatz. Dabei dient er nicht nur zur Darstellung der früher so charakteristischen gemischten Reise- und Güterzüge, sondern erhielt auch eine Zugfunkeinrichtung, elektr. Beleuchtung und Ausrüstungen für den Imbißverkauf zur Komplettierung des zweiten Traditionszuges sowie Längsbänke. Sie erinnern daran, daß früher mancher Wagen dieser Art bei Spitzenverkehr auch der Personenbeförderung diente. Da die Bauart ab 1901 eingesetzt wurde, soll der Wagen später das äußere Bild der K.Sächs.Sts.E.B. erhalten (Abb. S. 153 unten).

Güterwagen „97-21-15"

Der vierachsige Wagen entstammt einer Lieferung der damaligen Fa. Busch in Bautzen aus dem Jahre 1913 und wurde von den K.Sächs.Sts.E.B. unter der Nummer 4957 in den Bestand eingereiht, 1927 von der DRG in 7214 umgezeichnet.

Gegenüber der seit 1899 gebauten Ursprungsausführung der Gattung OOw mit einer Tragfähigkeit von 10,5 t (Skizze) ist unser Wagen nicht nur ca. 200 mm länger, sondern erreicht durch den verstärkten Rahmen mit Sprengwerk eine Tragfähigkeit von

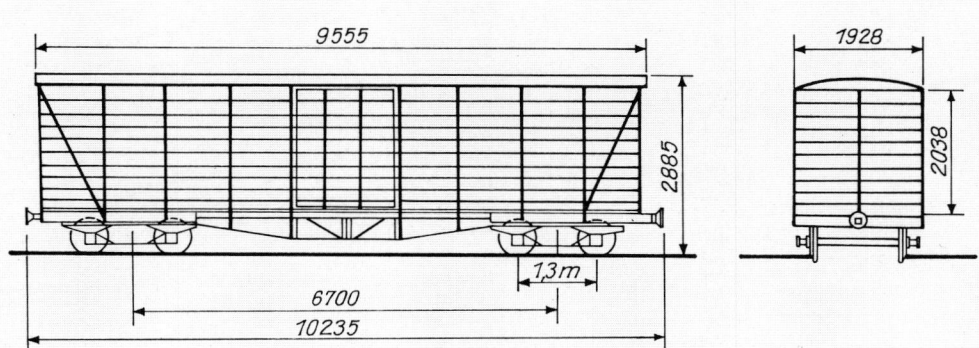

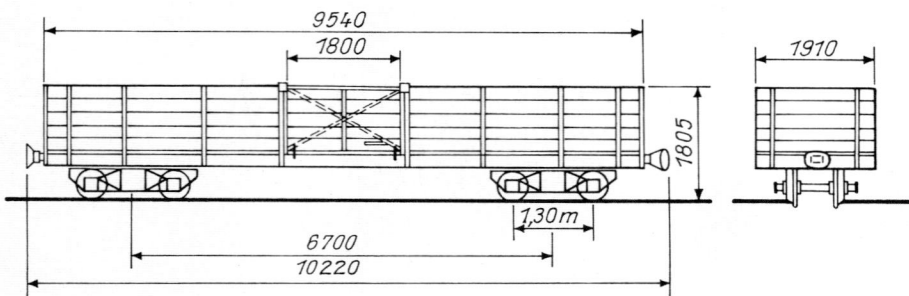

15,75 t. Wie die Bautzner Werkaufnahme des bauartgleichen Wagens 4480 zeigt, sind bei dieser späteren Gattung OO auch die herausklappbaren Seitenwandtüren verändert. Drehzapfenabstand und -gestelle blieben unverändert.

Links unten am Wagenkasten ist „Wilkau" mit einem Pfeil angeschrieben. Dieser gab die Richtung an, in der die Fahrzeuge mit ihren zwei unterschiedlich langen Trichterkupplungen auf dem jeweiligen Spurwechselbahnhof eintreffen mußten. Auf der schwarzen Fläche konnten mit Kreide Aufträge für die rangierdienstliche Behandlung angeschrieben werden, rechts unten ist bereits ein Raster für wagentechnische Untersuchungen erkennbar.

Der Wagen besitzt heute noch die funktionsfähige Heberleinbremse, im Gegensatz zur Abbildung jedoch nur für ein Drehgestell, sowie die Trichterkupplung. Zuletzt in Oschatz beheimatet, wurde er in den siebziger Jahren für die Radebeuler Fahrzeugsammlung des Verkehrsmuseums sichergestellt und von Eisenbahnfreunden mit Unterstützung des Bww Dresden aufgearbeitet (Abb. S. 154 oben).

Güterwagen „97-27-06"

Das vierachsige Fahrzeug entstand 1930 in der Waggonfabrik Weimar AG, der früheren AG für Eisenbahn- und Mi-

litärbedarf. Es diente vor allem für den Transport von Kaolin und anderen staubförmigen sowie Schüttgütern. Das Fahrzeug wurde bereits mit Körting- und mechanischer Feststellbremse sowie Führungsrollen für die durchgehende Heberleinleine geliefert.

1954 erhielt es im Raw Karl-Marx-Stadt (dem Nachfolger der Hauptwerk-

stätten der K.Sächs.Sts.E.B.) eine Generalreparatur. 1968 in Oschatz ausgemustert, gelangte der Wagen als jüngster und als einziger in Ganzstahlbauweise hergestellter in die Radebeuler Fahrzeugsammlung, wo er bereits mehrfach von Eisenbahnfreunden äußerlich aufgearbeitet wurde (Abb. S. 154 unten).

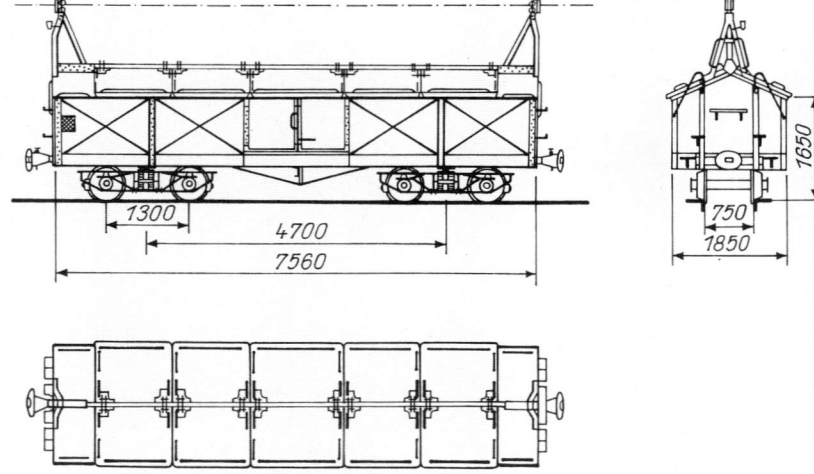

Die Schmalspurbahn Radebeul Ost – Radeburg

Zugführerwagen „1492"

Dieser Wagen wurde 1896 in Chemnitz gebaut. Die Öllampe ersetzte man 1902 durch Gasbeleuchtung. Nach seinem Einsatz auf verschiedenen sächsischen Strecken gehörte er zu den Wagen, die nach dem 2. Weltkrieg von der DR zur Stabilisierung des Verkehrs auf ehemalige Privatbahnen umgesetzt wurden. Er kam als 7.2012 nach Rügen und wurde zunächst in 7.1910 und 1958 in 975-103 umgenummert. Doch bald wurde der zweiachsige Gepäckwagen entbehrlich und dem Putbuser Hilfszug als Bdw 979-009 zugeordnet, wo er als Gerätewagen vor allem für die Beleuchtung von Unfallstellen eingerichtet wurde. Er erhielt Druckluftleitung und einen Generator, dessen Anordnung unter dem Wagenboden eine Veränderung des Bremsgestänges erforderte. Zum Einsatz dürfte er in der gedachten Funktion wohl kaum gekommen sein. Das Fahrzeug ist in die Liste der Eisenbahnmuseumsfahrzeuge aufgenommen worden und für den Einsatz in einem sächsischen Traditionszug vorgesehen.

Gepäckwagen „974-368"

Der Wagen gehört zu einer Serie von 33 Neubauwagen aus den Jahren 1929 bis 1932, die gemeinsam mit den 70 Personenwagen 3. und 4. Klasse aus dieser Zeit als Einheitswagen bezeichnet werden und in Stahlbauweise ausgeführt sind. Sie wurden z. T. mit

Heberlein- und mit Saugluftbremse geliefert und sind die längsten Gepäckwagen auf den sächsischen Schmalspurstrecken.

Der Wagen 974-368 wurde 1930 mit der Nr. 1832 von der DRG in Dienst gestellt und war wohl ausschließlich auf der Strecke Freital-Hainsberg–Kurort Kipsdorf im Einsatz. Nachdem alle anderen noch im Bestand befindlichen Wagen dieser Gattung inzwischen in der Werkabteilung Perleberg des Raw Wittenberge modernisiert wurden, leistete er bis 1987, meist mit dazu passenden Personenwagen, im Tal der Roten Weißeritz Dienst. Seitdem ist er nicht mehr betriebsfähig und wartet auf seine Aufarbeitung, um künftig auch im Traditionsbetrieb die letzte Ge-

neration sächsischer Schmalspurwagen verkörpern zu können (Abb. S. 155 unten).

Gepäckwagen „974-354"

Dieses Fahrzeug lieferte die Waggonfabrik Werdau 1926 mit der Fabriknummer 29649 an die RBD Dresden ab. Es gehört zu einer Nachbauserie der von den K.Sächs.Sts.E.B. ab 1910 beschafften Gepäckwagen. Neben 10 in Chemnitz und weiteren 10 zwei Jahre später in der Waggonfabrik Gotha gebauten Wagen hatte Werdau ab 1915 den Löwenanteil am Bau der 70 Vierachser.

Unser Wagen erhielt noch Holzver-

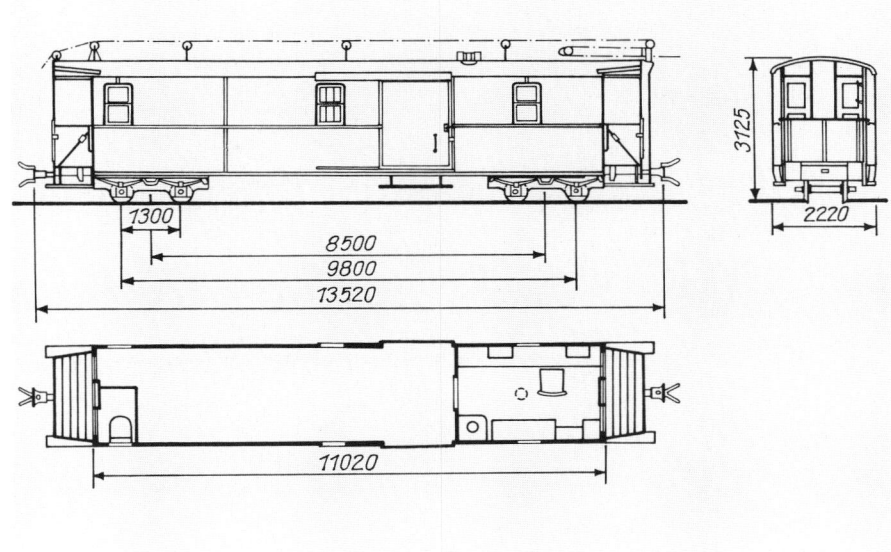

kleidung und Gasbeleuchtung, was wenige Jahre später schon überholt war (s. 974-368).

Noch unter der Nummer 1369 nach dem alten sächsischen Schema eingereiht, wurde er 1927 in Nr. 1753 umgezeichnet. 1959 verkleidete man den Wagenkasten mit Blech, wobei auch das Hundeabteil (s. Skizze) beseitigt wurde. Körtingbremse, Scharfenbergkupplung und elektrische Beleuchtung gehören heute zur Ausrüstung. Die 85-V-Batterie wird in der Regel von der Lichtmaschine der Dampflok aus geladen und kann die Beleuchtung eines Reisezuges für begrenzte Zeit allein übernehmen.

Für den Traditionsbetrieb mußte das Fahrzeug 1980 umgebaut werden. Unter Verzicht auf die Toilette wurde ein größeres Zugfunkabteil eingebaut, das nur von der Plattform aus zugänglich ist. Dazu waren zusätzlich eine 24-V-Batterie und ein Umformer für 220 V Wechselstrom einzubauen, womit handelsübliche Verstärker und weitere Tontechnik betrieben werden können.

Im ehemaligen Gepäckraum hat die

MITROPA Verkaufs- und Lagermöglichkeiten. Der Zugführerraum besitzt Ofen- und Dampfheizung und dient auch dem Fahrkartenverkauf, wie im Regelbetrieb üblich. Dazu wurde eigens eine der inzwischen seltenen Stempelpressen installiert. – Der Wagen soll im Traditionsbetrieb mit der damaligen DR-Nummer 7.1753 künftig die Epoche der fünfziger Jahre präsentieren (Abb. S. 156 unten).

Personenwagen „26 (970-006)"

Diesen Einheitswagen ursprünglich 2. Klasse in Stahlbauweise lieferte LHB Bautzen 1930 an die Rbd Dresden, die ihn wie die meisten dieser repräsentativen Gattung auf der Hainsberger Strecke einsetzte. Mit Scharfenbergkupplung, Körtingbremse, Dampfheizung (Nuhz) und elektrischer Beleuchtung hatte er die modernste Ausstattung erhalten. Mit seinen 37 Polstersitzen und großen Fenstern fand er natürlich bei den Fahrgästen großen

Anklang. Eine Schiebetür in der Wagenmitte trennte Raucher- und Nichtraucherabteil.

Mit Wegfall der 3. Wagenklasse im Jahre 1958 wurden viele der ehemaligen B4-Wagen der 1. Klasse zugeordnet, womit diese auf den sächsischen Schmalspurbahnen erstmals Einzug hielt. In den siebziger Jahren wurden die Stoff- durch Lederpolster ersetzt und alle Wagen in die 2. Klasse eingeordnet. Der Wagen, am 6. Juli 1972 bereits in Freital-Hainsberg ausgemustert, wurde zum Aufbau des Traditions-Wagenparks am 4. April 1975 wieder in den Bestand aufgenommen, nachdem er mit Laufbescheinigung schon an der Eröffnung der Radebeuler Traditionsbahn am 10. August 1974 teilgenommen hatte. So behielt er auch seine Polstersitze, die inzwischen mit Hilfe des WA Perleberg des Raw Wittenberge erneuert werden konnten. Heute präsentiert er sich im Traditionsbetrieb weitgehend im Originalzustand als Dresden 26 und ist als einziger Wagen einer „gehobenen Klasse" bei den Fahrgästen natürlich besonders beliebt.

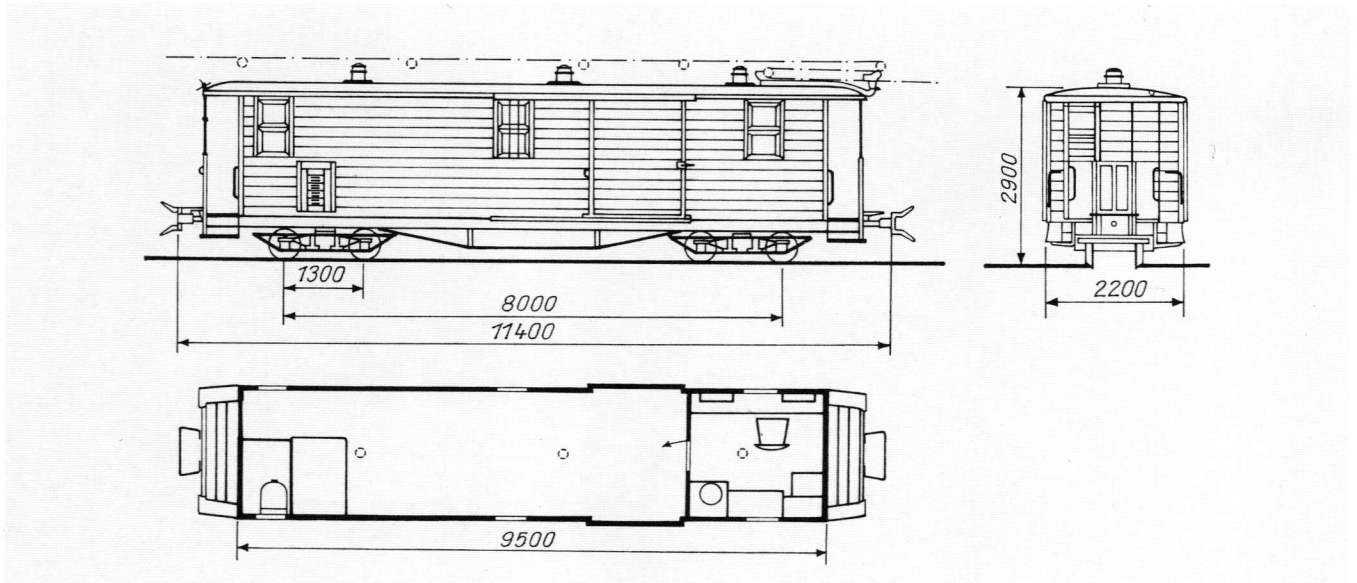

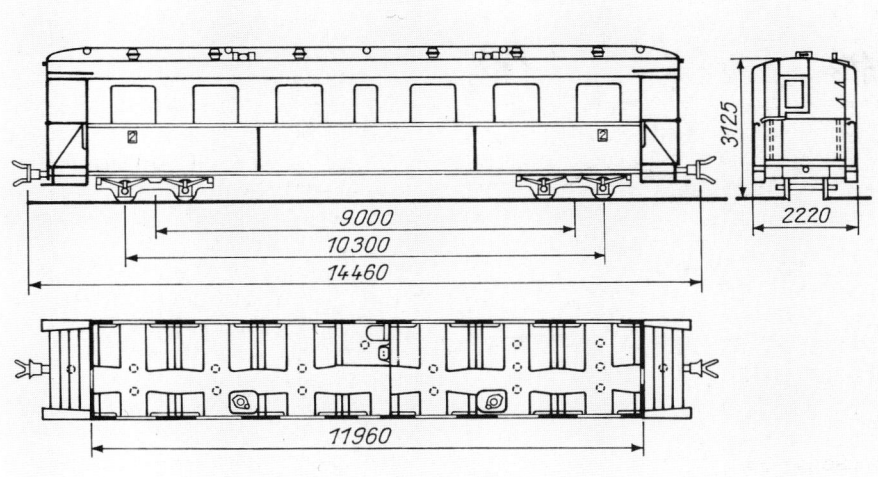

und wird nicht betriebsfähig erhalten.

Schließlich ist auch im Salonwagen 970-445 der Weißeritztalbahn trotz modernen Anstrichs äußerlich noch unschwer diese Bauart der DRG-Einheitswagen zu erkennen (Abb. S. 157 unten).

Personenwagen „970-237"

Dieser Wagen wurde 1912 in der Waggonfabrik Busch, Bautzen, als Wagen 3. Klasse gebaut. Die ähnliche Bauart 2./3. Klasse war bereits seit 1907 üblich und ebenfalls mit Heberleinbremse, Öllampen und zwei Öfen ausgerüstet. Der Wagen erlebte eine Vielzahl von Umbauten und erhielt z. B. Gasbeleuchtung, Körtingbremse und Scharfenbergkupplung. 1957 hielt die elektrische Beleuchtung (85 V) Einzug während 1961 eine Blechverkleidung die hölzerne ablöste.

Zwar blieb die Ofenheizung bis heute erhalten, doch wurden die Öfen jeweils an den Platz einer Viererbank in die Mitte der Abteile versetzt und mit einem voluminösen Blechmantel versehen. 1973 für den Traditionsbetrieb ausgewählt, erhielt er als einziger einen elfenbein-roten Anstrich.

Diese ungewöhnliche Farbgebung

Der 1929 gebaute Schwesterwagen 970-004 bekam 1986 ebenfalls wieder grüne Polstersitze sowie einen elfenbein-grünen Anstrich und wird in Freital-Hainsberg als Sonderfahrzeug für Gruppenfahrten und ähnliche Zwecke vorgehalten (Abb. S. 157 oben).

Personenwagen „970-448" und „970-454"

Die Erhaltung dieser zur Zeit noch im Regeldienst in Freital-Hainsberg und Zittau stehenden Einheitswagen der ehemaligen 3. Klasse in ihrem gegenwärtigen Zustand wurde vom Verkehrsmuseum und der Hauptverwaltung der Wagenwirtschaft beschlossen. Zusammen mit 970-269, 970-006, 974-368 und der „VI K" 99 713 sollen sie später einen stilreinen DRG-Zug der zwanziger Jahre im Traditionsbetrieb darstellen. Die beiden 1930 bzw. 1932 gebauten Stahlwagen unterscheiden sich von denen der ursprünglichen 2. Klasse durch eine engere Sitzteilung und demzufolge sieben statt sechs große Fenster auf jeder Längsseite. Sie haben Hartpolstersitze mit Armlehnen. Zahlreiche Einheitswagen verließen nach

1945 die sächsischen Strecken und erhielten – umgespurt auf Meterspur – auf der Spreewald- und Harzquerbahn eine neue Heimat.

Ein weiterer Vertreter dieses Typs, der ehemalige 970-459 aus dem Jahr 1932, wird heute als Klubwagen der Traditionsbahn Radebeul Ost – Radeburg für die Arbeitsgemeinschaft 3/58 des Modelleisenbahn-Verbandes genutzt. Mit der entfernten Originaleinrichtung und dem werbewirksamen blau-weißen Anstrich ist er natürlich weniger als technisches Denkmal gedacht

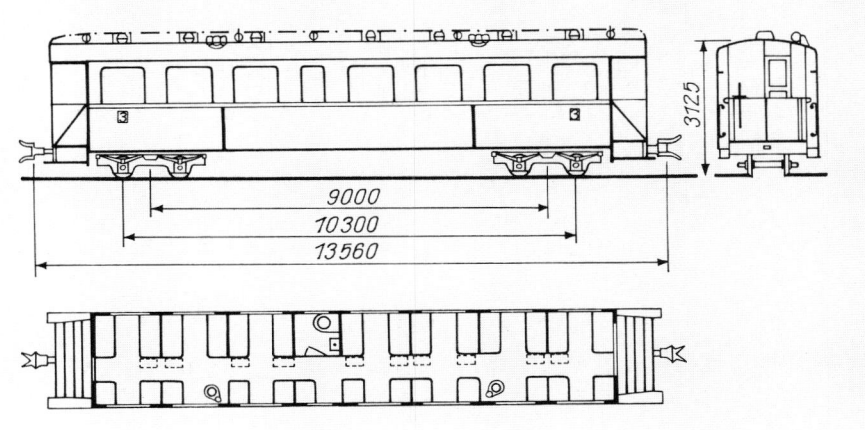

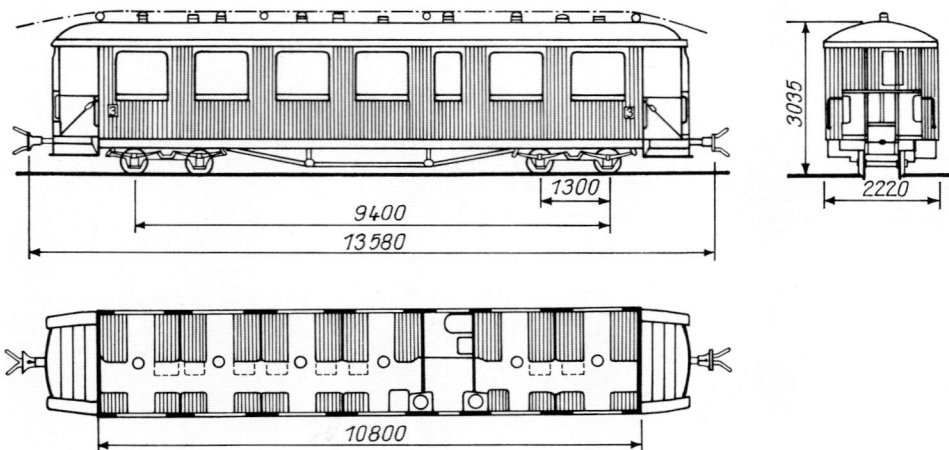

hat ihr Vorbild in dem bauartgleichen Wagen 970-239, und anderen, die in Zittau bis Anfang der sechziger Jahre als Beiwagen zu den Verbrennungstriebwagen der BR 137 einsetzbar waren. Doch meist bergwärts oder bei Bedarf liefen sie auch in den Dampfzügen mit, so daß der Einsatz des Wagens nicht nur das Erscheinungsbild der Traditionszüge werbewirksam auflockert, sondern auch zur Pflege der Traditionen sächsischer Schmalspurbahnen zählt.

Heute besitzt der Wagen zwei Abteile mit Lattensitzen. Zu den 28 Sitzplätzen kommen vier Klappsitze, und durch die Anordnung der Öfen ergibt sich eine gemütliche Atmosphäre.

Der Wagen soll die gegenwärtige Farbvariante und die DR-Anschriften (später mit Nr. 7.0400) behalten und bei evtl. Aufarbeitung des Triebwagens 137 322 auch wieder als Beiwagen zum Einsatz kommen (Abb. S. 158 oben).

Personenwagen „970-369"

Dieser Wagen gehört zu einem Baulos seiner Gattung, das 1913 bei Busch in

Bautzen entstand. Die K.Sächs.Sts.E.B. reihte ihn unter der Nr. 469 in ihren Bestand ein, die DRG 1927 als Nr. 366. Er gehört zur gleichen Bauart wie 970-237 und andere Traditionswagen, die damit eigentlich überrepräsentiert ist.

Doch hat sich bei ihm trotz anderer Umbauten (Gasbeleuchtung, Dampfheizung) die hölzerne Außenverkleidung erhalten, was nach entsprechender Aufarbeitung die Komplettierung eines Traditionszuges aus der Zeit der K.Sächs.Sts.E.B. mit einem weiteren originalgetreuen Wagen gestatten würde.

Das Fahrzeug wurde 1974 in Thum ausgemustert, aber am 15. August 1975 wieder in den Bestand aufgenommen.

Personenwagen „970-236", „970-252", „970-376" und „970-405"

Die vier ursprünglich mit 970-237 und -369 bauartgleichen Wagen lieferte die Waggonfabrik Busch in Bautzen in den Jahren 1912/13 und 1922 aus. Sie hatten Trichterkupplung, Ofenheizung und Heberleinbremse. Lediglich

970-376 gehörte zu den sieben Exemplaren aus dem Jahr 1913, die bereits mit der Körtingschen Saugluftbremse und zusätzlicher Handbremse geliefert wurden. Die 39 Fahrzeuge der ersten beiden Jahre (1922 noch 52 Nachbauten) waren wohl die ersten in Sachsen, die serienmäßig mit Gasbeleuchtung ausgerüstet waren.

Natürlich erhielten seinerzeit auch die saugluftgebremsten Wagen Einrichtungen zur Führung der Heberleinbremsleinen.

Die meisten dieser Wagen waren in Zittau beheimatet und erhielten 1957 elektrische Beleuchtung sowie 1959 Blechverkleidung. Für den Traditionsbetrieb wurden sie in so großer Zahl ausgewählt, weil die Inneneinrichtung mit Lattensitzen, geflochtenen Gepäcknetzen, Lüftern usw. fast völlig original erhalten geblieben ist und die großen Fenster ein ungestörtes Betrachten der Landschaft gestatten.

Die Wagen werden voraussichtlich der Epoche der Deutschen Reichsbahn zugeordnet. Vorübergehend ist auch der Wagen 970-241 gleicher Bauart für den Traditionsbetrieb in Radebeul im Einsatz, bis weitere vorgesehene Wagen älterer Bauart zur Verfügung stehen (Abb. S. 159).

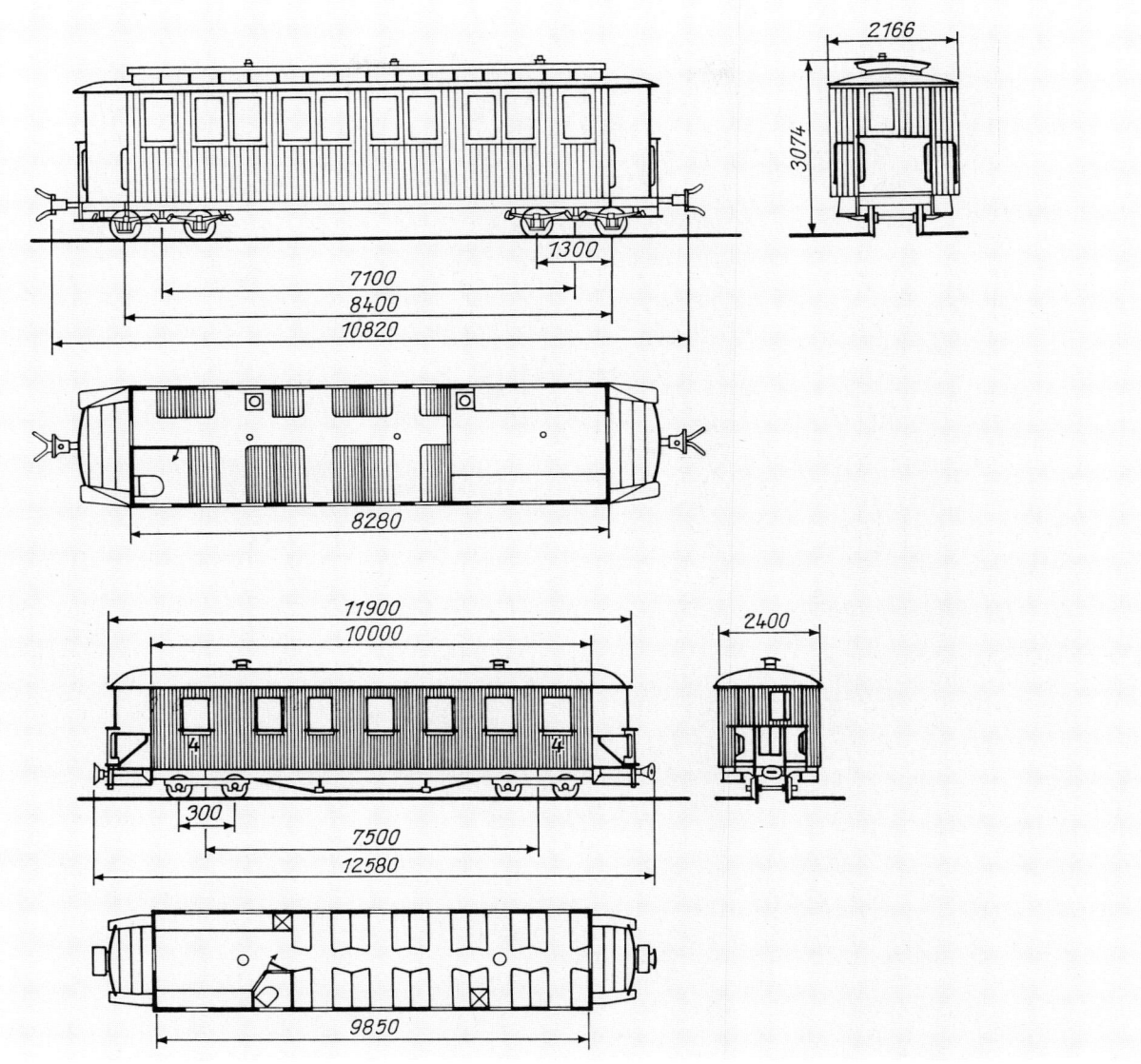

Personenwagen „1163 (970-269)"

Diese Traglastenwagen 4. Klasse wurden in großer Stückzahl ab 1913 in Bautzen und Werdau für die K.Sächs.Sts.E.B. gebaut. Der Wagen 1163 entstand im März 1914 bei Busch in Bautzen und erhielt zunächst die Nr. 560. Bereits werkmäßig war er mit Körtingbremse und Gasbeleuchtung ausgerüstet. Die ursprüngliche Heizung mit zwei im Sommer herausnehmbaren Öfen wich später der Dampfheizung.

Der 4. Klasse entsprechend, hatte der Reisende auf den einfachen Bretterbänken wenig Platz, und auch der Trokkenabort war viel enger als in höheren Klassen. Im Jahre 1928 wurde der Wagen ohne jegliche Änderungen in die 3. Klasse erhoben. Glücklicherweise fühlte sich auch später niemand für eine größere Bequemlichkeit zuständig – 1957 kamen Blechverkleidung und elektrische Beleuchtung – und seit 1958 als 2. Klasse eingestuft, blieb uns ein weiteres interessantes Fahrzeug mit weitgehend originaler Einrichtung erhalten.

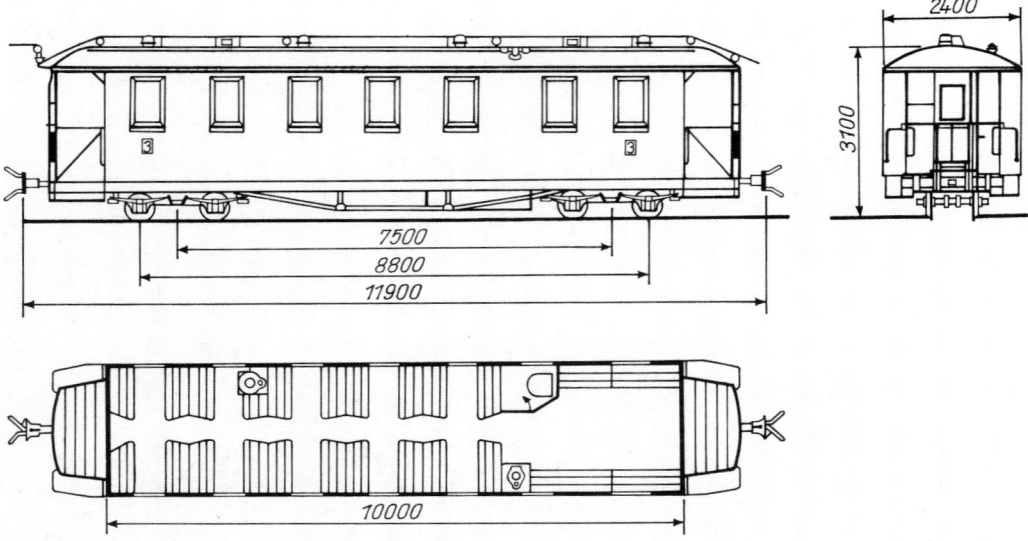

Gepäcknetze und andere „überflüssige" Einrichtungen fehlen hier natürlich, so daß mit 148 kg eine gegenüber vergleichbaren Wagen 3. Klasse sehr niedrige spezifische Sitzplatzmasse erreicht werden konnte. Im Traditionsbetrieb gehört es zu den besonderen Erlebnissen, wieder 52 Personen in dieser 4. Klasse untergebracht zu erleben – auch manche soziale Entwicklung wird so besser verständlich!

Da auf diese Klassenzuordnung besonderer Wert gelegt wird, konnte der Wagen mit der damaligen Nr. 1163 nur der DRG-Epoche zugeordnet werden und erhielt entsprechende Beschriftung. Vielleicht gelingt es später einmal, auch die dazugehörige Holzverkleidung zu restaurieren (Abb. S. 160 oben).

Personenwagen „286", „325" und „343"

Wenn auch schon 1883 und 1885 einzelne vierachsige Personenwagen von der K.Sächs.Sts.E.B. beschafft wurden, treten sie ihren Siegeszug doch erst um die Jahrhundertwende an. Die drei erhaltenen Wagen gehören zu einer Serie von 71 Stück, die man ausschließlich von 1898 bis 1901 in den eigenen Werkstätten baute.

Sie erhielten die 3. Wagenklasse und hatten Lattensitze, die in der Anordnung 2 + 1 quer angeordnet waren. Die meisten besaßen wie die bis dato üblichen Zweiachser keinen Abort, erst ab Mitte 1900 wurde dieser unter Verzicht auf zwei Sitzplätze gefordert. Natürlich konnte man auch hier die beiden Öfen im Sommer durch Sitzplätze ersetzen. Die Öllampen mußten zwischen 1912 und 1919 der Gasbeleuchtung Platz machen. Alle Wagen hatten Heberleinbremse, der Wagen 325 erhielt später eine Körtingbremse; der Wagen 343 bekam dagegen nur eine Saugluftleitung und dürfte damit der letzte ungebremste Reisezugwagen der DR im öffentlichen Betrieb sein. Alle drei Wagen konnten ihr originales Erscheinungsbild mit Holzverkleidung und Oberlichtaufbau sowie den größten Teil der Inneneinrichtung trotz Einsatzes als Bahndienstwagen 979-014 und -024 bzw. Schneemannschaftswagen bewahren und wurden deshalb in Mügeln bzw. Cranzahl für die Radebeuler Traditionsbahn ausgewählt. In Perleberg in der Schadgruppe 4 mit viel Engagement weitgehend neu aufgebaut, konnten der Wagen 325 im Jahre 1980 und der Wagen 343 drei Jahre später wieder in Betrieb genommen werden. Während sie inzwischen die Stars unter den Traditionswagen sind und als einzige zur ebenfalls weitgehend originalgetreu hergerichteten sächsischen Traditionslokomotive IV K Nr. 132 aus dem Jahr 1899 passen, fand sich für Nr. 286 leider noch keine Aufarbeitungskapazität. Bei den anderen Fahrzeugen konnte die Inneneinrichtung originalgetreu nachgestaltet werden, jedoch blieb es bei der 1957 eingebauten elektrischen Beleuchtung. Wagen 343 bekam im kleinen Abteil Längssitze, was der zwischenzeitlichen Einstufung der Wagen in die 4. Klasse (mit Traglastenabteil) entspricht (Abb. S. 161 oben).

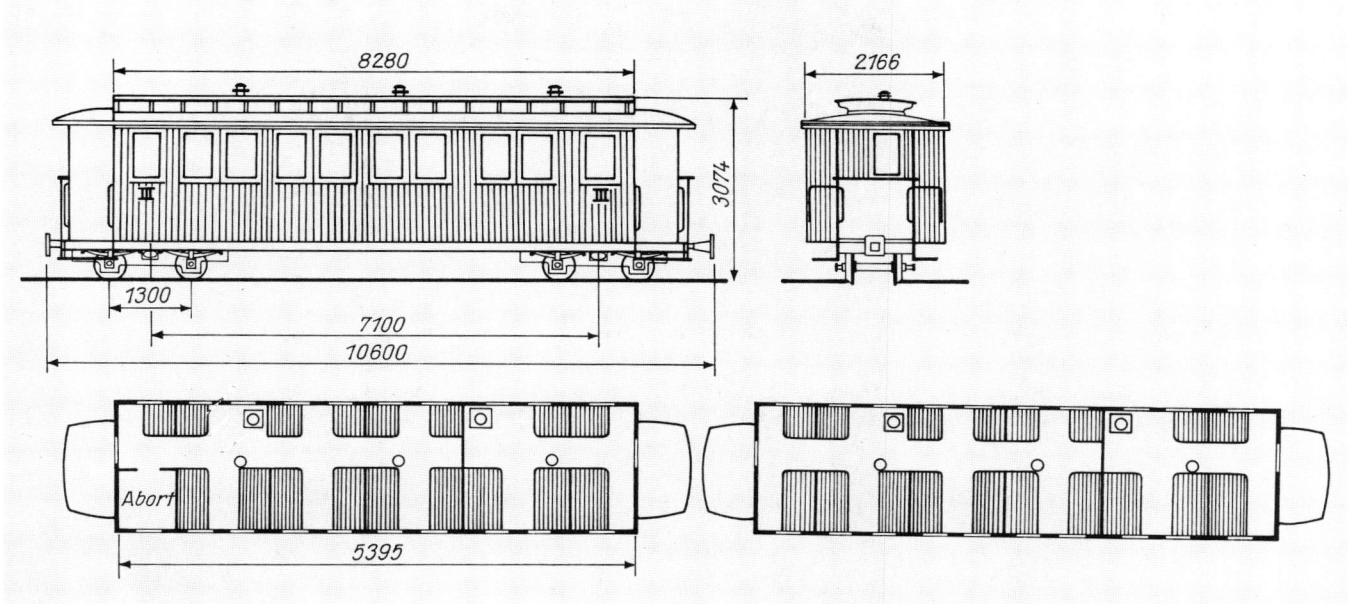

Aussichtswagen „970-312"

Das Fahrzeug wurde Anfang des Jahres 1900 als Personenwagen 3. Klasse mit Oberlichtaufbau von der Chemnitzer Werkstatt fertiggestellt und als Nr. 301 eingereiht. Nach dem Umbau 1934 erhielt er nur noch 19 gegenüber vorher max. 30 Sitzplätzen, wobei nun allerdings verstellbare Lehnen der einfachen Lattensitze erlaubten, sich stets in Fahrtrichtung zu setzen. Ebenfalls umgebaut wurden die jetzigen Wagen 970-310 und 970-311. Die Wagen kamen auf Strecken mit starkem Ausflugsverkehr zum Einsatz und bildeten so eine besondere Attraktion bei der sommerlichen Fahrt nach Radeburg, Kurort Kipsdorf, Kurort Oybin, Frauenstein oder anderen Zielen. Zu Streckenjubiläen und anderen besonderen Anlässen kamen sie auf den meisten sächsischen Schmalspurbahnen ein- oder mehrmals zum Einsatz.

Am 26. 4. 1967 in Freital-Hainsberg ausgemustert, blieben die Wagen vorerst erhalten, so daß der Wagen 970-312 1973 für den Radebeuler Tradi-

tionszug ausgewählt werden konnte. 970-310 war bereits am 15. 1. 1972 mit dem allerletzten Zug dieser Strecke ins heutige Schmalspurbahn-Museum Oberrittersgrün gelangt, nachdem der Wagen von Kurort Kipsdorf nach Grünstädtel überführt worden war. Leider gelang es nicht, auch den dritten dieser beliebten Wagen zu erhalten, und von einem vier-

ten verliert sich die Spur bereits vor 1958. Wagen 970-312 besitzt entsprechend seiner Einsatzbedingungen Scharfenbergkupplung und Saugluftbremse, jedoch keine Durchgangsleitungen für Heizung und Beleuchtung. Heute läuft er nur noch in Traditionszügen, wofür er eine Zugfunk-Durchgangsleitung erhielt (Abb. S. 161 unten).

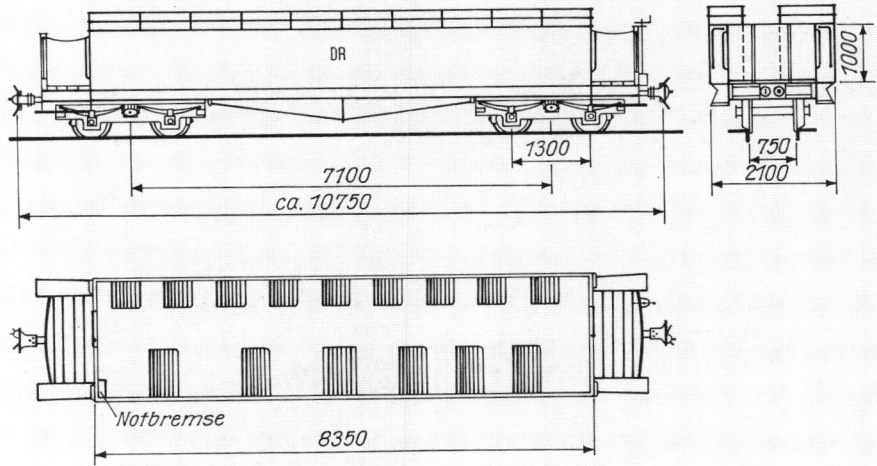

Weitere Exponate der Radebeuler Sammlung

Zwei Meterspurfahrzeuge repräsentieren Ausnahmen von der (sächsischen) Regel: Der Rollbock 99-40-34 stammt von der Schmalspurbahn Reichenbach (Vogtl.)–Oberheinsdorf und wurde nach Stillegung dieser auch Rollbockbahn genannten Strecke im Jahr 1962 dem Verkehrsmuseum Dresden übergeben. Nachdem er in dessen Hallen keinen Platz mehr fand, wurde er den Radebeuler Eisenbahnfreunden zur Betreuung übergeben.

So war er zunächst nur zur Fahrzeugausstellung 1984 zu sehen, denn erst 1987 entstand anläßlich des Bahnhofsfestes ein kurzes Meterspurgleis. Inzwischen lohnte sich das auch, denn ein jahrelang bei den Dresdner Verkehrsbetrieben als Betreiber der schmalspurigen elektrifizierten und sogenannten Güterzuführungsanlage im Freital-Deubener Poisental zurückgehaltener, 5200 mm langer Rollwagen kam dazu und wurde von Eisenbahnfreunden ausstellungsgerecht aufgearbeitet. Es handelt sich um den Wagen 3507 der Verkehrsbetriebe der Stadt Dresden, immerhin 1905 von den K.Sächs.Sts.E.B. bereits auf dieser Bahn als Nr. 14 in Dienst gestellt. Er besitzt Gewichts-Handbremse und konnte Regelspurwagen bis 4500 mm Achsstand befördern.

Nach Umstellung der nur noch dem Güterverkehr dienenden Schmalspurbahn Oschatz–Mügeln–Kemmlitz von Heberlein- auf Saugluftbremse im Juli 1987 wurden dort je ein vier- und sechsachsiger ausgemusterter Rollwagen übernommen. Sie tragen die Nummern 97-02-58 und 97-08-86 und sind für eine Aufarbeitung nach 1990 vorgesehen. Bei einer evtl. Einstellung des planmäßigen Güterverkehrs auf der Strecke Radebeul Ost–Radeburg sollen sie den Besuchern der Traditionsbahn auch weiterhin die Möglichkeiten zur Beförderung regelspuriger Güterwagen demonstrieren.

1987 konnte die Verwaltung Bahnanlagen der Rbd Dresden einen zweiachsigen Schneepflug aus Cranzahl zur Verfügung stellen, der durch moderne Technik ersetzt wurde. Er wurde 1989 von Mitgliedern des Deutschen Modelleisenbahn-Verbandes ausstellungsgerecht aufgearbeitet und trägt die Nr. 97-09-52.

Schließlich konnten zwei Motordraisinen der Bahnmeistereien Dresden Neustadt und Wolkenstein für 750-mm-Spur erhalten und von Eisenbahnfreunden betriebsfähig aufgearbeitet werden. Zu besonderen Höhepunkten werden sie vorgeführt und finden großes Interesse. Gleiches gilt für einen Einrad-Wagenschieber zum Bewegen regelspuriger Güterwagen ohne Lok.

Von den ortsfesten Exponaten seien ein Formsignal und ein Läutewerk genannt, die ebenfalls funktionsfähig gehalten werden.

Der bereits genannte Klubwagen (ex. 970-459) und ein als Werkstattwagen eingerichteter GGw 97-09-85 dienen der Arbeitsgemeinschaft als Basis für die Erhaltungsarbeiten und den Traditionsbetrieb.

Zeitweise befindet sich der gedeckte zweiachsige Güterwagen Nr. 226 der ehemaligen Ostprignitzer Kreiskleinbahnen in Radebeul Ost, der 1904 in Düsseldorf gebaut wurde, 1956 zur Strecke Nauen–Senzke–Kriele gelangte und nach deren Einstellung, zunächst als Schuppen verwendet, von Eisenbahnfreunden dem Dresdner Verkehrsmuseum übergeben wurde.

In Radebeul Ost kann der Postwagen 1703
aus dem Jahre 1892 besichtigt werden.
Foto: Burghardt

Zum Bahnhofsfest „150 Jahre Eisenbahn in
Radebeul" im Juli 1988 zeigte sich der sächsische Museumszug in frischem Glanz und un-
gewohnter Reihung   Foto: Heinrich

Drehgestell der Bauart Diamond für sächsische Schmalspurgüterwagen   Foto: Meyer

linke Seite: Der Wagenkasten des vierachsigen Postwagens am ehemaligen Hp Wilsdruff vor der Aufarbeitung   Foto: Heinrich

Nicht nur Erfolge gibts bei den Arbeiten an historischen Wagen!   Foto: Ende

Der Schneepflug kam von der Trusetalbahn in das Thumer Schmalspurnetz. Von dort gelangte er über Wolkenstein in das Museum Oberrittersgrün   Foto: Meyer

Wagen 3458 mit Heberleinleine
Foto: Burghardt

Hinter Nr. 3301 einer der Perleberger Modernisierungswagen   Foto: Burghardt

Wagen 5038 als 97-24-50 nach dem Eintreffen
in Radebeul Ost 1967
Foto: Dr.-Ing. Uhlemann

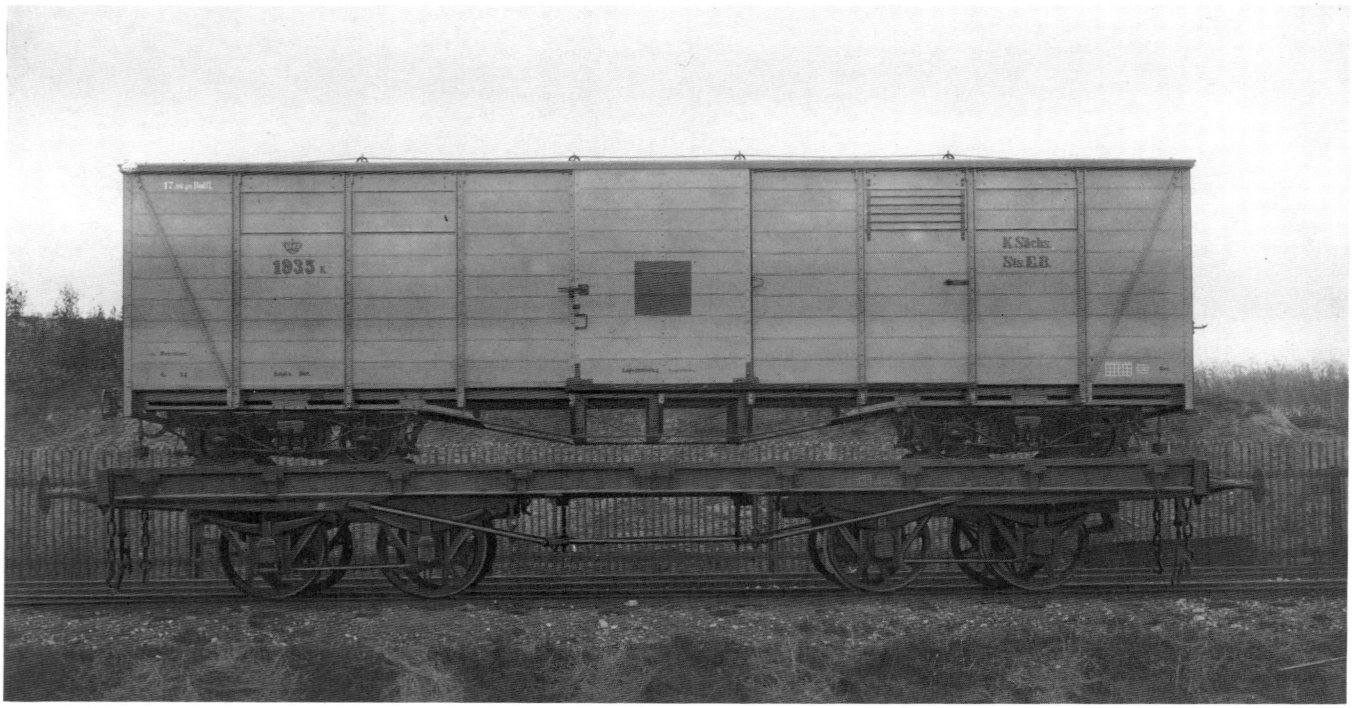
1935 K.
K.Sächs.
Sts.E.B.

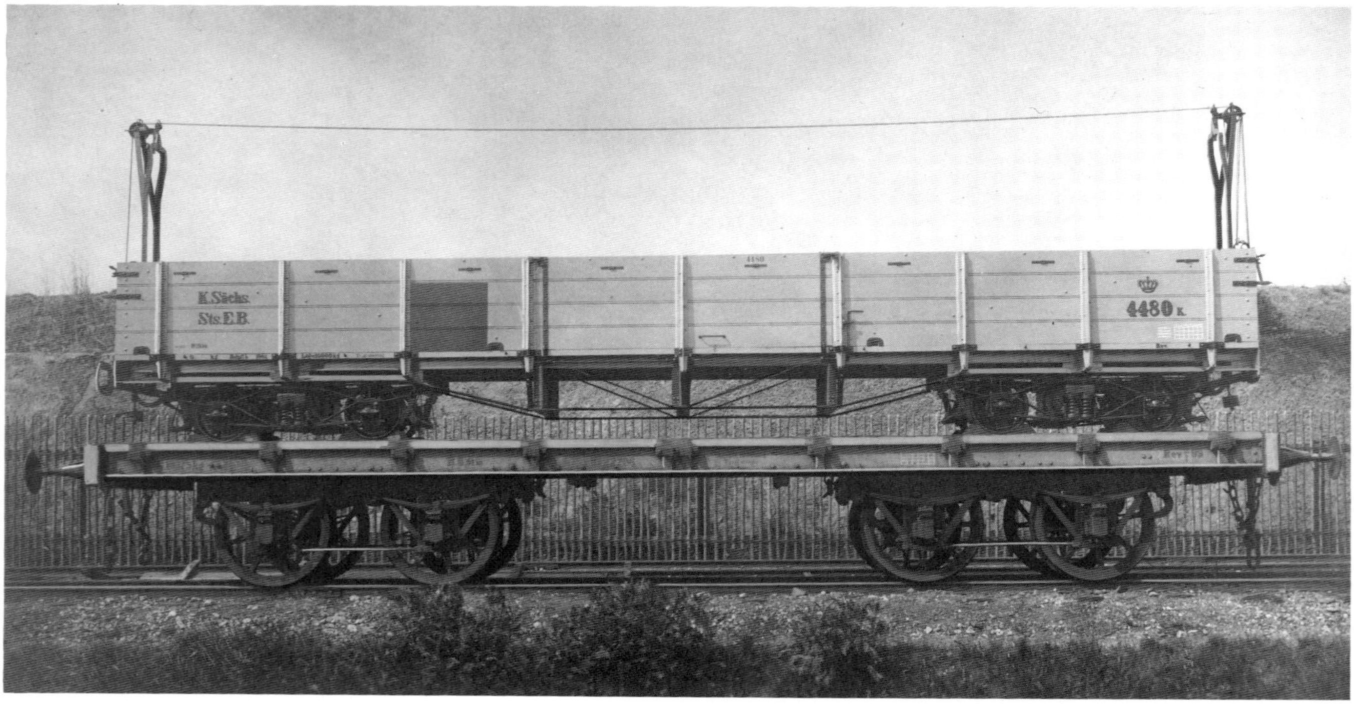
K.Sächs.
Sts.E.B.
4480 K.

**Traditions-GGw 97-14-19 mit Diamond-Dreh-
gestellen   Foto: Burghardt**

**Werkaufnahme eines der ersten GGw 1901 in
Werdau.   Er war für Wolkenstein bestimmt.   Foto: Sammlung AG 3/58**

**Wagen 4480 vor der Auslieferung im Juni
1901 in Werdau. Er war für Wilkau bestimmt
Foto: Sammlung AG 3/58**

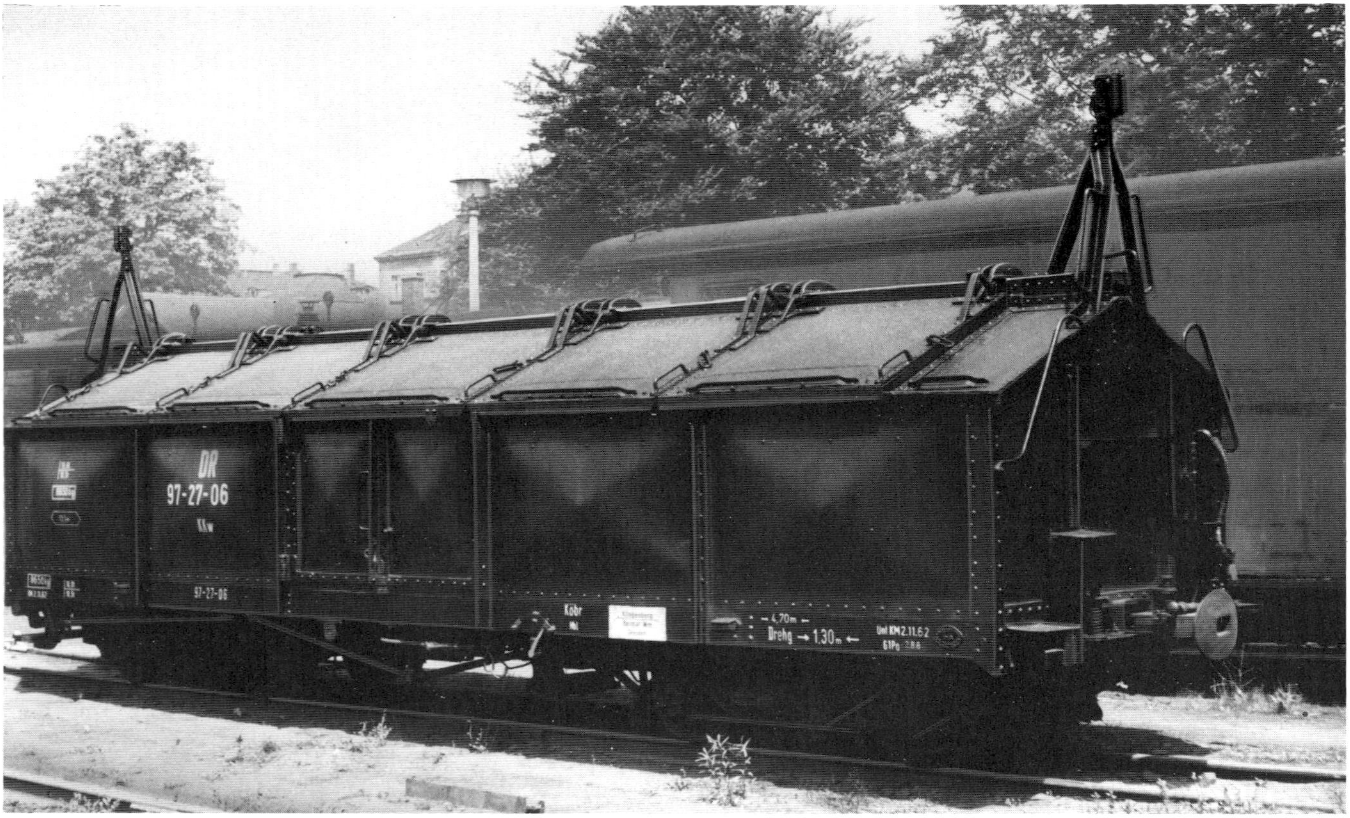
DR
97-27-06
97-27-06
Kkw
Kobr
4,70 m
Drehg → 1,30 m ←
Unt KM 2.11.62

DR

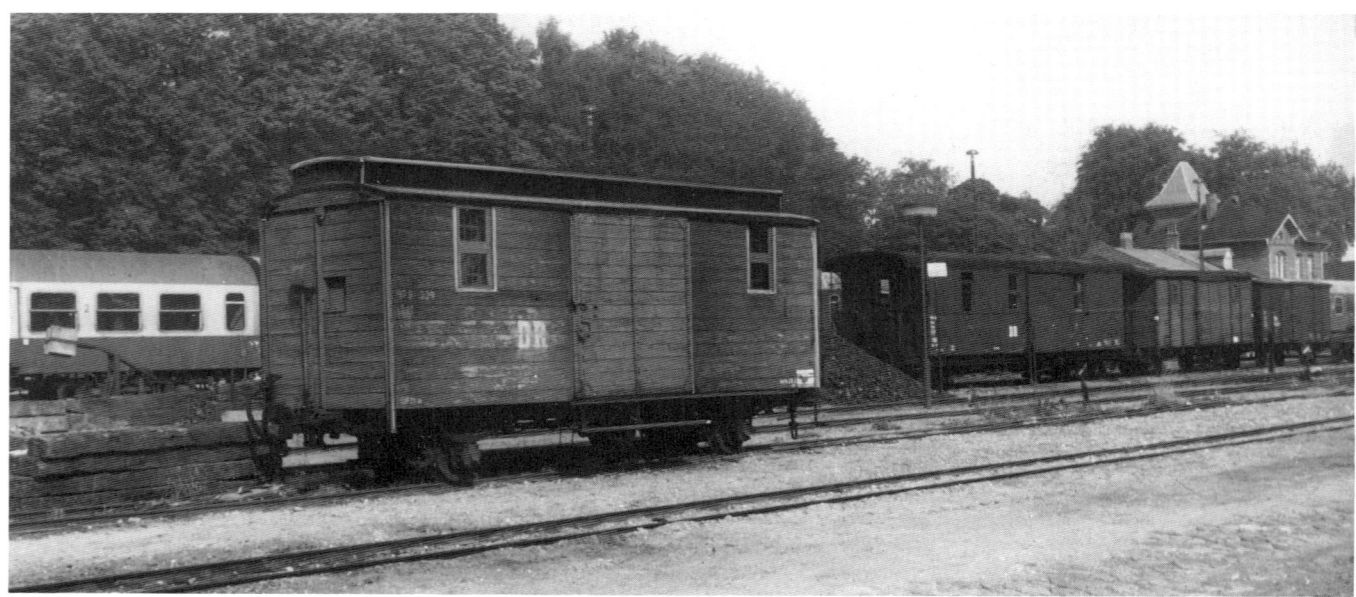

Die Originaleinrichtung des sächsischen Schmalspurwagens 970-004   Foto: Meyer

linke Seite: Der gut erhaltene Klappdeckelwagen der Radebeuler Sammlung   Foto: Burghardt

Gerätewagen 979-009 in Putbus vor seiner Aufarbeitung. Dieser „Sachse" soll einmal den Traditionszug in Radebeul komplettieren.   Foto: Treichel

Als vorletzter seiner Gattung wurde dieser Stahlwagen 1932 gebaut.
Foto: Sammlung AG 3/58

Blick in das Innere eines sächsischen
3. Klasse-Wagens Foto: Sammlung AG 3/58

Der in Oybin auf seinen Einsatz wartende Wagen entspricht in der Bauart unserem Museumswagen 970-237 Foto: Meyer

Zum Schutz der Reisenden auf den Plattformen verwendete man noch Ketten – hier bei Wagen 325.   Foto: Burghardt

Wagen 286 – hier noch nicht aufgearbeitet –
als Bahndienstwagen 979-014 nach seiner
Überführung in Radebeul Ost
Foto: Sammlung AG 3/58

Quellenangaben

– Bauchspies, W.: Dokumentation zum Wagenpark des Traditionszuges sowie für die Standfahrzeuge der ehemaligen Rügenschen Kleinbahnen (RüKB), unveröffentlicht. – Greifswald, 1984

– Betriebsbücher der Wagen 990-001, 990-203, 990-307, 996-001, 990-302 und 98-84-01.

– Die Harzquer- und Brockenbahn nebst einem Anhang zur Südharzeisenbahn. – Berlin, 1986

– Angaben von Herrn Friedemann Tischer zur Waldeisenbahn Muskau. – Weißwasser

– Schmalspurbahn-Arch. – Berlin, 1982

– Denkmalgeschützte Kleinbahnen im Ostseebezirk – Ihre Geschichte und Perspektive. – Rostock, 1980

– Arndt, G.: Sammlung, Bewahrung und Ausstellung von Eisenbahnfahrzeugen. – In: Neue Museumskunde 1/83. – Berlin, 1983

– Bäzold, D.: Das Thumer Schmalspurnetz. – Dresden, 1986

– Born, E.: Aus der Entwicklungsgeschichte der Eisenbahnwagen. – In: Glasers Annalen. – Berlin, 1960

– Cohausz, O.: Geschichte der preußischen Abteilwagen. – In: Eisenbahnen und Museen, Folge 9/10. – Mainz, 1974

– Culemeyer: Die neuere Entwicklung und Verwendung der Großgüterwagen bei der Deutschen Reichsbahn. – Berlin, 1928

– Denkmalpflegegesetz der DDR vom 19. 6. 1975. – (Gesetzblatt I, Nr. 26, S. 458 vom 26. 6. 1975)

– Fritz-Hager-Archiv der Arbeitsgemeinschaft 3/58 „Traditionsbahn Radebeul–Radeburg" des Deutschen Modelleisenbahn-Verbandes der DDR

– Fedderau, W.: Die Typenbezeichnung der Reisezugwagen. – In: Der Modelleisenbahner. – Berlin, (1958) 10

– Großstück, H.: Die Spreewaldbahn, in „modelleisenbahner". – Berlin 37 (1988) 5

– Heinrich, Nitzschke: Die Rollbockbahn. – Dresden, 1987

– Heinrich, R.: Der Traditions-Eilzug der Deutschen Reichsbahn. In: Programmheft für die Sonderfahrt des Deutschen Modelleisenbahn-Verandes der DDR am 15. Oktober 1983. – Berlin, 1983

– Hensel, W.: Der Traditions-Personenzug der Deutschen Reichsbahn. – In: Programmheft für Traditionsfahrten vom 7. bis 16. Juni 1985, DMV. – Berlin, 1985

– Jünemann, Preuß. Schmalspurbahnen zwischen Spree und Neiße. – Berlin, 1985

– Klein: Die Einführung des Austauschbaus bei den Reichsbahnwagen. – In: Glasers Annalen, Jubiläums-Sonderheft. – Berlin, 1927

– Die Geschichte der Schmalspurbahnen Taubenheim (Spree) – Dürrhennersdorf und Herrnhut-Bernstadt. – Dresden, 1987

– Kramer: Dampflokomotive 99 579. – Rittersgrün, 1988

– K.Sächs.Sts.E.B.: Wagenverzeichnis Bd. III mit Nachträgen. – Dresden 1895

– Ledig, Ulbricht: Die schmalspurigen Staatseisenbahnen im Königreiche Sachsen. – Leipzig, 1895

– Machel, W.-D.: Aufschreibungen und Verzeichnisse über den in der Werkabteilung Friedland des Raw Malchin beheimateten Wagenpark. – unveröff.

– Machel, W.-D.: Die Mecklenburg-Pommersche Schmalspurbahn. – Berlin, 1984

– Merkblätter Technische Denkmale, des Kulturbundes der DDR, Ges. f. Denkmalpflege. – Berlin, 1987

– Möller: Endstation Oberrittersgrün. – Rittersgrün, 1985

– Merkbuch für Fahrzeuge der Deutschen Reichsbahn, Ausgabe 1932, DV 939

– Neue Personenwagen der Mecklenburg-Pommerschen Schmalspurbahn. – In: Friedländer Zeitung 54 (1913) v. 9. Februar 1913

– Ordnung über Eisenbahn-Museumsfahrzeuge (Verfügungen und Mitteilungen des Ministeriums für Verkehrswesen, Nr. 3 vom 25. 2. 1986)

– Preuß, E.: Schmalspurbahnen in Sachsen. – Berlin, 1983

– Preuß, E.: Die Spreewaldbahn. – Berlin, 1980

– Röper, H., Ziegelgänsberger, G.: Die Selketalbahn. – Berlin, 1980

– Reichsbahndirektion Magdeburg: Information über die Selketalbahn 7. 8. 1887–7. 8. 1987. – Magdeburg 1987

– Röll: Enzyklopädie des Eisenbahnwesens. – Berlin, 1912

– Scheffler, Wagner: Die sächsischen Schmalspurlokomotivgattungen II K(alt), III K und V K. – Dresden, 1986

– Schramm, H.-J.: 100 Jahre Bäderbahn; Chronik der 900 mm Schmalspurbahn Bad Doberan–Kühlungsborn. – Ostseebad Kühlungsborn, 1986

– Schubert, J.: Die Windbergbahn. – Berlin, 1982

– Speer: Die Einheits-Personenwagen der DR – In: Zeitschrift des VDI. – Berlin, 1924

– Tischer, .: Waldeisenbahn Muskau. – Bad Muskau, 1987

– Verordnung über den staatlichen Museumsfonds der DDR (Gesetzblatt I, Nr. 14, S. 165 vom 9. 5. 1978)

– Wagner, P.: Reisezugwagenarchiv. – Berlin, 1982

– Wiegand, R.: Güterzugpackwagen Pwg Pr 14. – In: Eisenbahn und Modellbau. – 1988

– Wiens: Entwicklung und Fortschritt im Personenwagenbau der Deutschen Reichsbahn. – In: Glasers Annalen. – Berlin, 1939

– Wagner, König: Die Geschichte der Schmalspurbahn Goßdorf–Kohlmühle–Hohnstein 1897-1951. – Dresden, 1985

– Wagner: Die Schmalpurbahn Radebeul Ost–Radeburg. – Dresden, 1984

– Wagner: s'Meißner Bimmelbahnel. – Dresden, 1983

– Wagner: Schmalspurig durchs Meißner Land. – Dresden, 1988

– Wunderwald: Das ehemalige Wilsdruffer Schmalpurbahnnetz. – Wilsdruff, 1986

– Zezula: Die Frühzeit der Schmalspurbahnen. – Wien, 1983

Tabelle 1   Museumswagen der Schmalspurbahn Putbus–Göhren (Rügen)

Rü.K.B.-Nr.	PLB-Nr.	1. DR-Nr.	2. DR-Nr.	letztes Gattungs-zeichen	Hersteller	Baujahr	Funktion
20	673	7.0511	971-210	KB	Görlitz	1900	Traditionsbereich Putbus
28	856	7.1912	974-482	KD4	Grünberg	1911	Traditionszug
29	627	7.0071	970-761	KB4	Hawa	1911	Traditionszug/Speisewagen
30	628	7.0201	970-151	KAB4	Hawa	1911	Traditionsbereich Putbus
31	629	7.0202	970-771	KB4	Hawa	1911	Traditionsbereich Putbus
32	630	7.0203	970-152	KAB4	Hawa	1911	Traditionszug Speisewagen
33	631	7.0204	970-153	KAB4	Hawa	1911	Traditionszug
34	636	7.0205	970-154	KAB4	Hawa	1915	Traditionszug
37	728	7.0773	970-762	KB4	Hawa	1915	Traditionszug
53	735	7.0780	970-791	KB4	Wismar	1927	Traditionszug
156	4122	7.2304	97-42-41	Gw	Görlitz	1897	Traditionsbereich Putbus, Wagen-Nr. „141"
255	5777	7.4305	97-40-73	Ow	Grünberg	1899	Traditionsbereich Putbus
296	5870	7.4344	97-40-80[1]	(Ow)	Grünberg	1908	Traditionsbereich Putbus, Schneepflugwagen

1) DR-Nr. änderten sich mehrmals, zuletzt: 97-49-15

Tabelle 2   Vierachsige Hawa-Reisezugwagen der Rü.K.B.

Rü.K.B.-Nr.	PLB-Nr.	1. DR-Nr.	2. DR-Nr.	letztes Gattungs-zeichen	Baujahr	Bemerkungen (Verbleib)
29	627	7.0771	970-761	KB4	1911	Traditionsbetrieb/Speisewagen
30	628	7.0201	970-151	KAB4	1911	Traditionsbereich Putbus
31	629	7.0202	970-771	KB4	1911	Traditionsbereich Putbus
32	630	7.0203	970-152	KAB4	1911	Traditionsbetrieb/Speisewagen
33	631	7.0204	970-153	KAB4	1911	Traditionsbetrieb
34	636	7.0205	970-154	KAB4	1915	Traditionsbetrieb
35	637	7.0206	970-155	KAB4	1915	+ 2. 12. 1969, 1971 Wagenkasten an Privatpersonen verkauft
36	727	7.0772	970-752	KB4	1913	modernisiert
37	728	7.0773	970-162	KB4	1915	Traditionsbetrieb
38	729	7.0774	970-763	KB4	1915	modernisiert
–	634	7.0501	970-751[1]	KB4	1911	ex Kleinbahn Greifswald–Wolgast Nr. 15, + 27. 2. 1967, Wagenkasten an DR-Dienststelle in Cottbus verkauft

1) 2. DR-Nr. doppelt besetzt mit einem Wagen sächsischer Herkunft auf dem Netz Pasewalk

Tabelle 3 Von der DR übernommene Hawa-Wagen der Rü.K.B.

Rü.K.B.-Nr.	PLB-Nr.	1. DR-Nr.	2. DR-Nr.	letztes Gattungs-zeichen	Verbleib
48	730	7.0775	970-786	KB4	+ 18. 3. 1968
49	731	7.0776	970-787	KB4	+ 18. 3. 1968
50	732	7.0777	970-788	KB4	+ 25. 9. 1978
51	733	7.0778	970-789	KB4	+ 2. 2. 1968 an Privat verk. (Wagenkasten)
52	734	7.0779	970-790	KB4	+ 2. 7. 1973
53	735	7.0780	970-791	KB4	Traditionswagen

Tabelle 4 MPSB-Reisezugwagen der Bauart „Wismar"

1. MPSB-Nr.	2. MPSB-Nr.	1. DR-Nr.	2. DR-Nr.	2. DR-Nr.	letztes Gattungs-zeichen	Verbleib
17	8	–	–	–	BC4	1946 Reparation UdSSR
18	9	6.009	960-101	960-208	B4	+ 19. 12. 1969, an PE Berlin, dort 6.101, ++ 1973 (Umbau)
19	10	6.010	960-102	960-209	B4	+ 19. 12. 1969, an PE Berlin, dort 6.103, ++ 1973 (Umbau)
20	11	6.011	960-202	–	B4	+ 19. 12. 1969, an PE Berlin, dort 6.102, ++ 1973 (Umbau)
21	12	6.012	960-103	960-210	B4	+ 19. 12. 1969, an PE Berlin (ohne Nr.), seit 21. Juli 1973 Museumsfahrzeug in Friedland
22	13	6.013	960-104	–	AB4	+, am 19. 6. 1972 über Zwischenhändler verkauft an Welsh Highland Light Railway (Großbritannien)
23	14	6.014	960-203	–	B4	+ 31. 3. 1969, Wagenkasten an Oberschule Löcknitz verkauft
24	15	6.015	960-105	–	AB4	+ 23. 6. 1970, an Rat der Gemeinde Schönhausen (Kreis Strasburg) verkauft

Tabelle 5   Traditionswagen der Schmalspurbahn Bad Doberan–Ostseebad Kühlungsborn West

MFFE-/ DRG-Nr.	1. DR-Nr.	2. DR-Nr.	letztes Gattungs- zeichen	Hersteller	Baujahr	Bemerkungen
32	9.032	990-001	KB4	Wismar	1926	
14	9.014	990-203	KB4	Wismar	1911	
22	9.022	990-302	KB4	Wismar	1925	
28	9.028	990-307	KB4	Gotha	1926	
82	9.082	996-001	KB4	Köln	1902	
71/–	–/712060	98-84-01	Gw	Köln	1886	seit 1923 ohne Nr., ab ca. 1953 wieder mit Nr. gekennzeichnet.
116	9.116	98-01-56	GGw	Hawa	1922	
219	9.219	98-03-04	OOw	Wismar	1927	

Tabelle 6   Meterspurige Traditionswagen der Harzbahnen

letzte NWE-Nr.	1. DR-Nr.	2. DR-Nr.	3. DR-Nr.	letztes Gattungs- zeichen	Hersteller	Baujahr	Bemerkungen
51	10.151	902-303	–	KBD4		1928	
64	10.164	900-458	909-103	KB4	Hawa	1899	ex SHE, 1945 bei NWE verblieben, bis 1974 Bahndienstwagen
62	10.162	900-456[1]	909-102	KB4	Hawa	1899	ex Steinhuder Meer-Bahn 1944 übern., bis 1974 Bahndienstwagen
83	10.183	900-460	–	KB4	Hawa	1900	im Raw K.-M.-St. mit neuem Wagenkasten ausgerüstet (1960)
75	10.175	900-455	–	KB4	Köln	1897	Reservewagen, 1925 neuer Wagenkasten, 1937/38 neue Drehgestelle
334	10.414	99-02-06	–	Gw	Görlitz	1906	
416	10.816	99-03-16	–	OO	Görlitz	1909	
812	10.1148	99-04-08	–	Hw	Breslau	1900	

1) ab 10. 1. 1962, Bezeichnung von 1958 bis 1962 ungeklärt

Tabelle 7 Traditionswagen „Waldeisenbahn Muskau"

Wagen-Nr. bei WEM	Gat-tung	Bezeichnung	Hersteller	Baujahr	letzter Eigen-tümer	Masse (t)	Rahmen	Drehgestell	Traditions-wagen seit
01-048	OOKK	Tonwagen	WEM	1959	ZW	2,20	S^T	1EN/EN	5/86
01-128	OOKK	Kohlewagen	WEM	ab 1950	OFM	2,35	S	1EN/EN	9/88
01-143	OOKK	Kohlewagen	WEM	ab 1950	OFM	2,55	S	(1)EN/EN 1	11/88
01-206	OOKK	Kohlewagen	WEM	ab 1950	OFM	2,50	S	(1)EN/EN 1	12/88
01-214	OOKK	Kohlewagen	WEM	ab 1950	OFM	2,30	S	1EN/EN 1	6/88
01-219	OOKK	Kohlewagen	WEM	ab 1950	OFM	2,30	S	(1)EN/EN 1	5/86
01-220	OOKK	Kohlewagen	WEM	ab 1950	OFM	2,40	S	1EN/EN 1	5/86
02-022	OOKK	Kohlewagen	GAK	ab 1920	SGM	2,36	H	1 A/A	1/86
03-017	OO	Brigadewagen	O & K	1918	WEM	2,30	–	EG/EN 1	6/86
03-019	OO	Brigadewagen	O & K	1919	WEM	2,25	–	(1)MH/NS	/89
03-024	OO	Brigadewagen	Weimar	1919	WEM	2,28	–	(1)EN/EN 1	6/87
03-035	OO	Brigadewagen	Bautzen	1918	WEM	2,30	–	1EN/EN 1	8/85
03-041	OO	Brigadewagen	Goossen	1918	WEM	2,26	–	EN/EN 1	4/88
03-045	OO	Brigadewagen	Werdau	1918	WEM	2,18	–	ES/EN(1)	6/85
04-012	OO	Kastenwagen	GAK	ab 1920	WEM	2,25	S(05-006)	1A/A	8/85
05-008	SS	Ziegelwagen	GAK	ab 1925	WEM	1,95	–	1A/A	6/86
05-009	SS	Ziegelwagen	GAK	ab 1925	WEM	1,95	–	Osn/Osn	
06-009	H	Langholzwagen …		ab 1895	ZW	…	–	A	6/85
06-010	H	Langholzwagen …		ab 1895	ZW	…	–	A	6/85
07-004	GG	Mannschafts-wagen	WEM	aus Brigadewa-gen (Bautzen)	ZW	3,50	–	1EN/EN(1)	6/85
07-005	GG	Zellulosewagen	G & S	1909	MAW	3,90	–	EN/EN 1	8/88
09-024	Ot	Muldenkipper	Leipzig	1955	KW	–	–	–	9/85

Hinzu kommen:
4 Ot-Wagen 0,75 m³ ex FKWF
1 Steinwagen (O K/?) von ZW seit 6/86
1 Tonwagen Gattung O von ZW seit 5/87 (Bauj. 1890?)
1 Kesselwagen (demontiert) Dgst. von SGM, Kessel von OFM, etwa 1927 gebaut!

Spezielle Abkürzungen in dieser Tabelle:

Weimar AG für Eisenbahn und Militärbedarf

Goossen AG für Eisenbahn und Militärbedarf, Goossen Brand

Werdau Sächsische Waggonfabrik Werdau

OFM Oberlausitzer Feinpapierfabrik Bad Muskau

FKWF Fernsehkolbenwerk Friedrichshain

ZW Ziegel- u. Klinkerwerk Großräschen, Werk Weißwasser

SGM Schaltgerätewerk Bad Muskau, Werk II

MAW Metallaufbereitung Dresden, Lager Krauschwitz

S Stahlrahmen geschweißt (Kohlenwagenvariante)

S^T Stahlrahmen geschweißt (Tonwagenvariante)

EN Drehgestell Einheitstyp (neu), geschweißt genietet

ES Drehgestell Einheitstyp (alt)

A Drehgestell Einheitstyp (alt)

Osn Drehgestell Bauart Osnabrück

1 Bremse

(1) nur Bremsanlage am Drehgestell

Tabelle 8   Historische Sächsische Schmalspurfahrzeuge im Bestand von Museen oder als Denkmale

Fahrzeug	Gattung	Achsen	Radebeul Ost	Rittersgrün
Dampfloks	IV K	B'B'	VMD 99 535	99 579
(Traditions-	IV K	B'B'	99 539 b	
loks)	VI E	E	99 713 b	
	VI K	E	99 715	
Personenwg.	KB4	4	26 (970-006) b	
	KC4	4	970-236, -237 b	
	KC4	4	970-252, -376 b	
	KC4	4	970-405 b	
	KBC4	4		970-328
	KB4trp	4	(BP)	970-586
	KD4	4	1163 (970-269) b	
	KC4	4	286 (970-302)	979-003
	KC4	4	325 (970-309) b	
	KC4	4	343 (970-316) b	
Aussichtswg.	KC4	4	970-312 b	970-310
Personenwg.	KC	2	121	Nr. ?
	KC	2	207	Nr. ?
Gepäckwg.	KPw4	4	974–354 b	974-334
	KPw	2	1339	97-09-64
Postwagen	KPost	2	1703	1700
Güterwagen	GGw	4	97-14-19 b	
ged.	GGw	4	97-12-48	97-10-98
	Gw	2	1855	1639 (7.2556)
offen	OO	4	97-21-15	97-29-36
	Ow	2	3301	97-09-78
	Ow	2	3458	97-19-67
	Ow	2		97-18-51
Schemel	Hhw	4	(BP)	97-25-36
	Hw	2	5038	97-24-09
Klappd.	KKw	4	97-27-06	97-27-04
Kesselwg.	ZZ	4		97-09-74
Profilmeßwg.	Baw	2	18001	
Schneepflug	–	2	97-09-59	97-09-91
Rollwagen	Rf6	6	97-08-86	
	Rf4	4	97-02-58	97-02-90
	Rf4	4		97-04-70
„Spur 1 m	Rf4	4	3507	
Rollbock"	Rb	2	99-40-34	
Normalspurwg.	Klmmo	2		9435212-0
Draisinen	–	2	2 Stk.	2 Stk.

Legende: b betriebsfähig
        BP noch im Betriebspark der Strecke vorhanden

Anhang 1

Hauptkenndaten der Regelspurfahrzeuge

Güterwagen

Ursprungsbahn bzw. Eigentümer	K.Sächs. Sts.E.B.	K.Sächs. Sts.E.B.	KPEV	K.Sächs. Sts.E.B.	KPEV
Gattungszeichen	O	O2	Km	Omk(u)	Nz
Wagennummer	1025	26997	Magdeburg 20007	46954	Magdeburg 13685
Baujahr	ca. 1856	1885	1896	1913	1905
Hersteller	eigene Werkstatt	eigene Werkstatt	Görlitz	Görlitz	Breslau
Anzahl der Achsen	2	2	2	2	2
Länge über Puffer (mm)	3 060	8 450	7 300	6 600	9 600
Länge des Wagenkastens (mm)	2 500	7 250	5 295	5 300	8 300
Breite des Wagenkastens (mm)	1 440	2 625	2 812	2 812	2 740
Achsstand (mm)	2 000	4 000	3 300	3 000	4 500
Drehzapfenabstand (mm)	–	–	–	–	–
Drehgestellachsstand (mm)	–	–	–	–	–
Eigenmasse (kg)	3 500	6 050	7 760	6 230	11 300
Tragfähigkeit (kg)	5 000	10 000	15 000	15 000	15 000
Laderaum (m³)	4,5	14,27	18,6	19,4	45
Ladefläche (m²)	3,6	18,3	15,3	14,8	22,8

Ursprungsbahn bzw. Eigentümer	KPEV	Meck.-Schwerin	DRG	DRG	KPEV	KPEV
Gattungszeichen	Rm	T	Ot	OOt	Pg	Bdw (Handkran)
Wagennummer	Berlin 48907	600165	Mainz 1027 Berlin 700823	Oldenburg 574	Berlin 3060	
		17-53-81	21506021209-4	0050677 8138-8		79-68-05
		21508004327-0		Werkwagen 63		30509496504-6
Baujahr	1922	1919	1926	1928	1922	1912
Hersteller	Niesky	Uerdingen	Talbot	Orenstein u. Koppel	Talbot	Flohr/Berlin
Anzahl der Achsen	2	2	2	4	2	3
Länge über Puffer (mm)	12 200	10 000	6 900	10 000	8 500	7 760
Länge des Wagenkastens (mm)	10 120	8 000	5 600	9 000	7 200	6 500
Breite des Wagenkastens (mm)	2 670	2 500	3 060	3 114	2 600	3 000
Achsstand (mm)	6 500	4 500	3 200	äußerer 6600 innerer 3400	4 700	2 000 × 2 000
Drehzapfenabstand (mm)	–	–	–	–	–	–
Drehgestellachsstand (mm)	–	–	–	–	–	–
Eigenmasse (kg)	10 500	15 500	12 500	19 000	11 100	29 300
Tragfähigkeit (kg)	15 000	15 000	20 000	60 000	4 000	15 000
Laderaum (m³)	–	38,6	12,5	75	–	–
Ladefläche (m²)	27,0	19,3	–	–	10,4	–

Reisezugwagen

Ursprungsbahn bzw. Eigentümer	K.Sächs. Sts.E.B.	K.Sächs. Sts.E.B.	K.W.St.E.	K.W.St.E.	KPEV	KPEV
Gattungszeichen	D	BC	C (C4i)	Da (BCi)	C3	C3
Wagennummer	2591	4902	32	14	Erfurt 1142 47000-4800 852-122	Berlin 1273 522-489
			605099-22100-0		605099-23 103-3	
Baujahr	1878	1894	1866	1869	1902	1918
Hersteller	eigene Werkstatt	eigene Werkstatt	Esslingen	Esslingen	Breslau	Werdau
Anzahl der Achsen	2	3	4	2	3	3
Länge über Puffer (mm)	10 210	14 850	14 900	10 940	11 700	12 640
Länge des Wagenkastens (mm)	7 450	12 850	12 000		10 000	10 940
Breite des Wagenkastens (mm)	2 740	3 020	2 930	2 980	2 600	2 650
Achsstand (mm)	4 700	9 000	–	4 500	2 × 3 750	2 × 3 750
Drehzapfenabstand (mm)	–	–	8 100	–	–	–
Drehgestellachsstand (mm)	–	–	1 605	–	–	–
Eigenmasse (t)	7,9	17,0	24,0		19,0	19,3
Anzahl der Abteile	1	2	3	2	6	6
Heizung	Ofen	Dampf/Ofen	Ofen	Ofen	Hhz	Hhz
Beleuchtung	Öl	Gas	Öl	Öl	Gas	Gas
Bremse	Hand	Hbbr	Hand	Hand	Kpbr	Kbr

Ursprungsbahn bzw. Eigentümer	KPEV	KPEV	KPEV	K.Sächs. Sts.E.B.	KPEV	KPEV
Gattungszeichen	Pwi	ABCC	CC4ü	Salon 3	Salon 6ü	WL6ü
Wagennummer		Berlin 1869	02790	447	11	0284
	115965	30001-30999	18709		10207	11126 20875
		842-402 605099-28308-3	221-204			10324 054-021
Baujahr	1891	1906	1912	1885	1889	1915
Hersteller		Görlitz	Görlitz	Breslau	Breslau	Breslau
Anzahl der Achsen	2	4	4	3	6	6
Länge über Puffer (mm)	10 300	18 550	20 350	11 670	18 600	21 420
Länge des Wagenkastens (mm)	9 300	16 850	19 140	10 470	17 300	20 200
Breite des Wagenkastens (mm)	2 600	2 600	2 960	2 900	2 900	2 870
Achsstand (mm)	6 000	–	–	8 000	–	–
Drehzapfenabstand (mm)	–	12 250	13 250	–	12 170	15 170
Drehgestellachsstand (mm)	–	2 500	2 150	–	3 600	3 600
Eigenmasse (t)	12,8	32,6	39,7	19,3	50,6	53,5
Anzahl der Abteile	–	1. Kl = 2 2. Kl = 3 3. Kl = 2	3	3	4	10
Heizung	Hhz	Nuhz	Nuhz	Preßkohlenhz	Whz	Whz
Beleuchtung	Gas	Gas	elektr.	Gas	Gas	elektr.
Bremse	Wsbr	Wsbr	Ksbr	Hand	Wsbr, Harbr, Hnbr	Wsbr

Ursprungsbahn bzw. Eigentümer	KPEV	K.Sächs. Sts.E.B.	DRG	Bahnpost	Bahnpost
Gattungszeichen	WR6ü	C	MC4i	Post a-b/12,5	Post e-b/20
Wagennummer	0972	3498	Mg	3877	4467
		59 304	320 038		
	222	531-691			
	19790				
	10263		605099-66762-4	505090-11610-2	505000-11 406-4
Baujahr	1913	1912	1944	1926	1933
Hersteller	Görlitz	Bautzen		Ammendorf	Niesky
Anzahl der Achsen	6	2	4	3	4
Länge über Puffer (mm)	20 520	10 200	21 700	14 450	21 320
Länge des Wagenkastens (mm)	19 220	9 360	19 900	12 500	20 020
Breite des Wagenkastens (mm)	2 880	3 050	2 836	2 800	2 935
Achsstand (mm)	–	4 500	–	9 200	–
Drehzapfenabstand (mm)	14 150		14 300	–	14 000
Drehgestellachsstand (mm)	3 600		2 500	–	3 600
Eigenmasse (t)	51,4	13,0	38,0	22,0	68
Anzahl der Abteile	3	1	9		
Heizung	Nhhz	Nhhz	Nuhz	Nuhz, Ofen	Nuhz
Beleuchtung	Gas	Gas	elektr.	elektr.	elektr.
Bremse	Wsbr	Wsbr	HikP	Wpbr	KKpbr

Ursprungsbahn bzw. Eigentümer	Bahnpost	KPEV	KPEV	KPEV	DRG	DRG
Gattungszeichen	Post e-a/21,6	BC3i Pr10	CCitr Pr94	C3i Pr15	Dtr	D
Wagennummer	4503				Berlin	Berlin
					81753	81681
		320-866				
					505024-27	505024-27
					152-8	157-7
	505000-11	Werkwagen	605099-01430-6	Werkwagen		
	600-1	101		102		
Baujahr	1937	1910	1894	1915	1927	1928
Hersteller	Kassel			Goossens	Fuchs, Heidelberg	Dessau
Anzahl der Achsen	4	3	2	3	2	2
Länge über Puffer (mm)	22 900	12 800	10 900	12 800	13 920	13 920
Länge des Wagenkastens (mm)	21 600	9 800	8 000	9 800	12 620	12 620
Breite des Wagenkastens (mm)	2 805	3 000	3 100	3 050	3 000	3 000
Achsstand (mm)	–	7 500	6 500	7 000	8 500	8 500
Drehzapfenabstand (mm)	15 500	–	–	–	–	–
Drehgestellachsstand (mm)	3 600	–	–	–	–	–
Eigenmasse (t)	39,7				18,0	18,0
Anzahl der Abteile		3	2	2	2	2
Heizung	Ofen Nuhz	Hhz	Hhz	Hhz	Nuhz	Nuhz
Beleuchtung	elektr.	Gas	Gas	Gas	elektr.	elektr.
Bremse	KKsbr	Kpbr	Kpbr	Kpbr	Kpbr	Kpbr

Ursprungsbahn bzw. Eigentümer	DRG	DRG	DRG	DRG	DRG	DR
Gattungszeichen	BCi	Bi	BCi	BCi	Pwi	Bgtre
Wagennummer	Berlin 38117 505024-26 009-1	Berlin 28106 505024-26 520-7	Berlin 39110 505024-26 671-8	Berlin 38683 505024-26 544-7	Berlin 117547 505003-26 236-6	357-661 505024-15 215-7
Baujahr	1928	1930	1935	1925	1933	1921/1962
Hersteller	Uerdingen	Breslau	Niesky	Wismar	Düsseldorf	Werdau/Halberstadt
Anzahl der Achsen	2	2	2	2	2	2
Länge über Puffer (mm)	13 920	14 040	14 040	12 000	12 800	13 120
Länge des Wagenkastens (mm)	10 820	12 740	12 740	8 900	11 550	12 820
Breite des Wagenkastens (mm)	2 996	2 996	2 996	3 142		
Achsstand (mm)	8 500	8 500	8 500	6 200	6 200	7 500
Drehzapfenabstand (mm)	–	–	–	–	–	–
Drehgestellachsstand (mm)	–	–	–	–	–	–
Eigenmasse (t)	19,7	20,5	19,7	17,0	17,2	17,0
Anzahl der Abteile	2	2	2	2	–	1
Heizung	Nuhz	Nuhz	Nuhz	Nuhz	Nuhz	Nuhz/el.
Beleuchtung	elektr.	elektr.	elektr.	elektr.	elektr.	elektr.
Bremse	Kpbr	Kpbr	Wpbr	Kpbr	KKpbr	Kpbr

Ursprungsbahn bzw. Eigentümer	DR	DRG	DRG	DRG	DRG
Gattungszeichen	B3g	C4i	C4i	C4i	C4i
Wagennummer	352-227	Dresden 73245	Dresden 72951	Dresden 72813	Dresden 72279
	505023-11	505028-14	505028-14	505028-14	505038-14
	025-5	552-0	562-9	572-8	864-
Baujahr	1910/1959	1931	1931	1931	1932
Hersteller	Breslau/ Halberstadt			MAN	
Anzahl der Achsen	3	4	4	4	4
Länge über Puffer (mm)	13 120	20 960	20 960	20 960	20 960
Länge des Wagenkastens (mm)	12 820	19 385	19 385	19 385	19 385
Breite des Wagenkastens (mm)	–	2 867	2 867	2 867	2 867
Achsstand (mm)	7 500	–	–	–	–
Drehzapfenabstand (mm)	–	13 300	13 300	13 300	13 300
Drehgestellachsstand (mm)	–	3 000	3 000	3 000	3 000
Eigenmasse (t)	17,0	39,4	39,4	39,4	39,4
Anzahl der Abteile	1	3	3	3	3
Heizung	Nuhz	Nuhz	Nuhz	Nuhz	Nuhz
Beleuchtung	elektr.	elektr.	elektr.	elektr.	elektr.
Bremse	Kpbr	Ksbr/KE	Ksbr/KE	Ksbr/KE	Ksbr/KE

Ursprungsbahn bzw. Eigentümer	DRG	DRG	DRG
Gattungszeichen	BCi	Pw4i	WR4ü
Wagennummer	Dresden 33 086 505038-14 641-9	Dresden 112 258 505092-14 285-6	1108 515088-10 054-7
Hersteller	Mainz	Köln	Görlitz
Baujahr	1930	1930	1936
Anzahl der Achsen	4	4	4
Länge über Puffer (mm)	20 960	20 685	23 500
Länge des Wagenkastens (mm)	19 385	19 385	22 200
Breite des Wagenkastens (mm)	2 967	2 988	2 865
Achsstand (mm)	–	–	–
Drehzapfenabstand (mm)	13 300	12 360	16 180
Drehgestellachsstand (mm)	3 000	3 000	3 600
Eigenmasse (t)	37,8	33,0	51,7
Anzahl der Abteile	2		
Heizung	Nuhz	Nuhz	Whz
Beleuchtung	elektr.	elektr.	elektr.
Bremse	Ksbr/KE	Ksbr/KE	KKsbr

Anhang 2

Hauptkenndaten der Schmalspurfahrzeuge

Ursprünglicher Eigentümer	WEM	WEM	GAK	HF	HF	GAK	GAK	GAK
Spurweite (mm)	600	600	600	600	600	600	600	600
Gattung	OOKK	OOkk	OOkk	OO	OO	SS	H	GGw
Betriebsnummer	01-048	01-128	02-022	03-017	04-012	05-008	06-009	07-004
Hersteller	WEM	WEM	GAK	O & K	WEM	GAK	...	Bautzen[1]
Baujahr	1959	ab 1950	ab 1920	1918	...	ab 1925	ab 1895	nach 1918
Achsen	4	4	4	4	4	4	2	4
Achsstand (mm)	750	750	750	750	600	650	750	750
Drehzapfenabstand (mm)	4 500	4 500	4 500	4 600	3 900	3 850	–	4 600
Eigenmasse (t)	2,2	2,35	2,36	2,3	2,25	1,95	...	3,5
Wagenkastenlänge (mm)	4 500	4 500	4 880	4 840	5 340	4 950	–	4 850
Wagenkastenbreite (mm)	1 750	1 750	1 980	1 950	1 950	1 700	–	1 900
Gesamthöhe ü. SO (mm)	1 550	1 550	1 650	1 355	1 340	1 620	1 250	1 900
Länge über Puffer (mm)	6 900	6 900	6 900	6 880	6 480	6 000	2 150	6 000
Sitzplätze	–	–	–	–	–	–	–	–
Sitzplatzanordnung	–	–	–	–	–	–	–	–
Abort	–	–	–	–	–	–	–	–
Heizung	–	–	–	–	–	–	–	–
Beleuchtung	–	–	–	–	–	–	–	–
Ladefläche (m²)	6,98	6,98	7,28	8,63	7,13	7,3	–	8,5
Tragfähigkeit (t)	7,0	5,0	5,0	5,0	5,0	5,0	2,5	5,0
Bremse	Hand	Hand	Hand	Hand	Hand	Hand	Hand	Hand

[1] Umbau bei GAK

Ursprünglicher Eigentümer	MPSB	WEM	MPSB	MPSB	Rü.K.B.	Rü.K.B.	Rü.K.B.	Rü.K.B.
Spurweite (mm)	600	600	600	600	750	750	750	750
Gattung	GGw	Ot	KB4	GGw	KB	KPw	KB4	KAB4
Betriebsnummer	07-005	09-024	960-210	96-01-22	971-482	970-761[2]	970-151	970-771
Hersteller	G & S	Leipzig	Wismar	Wismar	Görlitz	Grünberg	Hawa	Hawa
Baujahr	1909	1955	1913	1914	1900	1911	1901	1911
Achsen	4	2	4	4	2	4	4	4
Achsstand (mm)	900	900	1 100	1 100	3 750	1 200	1 200	1 200
Drehzapfenabstand (mm)	4 800	–	9 200	4 600	–	5 800	7 500	7 500
Eigenmasse (t)	3,9	...	9,4	4,4	4,7	9,9	10,0	10,0
Wagenkastenlänge (mm)	7 080	2 000	1 200	7 070	5 712	8 110	7 930	9 930
Wagenkastenbreite (mm)	1 800	1 750	2 050	1 680	2 050	2 120	2 260	2 260
Gesamthöhe ü. SO (mm)	2 610	850	2 660	2 480	3 080	3 150	3 280	3 280
Länge über Puffer (mm)	8 400	2 959	12 900	7 970	7 800	9 910	12 600	12 700
Sitzplätze	–	–	38	–	15	–	20/8[3]	20/8[3]
Sitzplatzanordnung	–	–	2+1[1]	–	2+1	–	2+1	2+1
Abort	–	–	ja	–	ohne	ja	ja	ja
Heizung	–	–	Kört	–	Phz	Phz	Ohz	Phz
Beleuchtung	–	–	Gas	–	elektr.	elektr.	elektr.	elektr.
Ladefläche (m²)	11,2	–	–	11,2	–	–	–	–
Tragfähigkeit (t)	7,0	3,5	–	7,5	–	10,5	–	–
Bremse	Hand	Hand	–	–	Gewicht	Hand Kbr	Hand Kbr	Hand Kbr

1) Endabteile: Längssitze
2) Daten vor Umbau in Speisewagen
3) Ursprünglich 24 Plätze, 3. Klasse, 12 Plätze 2. Klasse
4) auf ein Drehgestell
5) ohne Schneepflug

Ursprünglicher Eigentümer	Rü.K.B.	Rü.K.B.	Rü.K.B.	Rü.K.B.	Rü.K.B.	Rü.K.B.	Rü.K.B.	Rü.K.B.
Spurweite (mm)	750	750	750	750	750	750	750	750
Gattung	KB4	KAB4	KAB4	KAB4	KB4	KB4	Gw	OW
Betriebsnummer	970-152[2]	970-153	970-153	970-154	970-762	970-731	97-42-41	97-40-73
Hersteller	Hawa	Hawa	Hawa	Hawa	Hawa	Wismar	Görlitz	Grünberg
Baujahr	1911	1911	1911	1915	1925	1927	1897	1899
Achsen	4	4	4	4	4	4	2	2
Achsstand (mm)	1 200	1 200	1 200	1 200	1 200	1 200	3 500	3 500
Drehzapfenabstand (mm)	7 500	7 500	7 500	7 500	7 500	7 500	–	–
Eigenmasse (t)	10,0	9,4	9,9	10,4	10,4	8,6	3,89	2,71
Wagenkastenlänge (mm)	9 930	9 930	9 930	9 930	9 930	9 900	5 450	5 220
Wagenkastenbreite (mm)	2 260	2 260	2 260	2 260	2 260	2 230	1 830	1 830
Gesamthöhe ü. SO (mm)	3 280	3 280	3 280	3 150	3 150	3 150	2 760	1 610
Länge über Puffer (mm)	12 410	12 700	12 650	12 650	10 600	12 600	6 850	6 400
Sitzplätze	28	20/8[3]	20/8[3]	20/8[3]	32	35	–	–
Sitzplatzanordnung	2 + 1	2 + 1	2 + 1	2 + 1	2 + 1	2 + 1	–	–
Abort	ja	ja	ja	ja	ja	ja	–	–
Heizung	Phz	Phz	Phz	Phz	Phz	Phz	–	–
Beleuchtung	elektr.	elektr.	elektr.	elektr.	elektr.	elektr.	–	–
Ladefläche (m²)	–	–	–	–	–	–	9,5	9,5
Tragfähigkeit (t)	–	–	–	–	–	–	7,5	7,5
Bremse	Hand Kbr	Hand Kbr	Hand Kbr	Hand Kbr	Hand Kbr	Hand Kbr[4]	Hand	–

Anhang

Ursprünglicher Eigentümer	Rü.K.B.	MFFE	MFFE	DRG	DRG	DRG	DHE	DRG
Spurweite (mm)	750	900	900	900	900	900	900	900
Gattung	OW	KD4	KB4	KB4	KB4	KB4	Gw	GGw
Betriebsnummer	97-49-15	996-001	990-203	990-302	990-307	990-001	93-84-01	98-01-56
Hersteller	Grünberg	Köln	Wismar	Wismar	Gotha	Wismar	Köln	Hawa
Baujahr	1908	1902	1911	1925	1925	1926	1886	1922
Achsen	2	4	4	4	4	4	2	4
Achsstand (mm)	3 500	1 200	1 300	1 300	1 300	1 300	2 500	1 300
Drehzapfenabstand (mm)	–	4 000	6 500	6 500	6 500	6 500	–	5 000
Eigenmasse (t)	2,76[5]	8,2	8,7	10,0	10,0	9,8	5,25	8,1
Wagenkastenlänge (mm)	1 220	6 500	9 025	9 025	9 025	9 045	5 000	8 050
Wagenkastenbreite (mm)	1 830	1 910	2 100	2 150	2 150	2 100	1 750	2 060
Gesamthöhe ü. SO (mm)	1 610	2 566	2 714	2 650	2 650	2 650	2 800	2 566
Länge über Puffer (mm)	6 400	7 160	11 860	11 700	11 750	11 860	5 620	9 300
Sitzplätze	–	–	36	30	36	36	–	–
Sitzplatzanordnung	–	–	2+1	2+1	2+1	2+1	–	–
Abort	–	–	ja	ja	ja	ja	–	–
Heizung	–	Hkz	Hkz	Hkz	Hkz	Hkz	–	–
Beleuchtung	–	elektr.	elektr.	elektr.	elektr.	elektr.	–	–
Ladefläche (m²)	9,5	7,8	–	–	–	–	8,3	12,8
Tragfähigkeit (t)	7,5	7,8	–	–	–	–	2,2	15,75
Bremse	–	Hand Kbr	Hand –	Kbr/ Hand	Kbr/ Hand	Kbr/ Hand	–	– Hand

Ursprünglicher Eigentümer	DRG	NWE	St.M.B.	SHE	NWE	NWE	NWE	NWE
Spurweite (mm)	900	1 000	1 000	1 000	1 000	1000	1 000	1 000
Gattung	OOW	KB4	KB4	KB4	KB4	KBD	Gw	Ow
Betriebsnummer	98-03-04	900-455	909-102	909-103	900-460	902-303	99-02-06	99-03-16
Hersteller	Wismar	Köln[1]	Hawa	Hawa	Hawa	Gotha	Görlitz	Görlitz
Baujahr	1927	1897[1]	1899	1899	1900	1928	1906	1909
Achsen	4	4	4	4	4	4	2	2
Achsstand (mm)	1 300	1 200	1 250	1 300	1 250	1 200	3 200	3 000
Drehzapfenabstand (mm)	5 000	8 000	6 400	6 300	8 000	8 800	–	–
Eigenmasse (t)	6,0	10,6	11,0	12,5	12,42	11,68	6,38	5,12
Wagenkastenlänge (mm)	8 240	7 830	...	7 060	9 250	10 030	6 600	5 450
Wagenkastenbreite (mm)	2 060	...	...	2 550	2 475	2 520	2 400	2 400
Gesamthöhe ü. SO (mm)	1 348	2 610	...	3 120	3 370	3 390	3 500	1 844
Länge über Puffer (mm)	8 680	11 410	11 600	11 500	12 700	12 730	7 600	6 600
Sitzplätze	–	44	48	42	38	31	–	–
Sitzplatzanordnung	–	2 + 1	2 + 1	2 + 1	2 + 2	2 + 2	–	–
Abort	–	ja	ja	ja	ja	ja	–	–
Heizung	–	Hhz	Hhz	Hhz	Hhz	Hhz	–	–
Beleuchtung	–	elektr.	elektr.	elektr.	elektr.	elektr.	–	–
Ladefläche (m^2)	12,8	–	–	–	–	–	14,2	18,5
Tragfähigkeit (t)	15,75	–	–	–	–	–	10,0	10,0
Bremse	–	Hardy/	Kbr/	Kbr/	Hardy/	Hardy/	Hardy/	Hardy/
	–	Hand	Hand	Hand	Hand	Hand	Hand	Hand

[1] Neuer Wagenkasten   Hawa 1925 und neue Drehgestelle Wismar 1937/38

Ursprünglicher Eigentümer	NWE	LCK	K.Sächs. Sts.E.B.	K.Sächs. Sts.E.B.	K.Sächs. Sts.E.B.	K.Sächs. Sts.E.B.	K.Sächs. Sts.E.B.	K.Sächs. Sts.E.B.
Spurweite (mm)	1000	1000	750	750	750	750	750	750
Gattung	Hw	KBDi	KPost	KD	KO	KO	Ow	Ow
Betriebsnummer	99-04-08	903-201	1703	1439	121	207	3301	3458
ab 1927			2042	2051	1659	1640	4389	4026
ab 1950			–	7.2051	7.15003	7.15018		7.4026
ab 1958			97-09-65	97-30-03	97-09-72	97-09-87	97-19-47	97-19-39
Hersteller	Breslau	Werdau	Görlitz	Chemnitz	Chemnitz	Chemnitz	Chemnitz	Chemnitz
Baujahr	1900	1897	1892	1901	1888	1892	1884	1882
Anzahl der Achsen	2	2	2	2	2	2	2	2
Achsstand (mm)	1 800	4 600	3 800	3 800	3 800	3 800	3 800	3 800
Drehzapfenabstand (mm)	–	–	–	–	–	–	–	–
Eigenmasse (t)	3,98	7,4	3,95	3,3	3,0	3,5	2,6	2,6
Wagenkastenlänge (mm)	–	7 300	5 800	5 800	4 200	4 790	5 800	5 800
Wagenkastenbreite (mm)	–	2 500	1 800	1 690	1 710	1 990	1 670	1 670
Gesamthöhe über SO (mm)	1 850	3 500	2 805	2 865	2 870	3 055	1 750	1 750
Länge über Puffer (mm)	4 500	8 900	6 480	6 480	6 520	7 110	6 480	6 480
Sitzplätze	–	8			16 (3. Kl.)	14 (3. Kl.)		
Sitzplatzanordnung	–	1+1						
Abort	–	nein	–	–	–	–	–	–
Heizung	–	–	Ohz	Ohz	–	–	–	–
Beleuchtung	–	elektr.	Petro.	Gas	Gas	Petro.	–	–
Ladefläche (m²)	–	9,4					9,3	9,3
Tragfähigkeit (t)	10,0	–					5,25	5,25
Bremse	Hardy	Hand	Hbbr.	Hbbr.	–	Handbr.	Hbbr.	Hbbr.

Ursprünglicher Eigentümer	K.Sächs. Sts.E.B.	K.Sächs. Sts.E.B.	K.Sächs. Sts.E.B.	DRG	K.Sächs. Sts.E.B.	DRG	DRG	DRG
Spurweite (mm)	750	750	750	750	750	750	750	750
Gattung	Gw	Hw	Profil-meßw.	Krw	OO	GGw	GGw	KPw4 Sa10
Betriebsnummer	1855	5038	K 1		4957		–	1369
ab 1927	15.021	9028	18.001	9411	7214	3447	3405	1753
ab 1950	7.15021	7.9028	7.18081	7.9411	7.7214	7.3447	7.3405	7.1753
ab 1958	97-09-90	97-24-50	97-09-97	97-27-06	97-21-15	97-12-48	97-14-19	974-354
Hersteller	Chemnitz	Chemnitz	Chemnitz	LHB/ Werdau	Busch/ Bautzen	LHB/ Werdau	LHB Werdau	Werdau
Baujahr	1898	1917	1897	1930	1915	1929	1929	1926
Anzahl der Achsen	2	2	2	4	4	4	4	4
Achsstand (mm)	3 000	2 700	3 800	–	–	–	–	–
Drehzapfenabstand (mm)	–	–	–	4 700	6 700	6 700	6 700	6 700
Eigenmasse (t)	2,7	1,85	3,55	8,7	6,7	8,8	5,7	12
Wagenkastenlänge (mm)	5 800	4 100	2 800	7 569	9 540	9 355	9 355	11 400
Wagenkastenbreite (mm)	1 690	1 700	2 000	1 850	1 910	1 928	1 928	2 200
Gesamthöhe über SO (mm)	2 635	1 785	2 650	–	1 805	2 885	2 885	
Länge über Puffer (mm)	6 420	4 780	6 500	8 250	10 460	10 235	10 235	11 180
Sitzplätze								
Sitzplatzanordnung								
Abort	–	–	–	–	–	–	–	1
Heizung	–	–	Ohz	–	–	–	–	Ohz
Beleuchtung	–	–	Öl	–	–	–	–	elektr.
Ladefläche (m²)	9	6,6	–	13,5	18	18	18	12
Tragfähigkeit (t)	5,25	5,25	–	10,5	15,75	10,5	10,5	7,9
Bremse	Hbbr.	Hbbr.	Handbr.	Köbr.	Hbbr.	Köbr.	Köbr.	Köbr.

Ursprünglicher Eigentümer	DRG	DRG	K.Sächs. Sts.E.B.	K.Sächs. Sts.E.B.	DRG	K.Sächs. Sts.E.B.	K.Sächs. Sts.E.B.	K.Sächs. Sts.E.B.
Spurweite (mm)	750	750	750	750	750	750	750	750
Gattung	KPw4	B4	C4 Sa12	C4 Sa12	C4 Sa12	C4 Sa12	C4 Sa13	C4 Sa98
Betriebsnummer	–	–	436	435	666	472	560	286
ab 1927	1832	26	399	400	311	373	1163	1281
ab 1950	7.1832	7.0026	7.0399	7.0400	7.0311	7.0373	7.1163	7.1281
ab 1958	974-368	970-006	970-236	970-237	970-251	970-241	970-269	970-302
Hersteller	LHB/ Bautzen	LHB/ Bautzen	Busch/ Bautzen	Busch/ Bautzen	Busch/ Bautzen	Busch/ Bautzen	Busch/ Bautzen	Chemnitz
Baujahr	1930	1930	1912	1912	1922	1913	1914	1899
Anzahl der Achsen	4	4	4	4	4	4	4	4
Achsstand (mm)	–	–	–	–	–	–	–	–
Drehzapfenabstand (mm)	8 500	9 000	8 100	8 100	8 100	8 100	7 500	7 100
Eigenmasse (t)	13	14	11	11	11,0	11,0	10,5	9,0
Wagenkastenlänge (mm)	12 620	11 960	10 800	10 800	10 800	10 800	9 990	8 280
Wagenkastenbreite (mm)	2 250	2 220	2 220	2 220	2 220	2 220	2 400	2 166
Gesamthöhe über SO (mm)	3 180	3 115	3 095	3 095	3 095	3 100	3 108	5 874
Länge über Puffer (mm)	13 520	14 460	13 580	13 580	13 580	13 580	12 400	10 820
Sitzplätze		37 (2. Kl.)	36/+8	28/+4	36/+8	36/+8	32 (4. Kl.)	26 (3. Kl.)
Sitzplatzanordnung		2+1	(3. Kl.) 2+1	(3. Kl.) 2+1	(3. Kl.) 2+1	(3. Kl.) 2+1	2+2	2+1
Abort	1	1	1	1	1	1	1	1
Heizung	Ohz	Nuhz	Nuhz	Ohz	Nuhz	Nuhz	Nuhz	Nuhz
Beleuchtung	elektr.	elektr.	elektr.	elektr.	elektr.	elektr.	elektr.	elektr.
Ladefläche (m²)								
Tragfähigkeit (t)								
Bremse	Köbr.	Köbr.	Köbr.	Köbr.	Köbr.	Köbr.	Köbr.	Köbr.

Ursprünglicher Eigentümer	K.Sächs. Sts.E.B.	K.Sächs. Sts.E.B.	K.Sächs. Sts.E.B.	K.Sächs. Sts.E.B.	K.Sächs. Sts.E.B.	DRG	DRG	DRG
Spurweite (mm)	750	750	750	750	750	750	750	750
Gattung	C4 Sa98	C4 Sa98	C4trSa99	C4 Sa12	C4 Sa12	C4 Sa12	C4	C4
Betriebsnummer	325	301	343	469	447	646	–	–
ab 1927	1257	1274	1246	366	388	331	460	–
ab 1950	7.1257	7.1274	7.1246	7.0366	7.0388	7.0331	7.0460	7.
ab 1958	970-309	970-312	970-316	970-389	970-376	970-405	970-448	970-459
Hersteller	Chemnitz	Chemnitz	Chemnitz	Busch/ Bautzen	Busch/ Bautzen	Busch/ Bautzen	LHB/ Bautzen	LHB/ Bautzen
Baujahr	1900	1900	1901	1913	1913	1922	1930	1932
Anzahl der Achsen	4	4	4	4	4	4	4	4
Achsstand (mm)	–	–	–	–	–	–	–	–
Drehzapfenabstand (mm)	7 100	7 100	7 100	8 100	8 100	8 100	9 000	9 000
Eigenmasse (t)	9,0	7,0	7,0	9,8	10,8	11,0	14,0	14,0
Wagenkastenlänge (mm)	8 280	8 280	8 280	10 800	10 800	10 800	11 960	11 960
Wagenkastenbreite (mm)	2 166	2 100	2 166	2 220	2 220	2 220	2 220	2 220
Gesamthöhe über SO (mm)	3 074	–	3 074	3 100	3 100	3 100	3 125	3 125
Länge über Puffer (mm)	10 820	10 820	10 820	13 580	13 580	13 580	14 060	14 060
Sitzplätze	26 (3. Kl.)	19 (3. Kl.)	26 (3. Kl.)	36/+8 (3. Kl.)	36/+8 (3. Kl.)	36/+8 (3. Kl.)	43 (3. Kl.)	43 (3. Kl.)
Sitzplatzanordnung	2+1	2+1	2+1	2+1	2+1	2+1	2+1	2+1
Abort	1	–	1	1	1	1	1	1
Heizung	Ohz	–	Ohz	Nuhz	Nuhz	Nuhz	Nuhz	Nuhz
Beleuchtung	elektr.	Aussichts- wagen (Um- bau 1934)	elektr.	elektr.	elektr.	elektr.	elektr.	elektr.
Bemerkung								
Bremse	Köbr.	Köbr.		Köbr.	Köbr.	Köbr.	Köbr.	Köbr.

Verzeichnis der Abkürzungen

Bahnen

DHE	Doberan-Heiligendammer Eisenbahn
DR	Deutsche Reichsbahn
DRG	Deutsche Reichsbahn-Gesellschaft
GAK	Gräflich v. Arnimsche Kleinbahn Muskau
GHE	Gernrode-Harzgeroder Eisenbahn
HF	Heeresfeldbahn
KPEV	Königlich Preußische Eisenbahn-Verwaltung (Preußische Staatsbahn)
K.Sächs.Sts.E.B.	Königlich Sächsische Staats-Eisenbahnen
K.W.St.E.	Königlich Württembergische Staats-Eisenbahn
Meckl.-Schwerin	Eisenbahnen des Großherzogtums Mecklenburg-Schwerin
MFFE	Mecklenburgische Friedrich-Franz-Eisenbahn
MPSB	Mecklenburg-Pommersche Schmalspurbahn AG
NWE	Nordhausen-Wernigeroder Eisenbahn
PLB	Pommersche Landesbahnen
Rü.K.B.	Rügensche Kleinbahnen Aktiengesellschaft
SHE	Südharzeisenbahn
St.M.B.	Steinhuder Meer-Bahn
WEM	Waldeisenbahn Muskau

Hersteller

Bautzen	Waggon- und Maschinenfabrik AG, vorm. Busch Bautzen
Breslau	Waggonfabrik Gebr. Hofmann AG, Breslau
Düsseldorf	Düsseldorfer Waggonfabrik, Düsseldorf
Flohr	Maschinenbau AG, Carl Flohr, Berlin
G & S	Glässing & Schollwer, Berlin und Schüren i.W.
Gotha	Gothaer Waggonfabrik AG, Gotha Aktiengesellschaft für Fabrikation von Eisenbahnmaterial, später Waggon- und Maschinenbau AG, Görlitz (Wumag)
Görlitz	
Grünberg	Beuchelt & Co, Grünberg in Schlesien
Hawa	Hannoversche Waggonfabrik, Hannover
Heidelberg	H. Fuchs Waggonfabrik AG, Heidelberg
Kassel	Waggonfabrik Wegmann & Co, Kassel
Köln	Herbrand & Co, Köln
Mainz	Waggonfabrik Gebrüder Gastell GmbH, Mainz-Mombach
MAN	Maschinenfabrik Augsburg-Nürnberg AG
Niesky	Waggonfabrik Christoph & Unmack, Niesky/OL
O & K	Orenstein & Koppel
Talbot	Waggonfabrik Gustav Talbot, Aachen
Uerdingen	Waggonfabrik Uerdingen AG
Wismar	Waggonfabrik Wismar (EVA, Eisenbahn- und Verkehrsmittel AG, Berlin)

Technische Daten

Phz	Preßkohlenheizung
Hand	Handbremse
Hhz	Hochdruckdampfheizung
Hikbr	Hildebrandt-Knorr-Bremse
Kbr	Knorr-Bremse
KKsbr	Kunze-Knorr-Schnellzug-Bremse
KKpbr	Kunze-Knorr-Personenzug-Bremse
Kpbr	Knorr-Personenzugbremse
Kört	Automatische Vakuumbremse (AV), Bauart Körting
LüP	Länge über Puffer
Nhz	Niederdruckdampfheizung
Nuhz	Niederdruckumlaufdampfheizung
Whzkd	Warmwasserheizung (Dampf und Kohlebetrieb)
Wpbr	Westinghouse-Personenzug-Bremse

Allgemein

KED	Königliche Eisenbahndirektion (der Preußischen Staatsbahn)
LEW	Lokomotivbau-Elektrotechnische Werke Hennigsdorf
PE	Pioniereisenbahn bzw. Parkeisenbahn
Raw	Reichsbahnausbesserungswerk
T.V.	Technische Vereinbarungen
VDEV	Verein Deutscher Eisenbahn-Verwaltungen
VMD	Verkehrsmuseum Dresden
WA	Werkabteilung